历史的个性

The Personality of History

江湖

扶栏客

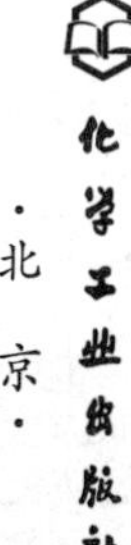

化学工业出版社

·北京·

《史记》是我国首部以描写人物为中心的历史巨著，被誉为“史家之绝唱，无韵之离骚”。司马迁以其传神的笔触为我们刻画了众多栩栩如生的历史人物。这些历史人物风采各异，也具有不同的个性。正是这些个性融合在一起，经过岁月的积淀形成了我们现在共同的心理结构。本书作者挑选《史记》中的江湖人物，包括四大公子、三大游侠、五大刺客等，进行了现代化的解读。透过这些各异的个性，我们可以重新发现自己，回归到人类的初心。

图书在版编目（CIP）数据

历史的个性：江湖／扶栏客著. 一北京：化学工业出版社，2016.3（2024.6重印）

ISBN 978-7-122-26177-9

Ⅰ.①历… Ⅱ.①扶… Ⅲ.①历史人物-生平事迹-中国-古代 Ⅳ.①K820.2

中国版本图书馆CIP数据核字（2016）第018273号

责任编辑：张焕强　李岩松　　装帧设计：水玉银文化

责任校对：宋　玮

出版发行：化学工业出版社（北京市东城区青年湖南街13号　邮政编码100011）

印　　装：德富泰（唐山）印务有限公司

710mm×1000mm　1/16　印张17　字数290千字　2024年6月北京第1版第2次印刷

购书咨询：010-64518888　　售后服务：010-64518899

网　　址：http://www.cip.com.cn

凡购买本书，如有缺损质量问题，本社销售中心负责调换。

定　　价：39.80元

代序

千百年来有个你

几年前有一个很流行的观点，叫作性格决定命运。按照这种理论，即便一个人先天不足，但是只要每天坚持服用鸡汤，保持满格正能量，就可以创造各种逆袭的奇迹，最终扭转悲剧的命运，赢得成功的人生。相反，如果一个人先天不足又拒绝进步或者进补，自暴自弃、放弃治疗，只能越混越惨，最后惨不忍睹而自绝于人民。这当然是一种狭隘的看法，且不说人生的成功与否很难有统一的标准——如果有人认为“朝为田舍郎，暮登天子堂”的荣华富贵是成功，那么就一定还有人认为“采菊东篱下，悠然见南山”的从容悠闲才是成功——就算大家统一了思想，也很难说进补了就一定能进步，是药三分毒，鸡汤不能当水喝，正能量不能当日子过。这世界上倒霉失败的人很容易找到规律，风光成功的人物却各有千秋，很难总结出像数学公式一样的严谨规律。

不过很多现实问题，在微观层面百思不得其解，但是放到宏观层面来看，却能如掌上观纹一样清晰可辨。

这种现象在学术界，特别是经济学界就很常见，比如预测一个企业的兴衰成败难度很大，有时候一群专家甚至都无法准确预测一家企业下个年度的盈亏。然而只要把颗粒度放大，预测就会变得越来越容易。预测一个行业就比预测一个企业容易，判断一个国家就比判断一个行业容易。

同样的道理，在忽略环境因素的前提条件下，一个人的性格其实很难与此人的命运产生必然的逻辑关联。但是一群人，或者一个民族，特别是像中国这样一个人口众多的大国，在性格决定命运这个理论的应用方面，其实远比运用在个人身上更有效。

比如中国人都自称炎黄子孙，从黄帝和炎帝开始，夏、商、周直到后来的春秋战国乃至秦汉，在一个个以城郭为中心的农耕文明的基础上，通过不断的融合碰撞，最后形成了一种强大、包容、融合能力超强的文化，在文化的基础上形成了大一统的中央集权制国家。所以中国人都属于一个个小圈子，然后一个个小圈子形成交集、合集，最后形成国家这个大圈子。就如同我们的祖先最早聚合在一起耕种劳作、繁衍生息，以城郭为军事依托，以宗庙为精神核心，对抗外来的游牧渔猎民族的威胁。然后一步步发展壮大，把城郭外的民族融入进来，形成了国家。这样的生存发展历史形成了一种典型的民族心理结构，也可以说是一种个性到共性的社会结构。具体地说，中国人先是在血缘和亲情的纽带下形成了小圈子里的安全感和生存制度保障，然后再向外拓展和融合，不断发展壮大，扩大让自己获得心理安全感和满足感的圈子。这就是儒家说的“修身齐家治国平天下”，这就是孟子说的“有恒产者有恒心”，这就是中国人热衷拥有房地产的心理根源，这就是中国人对这个世界充满强烈的好奇心，以至于今天全世界到处是中国人的民族个性基础。秦汉以来的郡县制到今天的省－地－县的国家治理结构其实都是满足这种心理结构和文化基础的特色，在这个制度基础上，有儒家的教化，又有法家的手段，兼容了佛家和道家的容忍和超脱，才形成了中国今天的这个样子。这样的发展演进历史反过来又强化了中国人的心理结构和文化传统，直到后来即使有人跳出来批判和颠覆这种历史传统，但是明眼人看来，其实仍然跳不出民族个性发展规律和历史发展的轨迹。那些强烈怀疑和批判中国传统的人，仍然还是中国人，扶栏客认为这也是百年来这个民族痛苦纠结的心理根源。一个时刻怀疑自己的人，怎么可能从容自在，怎么可能幸福快乐?

那么好吧，为了今天和以后的中国人能从容自在一点，我们有必要回过头来看看自己一路从蛮昧走来的过程。如果把中国人看成一个人，千百年来你我一直存在，你此刻的想法和做法绝不是孤例，历史中的个性就是你此刻的个性。

这些个性具体到个人身上，就是战无不胜、坑杀俘虏的白起，就是少年英雄、不知人心险恶的李陵，就是杀妻求将、三起三落的吴起，就是果断担当、腐败贪婪的春申君。兼容并蓄的同时，必然也会藏污纳垢，规模如此巨大的一个民族，必然个性复杂，甚至矛盾重重。

现实中的困惑无法解决，不如看看当年的豪杰。有用还是没用，或许不是重点，认清千百年来形成的个性，接受矛盾重重的自己，过好自己的日子才是重点。

回头望去，千百年来一直有你存在，或许你还可以更好地存在，阅读历史、思考历史为这种更好的存在提供了可能。

扶栏客

目录

一

标杆型领导者

孟尝君田文

个性关键词：大胆 顽强 大度 敏感

引起关注

中国古代的男人但凡有点理想，都想办法当官，否则就像没出息。即使你富甲一方，即使你学富五车，没有级别很难让人相信你成功。

但是如果不打仗，在当时要想当官通常需要符合两个条件之一，那就是出身好或者学习好，用现在的话说就是有个好爸爸或者有张好文凭。从隋朝创立科考制度以后，通过科考进入仕途渐渐成为中国式人才成长的主流模式，从此应试教育也成了中国教育的主流。如果一个中国的男人不具备以上两个条件，生得不好，学习也不好，那么就很可能当官无望，但是如果这个男人偏偏又有些血性和志气，就很容易或多或少地滋生江湖情结，当不了官当“老大”，弄好了像宋江那样“杀人放火受招安”，“老大”也可以转型当官。在中国的传统文化里，“老大”们在江湖上混出来一点名堂以后都会或多或少地向孟尝君看齐，即使自己谦虚，追随他的小弟们也会拿孟尝君的标准来要求自己的“老大”，否则小弟们追随着也觉得没面子、没前途。比如《水浒传》里的宋江和柴进，很多江湖上的流氓无产者都把他们比作孟尝君，还比如《说唐》里的秦叔宝就有个绰号叫“小孟尝”，再比如当年上海滩的青帮老大杜月笙，也曾经被自己的徒弟们吹捧成孟尝君、春申君一样的人物。

不过扶栏客认真阅读《孟尝君列传》以后，发现其实孟尝君是很难效仿的，两千年当中像他这样纯粹的“老大”实在找不出来第二个。

孟尝君之所以能成为战国时期的名人和中国历史上标杆性的“老大”，首先要感谢他的爸爸靖郭君田婴，从某种意义上来讲孟尝君也是“生得好”。不过说孟尝君“生得好”也不全对，因为一开始他的老爸并不喜欢他，甚至想要把他消灭掉。

据《史记·孟尝君列传》记载，田婴是齐威王的小儿子，是齐宣王同父异母的弟弟，属于根红苗正的王室贵族。田姓王族人口众多，人才济济，田婴不仅出身高贵，而且还有卓越的工作业绩，这样的人当然会成功，也就是当大官。齐宣王二年，田婴参与了田忌领导、孙膑策划的马陵之战，在马陵设伏大败魏军，庞涓自杀，魏国太子申被齐军活捉。齐宣王七年，田婴代表齐国出使韩国和魏国，此时齐国国力雄厚，加上在马陵大败魏国主力，因此正是称王称霸的好机会。田婴顺应历史潮流说服韩国和魏国的国君向齐宣王低头，在田婴的陪伴下，韩昭侯和魏惠王来到了东阿南，按照准备好的预案，齐宣王在这里亲切接见了两位友好邻邦的老板。三位老板在友好、坦诚的气氛中就三方建立共同防卫体系问题达成了一致意见，最后三位国家老板代表三方结成了齐、韩、魏三方联盟，齐宣王任首任联盟主席。三方联盟第一次峰会圆满结束，而促成这次大会圆满完成的田婴无疑功不可没。第二年，马陵之战战败方的老板魏惠王再次来到齐国的甄城拜望齐宣王；在这一年魏惠王死了。从马陵之战到魏惠王低头认齐宣王当“老大”，再到魏惠王再次登门拜访后死亡，一共过了六年，可以想象作为战败方的老板，魏惠王在这六年当中是非常痛苦的。我们有理由相信魏惠王的死亡与马陵之战和庞涓战败存在一定的联系，可见在激烈竞争的年代对于一个老板来说，用错一个人的代价是多么的沉重。

魏惠王死去后的第二年，齐宣王九年，为齐宣王挣足了面子的田婴终于登上相位，被自己同父异母的哥哥封为齐国的相国。那年头的官员，尤其是王室贵族出身的官员基本上都是终身制，何况是田婴这种有能力、有水平的贵族官员。田婴在齐宣王期间一直担任相国，直到齐宣王去世，齐湣王即位。齐湣王上台以后不仅继续留任田婴当相国，而且三年后还把一个叫薛的地方（今徐州滕县南）封给了田婴。

田婴从齐威王时代就开始踏上了仕途，从那时候起，田婴经历了齐威王、齐宣王和齐湣王三代国王，官越当越大，最后担任相国多年直到去世。田婴之所以仕途一帆风顺，除了他的王室血统和出色的工作能力以外，善于察言观色、见风使舵的政治敏锐性也是重要因素。《战国策·齐策》中有一篇《齐王夫人死》的故事，充分说明了田婴的这种政治生存能力。有一年，齐宣王的王后去世了，按照惯例齐宣王需要再立一位王后。这时候齐宣王身边有七位后宫美女，从表面来看齐宣王对这七位美女都颇为宠爱，外人根本看不出来亲疏远近。不过王后只有一个，齐宣王必须从这七位美女中选一位最喜欢的出来领导齐国后宫。本来谁当大老婆这种事在有钱人家都是财主自己说了算，但是身为国君，这种事就被赋予了特殊的政治意义。所以作为齐国的一号首长，齐宣王从内心里迫切希望大臣们能首先提议王后人选，而那呼声最高的人选最好就是自己中意的人选。这样齐宣王不仅能立一个自己称心如意的王后，而且也能表现出公开、公平、公正的提拔原则。在齐国，齐王的老婆说到底也是齐王的员工，这种敏感时刻该提拔谁、该怎么提拔是一个需要认真考虑的问题。齐宣王的王后死了，田婴这时候比齐宣王还着急。如果自己能猜对了齐宣王选王后这个故事的开头，知道了齐宣王内定的人选而主动出击，那么这个故事的结尾就是包括自己在内的皆大欢喜。

后来田婴想出来了一条妙计，他花钱请工匠打造了七副耳环，其中六副完全相同，只有一副无论是材质还是做工都明显优于其他六副耳环。七副耳环打好，田婴亲自送给齐宣王，作为臣子孝敬大王的礼物。

最终，田婴看到了那副最好的耳环出现在了一位美女的耳朵上，田婴心里一阵狂喜：就是她了！

第二天田婴就上奏齐宣王，坚决拥护那位戴着极品耳环的美女当王后，齐宣王非常欣慰地批准了田婴的建议。结局如愿以偿地皆大欢喜，包括田婴自己。

孟尝君名叫田文，他出生在齐国的相国田婴家里，但是他的童年并不幸福，因为他的老爸有很多老婆和很多儿子。在田婴的四十多个儿子当中，田文本来是最不可能继承父业的一个孩子，事实上，田文来到这个世界上完全是违背田婴意愿的一个技术性失误。《史记·孟尝君列传》对孕育了孟尝君的伟大母亲的称呼只有两个字：贱妾——也就是没有地位的小老婆，甚至连小老婆都不是，只能算得上靖郭君一生中N多女人中的一个，在田婴的相府可能就是一个丫环、女仆、保健医生或者实习生。

话说在公元前的某一天，田婴偶然“临幸”了孟尝君田文的母亲，后来这位地位卑下的妇女跟田婴汇报：“我有了。”作为一位四十多个儿子的父亲，田婴听到一个地位卑微的女人怀上自己孩子的消息，心情平静地说：“哦，找大夫看看吧。”那年头没有B超，不过中国的中医博大精深，源远流长，根据《史记·孟尝君列传》的记载，至少在两千多年前的战国时代，中医不仅能准确地预测预产期，而且能精确到天。因为根据后来给田文妈妈做产检的医生预测，齐相田婴的这个孩子将在五月初五出生。根据当时流行的算命理论，五月出生的孩子对父母不利，也就是俗称的“克父母”。为了避免自己遭到还处于胚芽状态的儿子将来的伤害，田婴严厉地要求田文妈妈打掉这个孩子，这位卑微而坚强的母亲流着泪低下了头，然后悄悄地把孩子生了下来，并且抚养长大。

田文长大了，终于在一个偶然的场合见到了自己的生身父亲。田婴见到自己的儿子没有一点惊喜，反而厉声责问田文的妈妈为什么违背自己的意愿把孩子生了下来："我不是让你把孩子打掉了吗？你怎么敢把他生下来？"田婴的反应毫无新意，不过后来田文的表现却如此光彩照人，捎带着田婴也光辉了起来。

可以想象地位卑微且人老珠黄的田文妈妈此刻是多么的无助和难堪，四周到处都是鄙夷的目光，而自己除了一个孩子以外一无所有。此时的少年田文勇敢地站了出来，旗帜鲜明地和父亲进行了论争，不仅维护了自己的母亲，而且在与父亲的第一次接触中一举征服了这位高高在上的权威。

田文给父亲作了一个揖，然后问："您为什么不要五月出生的孩子呢？"

田婴说："五月生的孩子长到跟门一样高的时候就会对父母不利。"

田文问："人的命运是由上天决定的，还是由门决定的？"

田婴被这个第一次见面的儿子充满禅机的反问弄得无言以对。

田文说："如果人的命运由上天决定，那么您又何必烦恼呢？如果人的命运由门来决定，那您可以把门加高，这样人就不会跟门一样高了。"

爸爸田婴第一次跟儿子田文的对话就很受刺激，这次对话让这个本来没资格给齐国相国当儿子的孩子在四十多个孩子中脱颖而出。田文的话一榔头在父亲的心中打下了桩，这就叫"一锤定音"。（**点评：此情此景之下，尚未成年的田文敢于发出声音挑战高高在上的田婴，其胆魄、机智绝非俗类。**）

田婴没想到自己当初一次偶然冲动会产生如此的精英人物，自己那些有名分的老婆们生的孩子跟这个田文比显然不可同日而语，可见精英的产生可能完全是偶然。

不过当时的田婴很尴尬，他不知道该怎么回答儿子的提问，只好说："行了，不要再说了。"

田婴拂袖而去，心情复杂。

田文的众多兄弟们继续鄙视田文，而且他们觉得自己的老爸以后不会再理会这个野孩子了。他们错了，不论靖郭君田婴当时是如何的尴尬，但是至少从那一刻起他开始注意这个自己本来计划"裁掉"的儿子。史上大多数的政治牛人都是从引起另一个牛人的注意开始走向权力中心的，田文就是从引起老爸靖郭君的注意开始一步一步变成了孟尝君。

司马迁并没有记载那次父子对话以后田文和田婴之间的互动关系细节，但是显然后来田文越来越频繁地出现在田婴的生活和工作当中，父子两人甚至开始探讨人生观和价值观。作为齐国的高级官员，田婴已经适应了奢侈、腐败的生活，而对于怎么有效地利用财富和权力资源，田婴根本就没有认真地思考和总结过。

除了齐王，田婴就是齐国的第二人，无人能撼动的地位让他失去了危机感和深刻思考的动力。

于是从小缺乏合法身份、在忧患和不安中长大的田文用他少年老成的智慧开始向老爸灌输危机感，企图改造老爸的人生观和价值观。

有一次田文问老爸田婴："儿子的儿子是什么？"

田文的问题是大人们通常向孩子们灌输的伦理教育，如果您自己有孩子，您一定听过这样的儿歌"爸爸的爸爸是爷爷，爸爸的妈妈是奶奶"。田文把这个指向儿子的问题颠倒过来问老爸，这就叫逆向思维。

田婴笑了："是孙子。"

田文又问："孙子的孙子是什么？"

"是玄孙。"

田文继续追问："玄孙的孙子是什么？"

田婴想了想，说："那就不知道了。"

完成了前期的铺垫，田文开始了对老爸的教育："自从您受到重用担任齐国相国到现在已经辅佐了三代齐王了。在这段时间齐国的领土并没有扩张，而您却积累了上万两黄金的家产，可是您的门下找不到一位贤能之士。我听说将军的门第必定出将军，相国的门第必定出相国。现在您的姬妾绫罗绸缎穿不完随意践踏浪费，而贤士们却连粗布短衣都穿不上；您的男仆女奴大鱼大肉吃不完，而贤士们却连糠菜也吃不饱。现在您还是一门心思地敛财，到最后留给那些连称呼都叫不上来的人，而国家大事却一天天被耽误，我实在不能理解您这样的做法。"在中国的传统价值观当中，老子挣钱就是给儿子花的，可是当一个人挣的钱N辈子都花不完的时候，怎么花钱就需要大智慧了，不要说大款、贪官们看不透，就是田婴这样的贵族精英要不是受了儿子的刺激也一样不知疲倦地占有，直到生命的终结。

田文小小年纪就看透了战国时代的大局，人才才是这个时代最值钱的财富——黄金之于人生如粪土之于花木，一枝独秀不是春，百花争艳才是春。田婴再次受到了儿子的刺激，不过经过前面和田文的接触和互动，这次田婴已经有了心理准备。所以这次田婴虽然受了刺激，但是浑身舒坦，自己的腐败人生在儿子田文的刺激下终于找到了终极目标和理论根据。（**点评：少年田文的见识源于童年困苦艰难的生活，以及后来进入相府以后对父亲腐败奢华生活的观察，巨大的反差促使思考，跨界产生了巨大的价值。**）

从此刻开始，田婴不仅开始注意这个孩子，而且开始喜欢这个思想深刻的

"编外"儿子了。

田文被田婴任命为相府"接待办主任"，全面负责相府的对外公关和接待工作，预算由田婴亲自批准，从此田文直接向田婴汇报工作。

一视同仁

对田文的任命无疑是田婴这辈子最英明的一次任命，田文不仅思想深刻，而且执行起来"挥金如土"。其独到的眼光和大方的作风，造就了战国时期最杰出的"接待办主任"。现在的人常说"革命不是请客吃饭"，但是接待就是请客吃饭。田文把请客吃饭当成了事业，相府从此三天一个gala，十天一个party，齐国相府成了当时战国最著名的私人名流会所。上至各国权贵，中到社会精英，下至三教九流，不同身份和地位的人们，走到一起只为了在靖郭君的相府里吃一顿饭。多元的文化在这里碰撞，各种人才在这里交流。

田文之所以能成为孟尝君真的要感谢自己的老爸。不是每个中国老爸看到儿子带着千奇百怪的人在家里吃饭都会欢欣鼓舞并全力支持的，事实上在中国的历史当中像田婴这样的老爸非常罕见。有钱人花钱大方也许容易做到，可是有钱人不怕麻烦和嘈杂就很难得了，可见培养一个贵族真的需要几代人的努力，这真不是矫情。

当然请客吃饭并不是舍得花钱那么简单，对于这些精英名流来说，吃什么也许不重要，重要的是跟谁一起吃。无论是居于庙堂的权贵还是流落江湖的"愤青"，凡是跟田文一起吃过饭的人都很愉快，能做到雅俗共赏的人很容易德才兼备，很快田文在各国权贵和名流的圈子里声名鹊起。各国首脑和权贵们纷纷通过各种正式和非正式的渠道向靖郭君请愿：田文必须成为靖郭君的合法继承人，否则各国人民不答应。（**点评：舆论导向非常重要，任何时代都不例外。**）

后来靖郭君田婴走完了自己的人生，留下了大笔财富去了，田文果然应广大人民的要求继承了田婴的封地，被封为孟尝君。孟尝君田文继续请客事业，"我家大门常打开，开放怀抱等你"。各国诸侯的门客，甚至被其他国家通缉的刑事犯罪分子只要登门，孟尝君一概接纳。孟尝君豁出去了靖郭君留下来的财产，对待来投奔自己的所有人。在《史记·孟尝君列传》里，投奔孟尝君的人都被称为

"食客"，从字面上理解也就是"吃饭的人"。

是人都要吃饭，不过把吃饭当成一种职业还是需要很大的勇气。勤劳致富不容易，厚着脸皮混饭吃也不容易，所谓"养兵千日，用兵一时"，孟尝君养了这么多食客当然是为了"有朝一日"利用他们，所以反过来推理，这些食客既然能心安理得地在孟尝君这里吃饭，当然也就自信自己具备"有朝一日"被利用的价值。不过事实上孟尝君的几千门客当中，真正为孟尝君的"职业老大"生涯做出过实质性贡献的人屈指可数，其他的众多食客主要起到了引导舆论和树立品牌的作用。事实证明，两千多年前给几千人管饭比今天在CCTV花钱做广告产生的品牌价值要大得多。孟尝君很快名满天下，那时候交通和通讯很不发达，社会的民间舆论主要掌握在流动的社会精英和社会闲散人员手中，所以从那时起，孟尝君就成了排名在赵国平原君之前的四大管饭公子之首。

这里需要介绍一下"食客"现象盛行的时代背景。

首先是"食客"现象的经济基础。周朝开创了封建分封制度，即周天子将天下的土地分封给诸侯，诸侯再将领地里的土地分封给手下的卿大夫，卿大夫再将自己名下的封地分封给士。当时一名士获得的土地大概是一百亩，然后士将土地租给平民耕种。平民保留维持温饱的收成，然后向士交纳其他的收成。士按照十分之一的比例向分封土地给自己的卿大夫交纳收成，同样卿大夫按照十分之一的比例向诸侯交纳收成，诸侯则向周天子纳贡。因此像孟尝君这样的重臣拥有属于自己的封地（薛城），按照层层的分封制度，孟尝君拥有固定的土地耕种收入，这是孟尝君可以大量蓄养食客的经济基础。另一方面，由于孟尝君只能获得十分之一的土地收成比例，而当时的生产力水平落后，从土地耕种当中获得的收入有限，所以孟尝君对待一般食客的管饭标准很低而且他还向封地薛城的百姓放贷获得利息，这就是所谓的"节支增收"。

其次是"食客"现象的政治背景。春秋战国时代是一个大混乱、大整合的时代，各诸侯国之间竞争激烈，相互之间的军事、外交、经济博弈不断升级。这种背景下开明进取的诸侯以及诸侯手下的卿大夫们，对于各种类型人才的需要非常迫切，尤其是战国时代，各国之间的战争和兼并更加残酷，可以说能否得到顶级人才是决定诸侯国生死存亡的关键。而当时的信息技术手段落后，通过大量的招收食客，形成吸引天下贤才的品牌，孟尝君这样的重臣就可以广泛地筛选、发现人才，在诸侯国之间的博弈以及齐国内部政治博弈的格局中为自己争取有利的形势。

孟尝君管饭的标准其实并不高，基本上以温饱为标准。不过难得的是，孟尝君从来不搞特殊，食客们吃啥，孟尝君就吃啥。既然到孟尝君府上混饭的门槛如此的低，那么怎样从这些以吃饭为阶段性人生目标的食客们当中发现人才，就是一个关键的问题；解决不了这个问题，孟尝君搞不好就变成了“冤大头”的代名词，孟尝君的府邸也会变成社会流浪人员收容站。从前面田文依靠三言两语说服父亲接纳自己并且改变命运的故事来看，孟尝君的眼光很独到，所以后来投靠孟尝君的人只要经他一过眼就知道这个人值不值得深入交流。那些让孟尝君产生交谈兴趣的人会被请到后面的密室里跟他单独谈话，孟尝君开始跟食客聊天、侃大山，如果孟尝君从交谈中判断这个人值得重点培养他就会问：“家里还有什么人啊？”

如果今天有领导或者长者这样问可能是要帮忙介绍对象，不过在两千年前如果孟尝君这么问，站在屏风后面监听的秘书就紧张起来，在孟尝君的要求下食客详细说明家庭地址。然后谈话结束，再然后那被谈话的食客家里就传来了消息：孟尝君派人到家里送去了慰问金，那笔钱足以妥善安排食客家人的生活，该养老的养老，该治病的治病，该上学的上学，该买房的买房。那年头没有社会保险，养儿防老就是这个意思。孟尝君以自己的实际行动向食客的家人传递了这样一个信息：你家孩子跟对“老大”了，跟了孟尝君就等于买了人身保险。于是那食客就被孟尝君感动了，从思想深处为那“有朝一日”做好了充分的准备。如果是一般人这样对待一个萍水相逢的人，通常会被人理解成有求于人。从本质上看孟尝君的慷慨也一样，不过孟尝君跟重点食客培养感情并不是一手交钱一手交货的商品交易，而是类似于风险投资一样的长期投资。事实上在大多数情况下，孟尝君下本钱解决食客的后顾之忧的时候并没有想好怎么利用这位食客。不过孟尝君相信只要自己没有看错人，这一天一定会来的。从这个角度看，孟尝君是一位伟大的投资家，他投资的资产就是人，这是回报和风险都最高的一种投资。孟尝君的故事告诉我们，要想当“老大”就要学会对人进行投资，所以眼光和境界才是“老大”的核心价值。（**点评：孟尝君的投资理念，直到今天仍然被很多成功的投资者推崇。不论你投资的是一个企业或者一处房产，其中增值潜力最大的部分毫无疑问是人的价值。**）

难得的是孟尝君对待一切来投奔的食客都不会拒绝，即使是那些他根本不想单独面试的人，也会管饭。

随着管饭规模的不断扩大，孟尝君需要的粮食和经费越来越多。为了控制预算，孟尝君只好把管饭的标准一降再降，最后终于闹出了人命。

有一次一位食客晚上来投奔孟尝君，孟尝君按照惯例下令开饭，并且亲自陪客人吃饭。因为是在晚上，所以吃饭的时候在饭堂点上了烛火。当饭菜端到食客面前的时候，食客非常意外，因为眼前的饭菜不仅非常简单，甚至可以说非常简陋。《史记·孟尝君列传》并没有详细列出当时孟尝君招待食客的菜谱，不过从后来食客的反应来看，这样的伙食不能说令人发指，至少是令人难以置信。

孟尝君家里来客人了就吃这个?

食客本能地抬起头，向孟尝君投去了疑惑的目光，这时有个孟尝君府上的仆人恰巧站起来把灯光遮住了。就这样这位心生疑窦的食客发现从自己坐的位置看过去阴影里的孟尝君和他面前的饭菜非常朦胧。本来“老大”跟手下“小弟”保持一点朦胧的神秘感也是一种悠久的传统，但是因为当时食客非常饥饿，而且很久没见到肉了，加上眼前的伙食实在跟传说中孟尝君的江湖地位无法对等，于是这位食客就主观地判断自己吃的饭菜跟孟尝君不一样，孟尝君这样级别的官员怎么可能吃这样简陋的家常饭菜?

一定是孟尝君怕食客发现两边的饭菜不一样，为了避免尴尬所以耍小心眼让人遮住了灯光。这位饥饿而敏感的食客当下被伤了自尊，自尊中枢神经刺激了消化系统，本来饥饿的食客连食欲也被压抑了，所以饭还没吃，就站起来跟孟尝君告辞。

孟尝君借着昏黄的烛火看到食客受伤而怀疑的眼神，什么都明白了，这位名满天下的“老大”端着自己的饭菜站了起来，走到食客面前。当食客看到了两份完全一样的饭菜的时候，如同乔锋看到大宋和契丹对峙，天地虽大但他却已经无地自容。于是这位食客拔出刀来当场自刎，食客的鲜血喷在两份完全一样的家常饭菜上，以血腥的行为艺术注解了“老大”的面子和“小弟”的伙食。

当食客拔出刀横在脖子上的时候，孟尝君和他的距离不到一米，本来孟尝君完全来得及阻止食客的过激行为。不过孟尝君什么都没有做，而是眼睁睁地看着食客杀身成仁。孟尝君最讨厌怀疑自己的人，要吃随你，要死也随你，出来混都是自愿的，所以早晚都要还，只不过小心眼的人还得早一点。司马迁说过：“人固有一死，或重于泰山，或轻于鸿毛。”在这位职业食客这里，一死就等于一顿简陋的饭菜。这位食客的非典型性死亡为孟尝君的管饭品牌又做了一个鲜活的广告，天下以混饭为阶段性人生追求的社会精英和闲散人员不再怀疑孟尝君与食客完全平等的伙食待遇和做人原则，这个效果在孟尝君看到食客拔刀横颈的时候就朦胧地感觉到了，就像食客看到仆人挡住饭堂上的烛火时朦胧地感觉到了自己的伙食标准有问题一样。只不过孟尝君的朦胧感觉对了，而食客的朦胧感觉错了，乱世之中的朦胧感觉不仅可以决定人生的成败也决定人生的结局。

根据《战国策·齐策四》中《鲁仲连谓孟尝》的故事，可以推断孟尝君并不是一开始就能严格要求自己，保持和食客们相同的伙食标准的。鲁仲连是一位备受尊重的社会名流。有一次鲁仲连与孟尝君之间发生了一段有趣的对话，鲁仲连对孟尝君说："您非常爱惜人才。过去雍门的养椒亦和阳得的子养，他们对待门下食客非常平等，他们自己的饮食和穿着标准与食客完全一样，因此他们的食客都愿意为他们去死。现在您的家产远比这两位富裕，但是您手下的食客却并没有为您效全力。"显而易见，鲁仲连是在借古讽今，借雍门的养椒亦和阳得的子养对待食客的态度来批评孟尝君做得不够，所以空有爱惜人才的名声却不能让手下全心全意地为其效命。孟尝君非常本能地为自己找了一个缺乏逻辑的理由为自己辩护："这是因为我没有得到这两位高人的辅佐，如果我能得到这样的高人，我的手下怎么可能不效全力？"鲁仲连回答："您的马厩里有能拉上百辆马车的马匹，这些马都穿着衣服，吃着粮食，请问这些马里面有麒麟和騄駬这样的宝马吗？您有十几位妻妾，她们都穿着绫罗绸缎，吃着大鱼大肉，请问这里面有毛嫱和西施这样的美女吗？您的美女和马匹都是现在的，为什么用人却一定要期待过去的人才呢？所以说您并不是真正爱惜人才。"当孟尝君还只是靖郭君四十多个儿子中的一个的时候，田文也曾经批评过老爸对待自己妻妾奴仆非常慷慨奢侈，但是对待人才根本不放在心上。从鲁仲连和孟尝君的对话来看，人很容易犯同样的错误，孟尝君虽然招贤纳士，但是一开始也没有把自己的伙食标准和生活标准与食客们统一。不过难得的是孟尝君和靖郭君一样，都能从善如流，鲁仲连的话显然发生了作用，后来孟尝君的确尽力做到与食客们保持相同的伙食和生活标准，终于成为一位标杆式的"老大"。

可以保护活人的死人

在孟尝君生活的战国时期，江湖上有两大门派："合纵派"和"连横派"。苏秦联合了除秦国以外的六个国家组成抗秦联盟，这一派力量称为"合纵派"，"合纵派"的领袖是楚怀王，CEO就是苏秦；与"合纵派"对立的另一派势力称为"连横派"，苏秦的师弟张仪代表秦国的利益担任了"连横派"的CEO，他设法离间、破坏六国联盟。孟尝君这样的性格和身份生活在这样一个时代，当然不会甘于寂寞。自从楚怀王当了"合纵派"的"老大"，齐湣王就心生不满。为了和楚怀王一争高下，齐国后来和楚国逐渐从貌合神离发展到兵戎相见，两国之间战火不断。靖郭君、孟尝君父子的封地薛城位于齐楚交界之地，扶栏客认为当初齐湣王把薛城封给靖郭君大概就是为了利用靖郭君的势力来为齐国看家护院。事实上齐湣王的这步棋的确高明，后来靖郭君和孟尝君为了自己的地位和利益不遗余力地压制楚国，多次联合魏国和韩国侵占了楚国的大片领土。不过这样一来，孟尝君也就变成了楚国的死敌。

据《战国策·齐策三》中的记载，有一年楚国出兵进攻薛城，薛城告急。不过此时齐湣王的态度很暧昧，也许齐湣王想借楚国的力量削弱孟尝君的势力，也许齐湣王是想试探孟尝君真实的军事实力，总之他并不急于对孟尝君伸出援手，而是远远地观望着事态的发展。为了摸清楚国的底牌，齐湣王派出了淳于髡出使楚国。这位淳于先生和孟尝君私交甚好，所以当孟尝君得知出使楚国的使者是淳于髡的时候就决定请淳于先生伸出援手拉自己一把。

淳于髡从楚国回来的时候，路过孟尝君的封地薛城。远望薛城，那里传来了楚国军队的喊杀声，淳于髡知道孟尝君此刻正像一块五花肉在火上烤，“滋啦、滋啦”地往下滴油。

转过一个路口，一排参天大树下小桥流水，庄稼正在地里拔节，战争和杀戮好像很遥远。

抬头远望，淳于髡远远地看到了那个熟悉的身影，矮小而倔强。

早就在这里等待的孟尝君一身盛装，面容憔悴。

孟尝君也看到了淳于髡，迎着淳于先生走了上去，作揖行礼，“楚国人正在进攻薛城，如果先生不为我分忧，我以后就不能继续侍奉先生了”。

这就是“老大”开口求人的方式，平常处得到位，这时候不用废话，连求人都不失“老大”的霸道和风度。《战国策》并没有详细说明孟尝君和淳于髡建立深厚友谊的过程，不过从孟尝君一贯待人的方式来看，淳于髡可能也被孟尝君感动过，也早就在内心深处做好了“有朝一日”的准备。

淳于髡回了一揖，说：“您等我的消息吧。”

淳于髡回到了临淄，马上进宫向齐湣王汇报这次出使的情况。

齐湣王见到淳于髡，开口问道：“先生在楚国见到的情况怎么样？”

淳于髡说：“楚国占领薛城的决心非常坚决，不过孟尝君也不自量力。”

齐湣王说：“先生指的是什么？”

淳于髡说：“孟尝君不自量力，为先王建立了清庙。楚国坚决要攻破薛城，先王的清庙就危险了。所以说孟尝君不自量力，而楚国的决心也非常坚决。”

中国人喜欢面子也喜欢给别人面子，而牛人就是别人愿意给面子的人。所以中国人很喜欢把死去的牛人当成神灵供奉起来保护自己，比如民间就有人家贴出来“姜太公在此，百无禁忌”。孟尝君知道在齐国最牛的人就是齐湣王，最最牛的人就是齐湣王他爹，所以孟尝君就背着齐湣王建了一座庙把齐湣王他爹供了起来。在这生死关头，淳于髡替孟尝君把齐湣王他爹搬了出来，孟尝君你可以不管，你爹你管不管？自己看着办吧。

齐湣王果然着急了：“啊？先王的庙在那里啊！”

为了对得起自己死去的爹，齐湣王立即下令派兵援助孟尝君，薛城得救了，齐湣王他爹的庙也得救了。死去的牛人如果运用得当一样可以救人于水火之中，这样的人不被当成神灵供奉起来实在是浪费资源。

《战国策》总结淳于髡这次劝说齐湣王派兵救援的行动非常精辟：“颠蹶之请，望拜之谒，虽得则薄矣。善说者，陈其势，方其言，人之急也，若自在隘窘之中，岂用强力哉！”提起求人办事，普通人脑海里一般出现的就是点头哈腰、磕头作揖，这是常规的求人办事，不是牛人求人办事。牛人求人办事就是要把自己的危险变成对方的危险，把自己的困难变成对方的困难，然后对方就会比自己更着急地去消除危险、解决困难。如果对方没有危险和困难，那就要设身处地地为对方制造危险和困难，而牛人之所以是牛人就是因为他们具有顽强的创造力。

当然，并不是每个被孟尝君厚待过、感动过的高人都有机会像淳于先生那样救孟尝君于水火之中，事实上这种机会并不常见。不过高人就是高人，没有危难可以创造危难，没有机会也可以创造机会。（**点评：孟尝君为后人提供了一种扭转危机的全新思路。**）

找个名人骂自己

《战国策》上记载孟尝君曾经厚待过一位名叫夏侯章的高人，这位高人在孟尝君那里得到了一百个人的口粮（“百人之食”）的薪水，并且享受了出门坐四匹马拉的马车的待遇。如果在今天，即使按照最低生活标准在三线城市维持一个人的基本生活一个月至少需要1000元人民币，那么这位夏侯章先生在孟尝君那里每年领到的薪水大概在120万元人民币以上，另外，出门四马拉车比今天出门坐奔驰更有面子。《战国策》没有解释为什么孟尝君会给夏侯章这样的待遇，这位夏侯先生一定是当时的社会名人，不论他从事什么专业，夏侯先生名气大、面子大、人脉广是肯定的。这位夏侯章先生在孟尝君那里的工作负荷很轻，基本处于无所事事的状态。光干活不拿钱闹心，光拿钱不干活也闹心，夏侯章先生是一位责任感很强的职业食客，他绝不允许自己沦落成一个白吃饭、不干活的废物。

于是夏侯章就开始利用一切机会诋毁孟尝君（夏侯章每言未尝不毁孟尝君也），人家是端起碗吃肉、放下碗骂人，夏侯章先生是一边吃一边骂。有人向孟尝君汇报了夏侯章这种通常意义中的卑鄙行为，不过孟尝君和夏侯章显然都不是通常意义的普通人，否则他们就不可能成为青史留名的牛人。

孟尝君听到小报告以后并没有勃然大怒，而是让打小报告的人闭嘴，“我有事要请夏侯先生帮忙，别说了，我心里有数”。

后来有一位名叫繁菁的人实在想不通夏侯章的所作所为，就登门请教夏侯章。孟尝君给了夏侯章“四马百人之食”的待遇，而且毫无所求。夏侯章白吃白拿也就罢了，吃着孟尝君还骂着孟尝君，这人如果不是脑子有问题就是行为艺术家了。

夏侯章说：“孟尝君虽然地位尊贵，但是毕竟不是诸侯。我寸功未立就得到了这样优厚的待遇，所以我就用诋毁孟尝君的方式来报答他。孟尝君之所以获得了德高望重的名声，就是因为我诋毁他的缘故。我就是这样豁出去了自己来报答孟尝君（吾以身为孟尝君），这还有什么可解释的？”（**点评：脑洞大开的解释，骂你是为了你好。**）

同一种现象在不同的人身上就有不同的效果，比如智商高、反应快，放在孩子身上叫“聪明伶俐”；放在美女身上叫“冰雪聪明”；放在员工身上叫“有发展潜质”；放在领导身上叫“睿智”；放在领袖身上就叫“雄才大略”。给人管饭被人骂，被人骂了以后还和颜悦色，这种现象放在普通人身上叫“窝囊”，放在土财主身上叫“冤枉”，放在孟尝君身上就叫“长者之风”。

夏侯章和孟尝君的这一唱一和，怎么看都像唱双簧炒作，从后来的效果来看，孟尝君在夏侯章身上花的钱一点也不冤枉。两千多年以后，孟尝君和夏侯章之间这种默契的配合被娱乐界、学术界和社会各界名人和立志成为名人的牛人们发扬光大。无数案例告诉我们，找个名人来骂自己是一条效率最高的“成名”捷径。如果您不信，打开网上的名人博客随便看看就明白了。

“绿帽子”——以天下苍生为念

如果说孟尝君和颜悦色地容忍吃着自己骂自己的食客是长者之风，那么《战国策》里记载的《孟尝君舍人有与君之夫人相爱者》展现出来孟尝君特有的开放心态只能用“孟尝君之风”来形容了。

“孟尝君舍人”就是食客中被重点培养并安排在孟尝君身边工作的人，“与君之夫人相爱者”说文雅一点就是孟尝君身边工作的食客跟孟尝君的老婆发生了一段出轨的感情。战国时代的中国人还没有“柏拉图精神之恋”的概念，根据《战国策》的注解，那时候“相爱”并不是像谈恋爱或者搞对象那么纯洁，那时候“相爱”又叫“通”，也就是已经发生关系了。孟尝君在战国时代的知名度和影响力绝不逊于今天的任何政治家或者娱乐巨星，这段绯闻如果曝光，其轰动效应就是战国版的“艳照门”。

跟自己老板的老婆偷情如同在锋利的刀刃上舞蹈，一个技术失误很可能就是“一失足成千古恨”。男怕入错行，更怕上错床。按理说这位舍人上了自己老板夫人的床，应该像贪污了巨款的贪官一样尽量保持谦虚低调，可是爱情这东西很容易让人信心爆棚、得意忘形。得意的人往往是在不知不觉中就进入了状态，他自己可能觉得自己很谦虚，可是那种眼神和语气已经溢于言表了。在两千多年前敢于不远千里抛家舍业、背井离乡出来混饭的都不是善茬，孟尝君的数千食客里面可谓人才济济、鱼龙混杂，其中就不乏富有娱乐探索精神的“狗仔队”。很快这位被老板夫人滋润得飘飘然的舍人就露馅了，至少有一位敏感的食客发现了这个惊天秘密。这位具有“狗仔队”潜质的食客相信自己终于等到了报答孟尝君的“有朝一日”，于是他要求单独面见孟尝君并向老板报告自己的重大发现。自己的老婆跟自己身边工作的属下出轨了，古今中外，无论这顶“绿帽子”放到谁头上压力都可想而知。这事放在其他任何人身上都无异于晴天霹雳，可是放在孟尝君身上却是另一个版本，孟尝君的反应把告密食客震惊得雷声不绝于耳。

“狗仔食客”说：“身为您的舍人却和夫人发生不轨的恋情，这种不忠不义的人应该杀掉。”

在两千多年前的战国时代，孟尝君有充足的理由和权力干掉这个敢于给自己戴“绿帽子”的舍人，这样做不仅合情合理，而且非常合法。“狗仔食客”点破了这个令当事人无地自容的秘密，把杀死奸夫的屠刀递到了孟尝君手里，有句话说得好“杀父之仇、夺妻之恨，不共戴天”，这事即使放在武大郎身上也要去拼命。然而，屠刀在手，挥下去奸夫人头落地，但是“绿帽子”毕竟已经戴上了；放下屠刀，留下奸夫一条命，那就是天大的人情。

孟尝君异常平静地说：“看见美色而心生爱慕是人之常情，算了吧，别再说了。”

让敏感食客做梦也想不到的是自己的告密并没有给孟尝君当头霹雳，倒是孟尝君的回答给了敏感食客一个当头霹雳，彻底摧毁了食客的心理底线，用现在的话说就是这个食客被老板孟尝君“雷倒了”。

孟尝君的反应根本不像是在评论自己的老婆红杏出墙，倒像是在评论邻居家的小孩偷摘了自己家果树上的果子，孩子们看见挂满枝头的诱人果实，难免会有摘下来啃一口的冲动。从孟尝君的话来看，这位心态开放的“极品老大”不仅没有因为手下小弟和自己老婆的不忠而恼羞成怒，反而对自己老婆勾人的姿色颇为得意。据说夫妻在一起生活久了就会有所谓的夫妻相，不过可以想象孟尝君的老婆应该没有受到孟尝君的影响，倘若这位绯闻的女主角也能顺应历史潮流跟孟尝君夫妻相了，很可能就不会有绯闻了。因为孟尝君对不起观众的形象和他对得起食客的慷慨一样，都可以在史料中找到充足的证据，很难想象那位舍人会冒着生命危险去和一个长相酷似孟尝君的女人偷情。当然这种理解只是以男人为中心的男权主义思维，如果以女权主义观念来解读这次绯闻，孟尝君的话也可以解释成那位舍人是一位杰出的“师奶杀手”，而孟尝君的老婆很可能不仅长相酷似孟尝君，而且也和孟尝君一样，都有一颗不甘寂寞的心，所以主动追求了一段轰轰烈烈、干柴烈火的感情。大量的史料证明，在《史记》和《战国策》记载的那个时代，中国妇女追求感情自由的执着精神和制造绯闻的能力丝毫不逊于今天的新时代女性。（点评：古代的中国保守吗？那要看是在哪个古代！）

不管怎么样，反正孟尝君不在乎，女人又不是果子，吃了就没了，孟尝君的老婆还在那里，只要孟尝君自己不在乎，谁也伤害不了那颗坚强的心。

告密者被“雷倒了”，世界清静了。

令人惊奇的是，后来这位舍人不仅继续留在孟尝君身边工作，而且孟尝君对他信任依旧。

既然孟尝君已经知道了这位舍人跟自己分享老婆的秘密，那么这位舍人应该不会毫无察觉，他也应该不会笨到天真地认为孟尝君是个把“绿帽子”当圣诞帽的“傻帽儿”。但是在这样的情况下，这位舍人依然坚守岗位，兢兢业业地干好本职工作，既没有连夜逃跑，也没有哀求孟尝君宽恕自己的情不自禁。我们只能感叹有什么样的“老大”就有什么样的“小弟”，老祖宗太开放了，让现代人都有些接受不了。

就这样又过了若干年。

在这期间这位舍人是否还和孟尝君老婆保持关系我们不得而知，因为《战国策》在这里一笔带过，扶栏客不便揣测。总之，若干年后，这位心态开放的“老大”决定给那位心理素质超常的舍人一个机会，后来的史实证明这是一个改变历史的机会。

孟尝君找到这位与自己分享老婆的舍人谈话了，他说：“先生跟着我很久了，大官也没当上，小官你又看不上。卫国国君和我关系很好，我想送给先生马车、鹿皮和束帛，推荐先生到卫国国君那里效力。”敢于冲破封建礼教的束缚和自己老板的老婆上床本来已经惊世骇俗，事后在明知道老板已经察觉的情况下还能像什么事没发生一样继续爱岗敬业，具有这种超常心理素质的人才在人类历史上能有几个？人才难得，这样的人才必须重用。经过多年的考察，孟尝君决定把这位心理素质超常的舍人作为人才推荐给卫国国君，让他到齐国的友好邻邦卫国为自己布局天下。孟尝君承诺的马车、鹿皮和束帛，相当于今天的名车、名牌西服和信用金卡，是当时包装人才的必要资源。

这位曾经在孟尝君及其老婆身边生活和战斗过多年的人才到了卫国以后立刻得到了重用，《战国策》记载：“于卫甚重。”

又过了若干年。

齐国和卫国之间发生了冲突，大战一触即发。战国时代国家与国家之间的关系比港片里黑社会组织之间的关系还要混乱和复杂。那时候两个国家很可能今天还是盟友，一起坐地分赃，明天就有可能反目成仇，血流成河。总之，齐国和卫国翻脸了，卫国准备联合其他各国一起对齐国动武。

本来卫国只是一个小国，就其自身力量来说对齐国构不成威胁，不过这次卫国联合了几个国家组成了多国部队，这样一来齐国就比较危险了。这时候那位孟尝君推荐来的舍人挺身而出，改变了危局。这位舍人听说了卫国的军事计划，立刻要求面见卫国国君。他见到卫国国君以后说：“承蒙孟尝君错爱，推荐我到您这里效力。我听说齐国和卫国的先王曾经杀马宰羊结盟，两国先王发誓：‘齐国和卫国世世代代友好相处，永远不发生战争，如果谁发动战争，就像这些马和羊一样。’现在大王您联合各国军队进攻齐国，就是背弃了先王的誓言而对不起孟尝君。我恳请大王放弃进攻齐国的计划。如果大王能听从我的劝告最好，如果听不进去，我只好死在大王面前了！”卫国国君被孟尝君的前舍人震惊了、“雷倒了”。“老大”发动战争是让别人去拼命，可是现在却有人要和自己拼命，这就需要重新考虑一下了。

最后，卫国国君放弃了进攻齐国的计划。孟尝君用自己的“绿帽子”换来了齐、卫两国的和平，避免了一场血流成河的战争悲剧。这顶“绿帽子”太珍贵了。历史再次证明，相同的资源分配给不同的人会产生截然不同的效果，比如“绿帽子”，戴在普通男人头上就是“瞪眼王八”，戴到孟尝君头上就是“以天下苍生为念”。

后来一传十，十传百，孟尝君的“绿帽子”在齐国成了家喻户晓、妇孺皆知的秘密，齐国人民不仅没有鄙视孟尝君，反而对孟尝君给予了很高的评价：“孟尝君可语善为事矣，转祸为功。”孟尝君的故事告诉我们有时候倒霉的事可能也是一种资源。心有多大，舞台就有多大，孟尝君的舞台就是天下。（**点评：能忍人所不能忍，必能成人所不能成。**）

改造世界，从身边的人开始

《战国策》当中有一个《孟尝君谯坐》的故事生动地表述了孟尝君的人才观念。谯坐就是吃喝闲坐，孟尝君有一天闲坐在家里无聊，就和三位食客聊天。孟尝君问三位食客：“请三位先生说说打算怎样辅佐我。”

食客甲是一位血气方刚的职业杀手，他说：“即使是天下的主宰，如果他冒犯了您，我也会不惜一死和他拼命。”

食客乙是一位品牌专家，他说：“在所有的场合和地方，我都会尽量掩饰您的缺点，宣传您的优点；即使拥有千乘万乘军队的大国国君和相国也会希望得到您这样的人才。”

食客丙是一位人力资源专家，他说：“我愿意利用您府上的钱财，召集天下的人才，让他们帮您决策困惑的事情，应付突然发生的变故，就像魏文侯手下的田子方和段干木一样。”

事实证明，孟尝君手下的人才基本上可以按照三位食客的观点分为三类，而其中杰出的几位还兼备了两种或者两种以上的素质。孟尝君为了激励这三类食客为自己的事业做出贡献可谓无所不用其极：史上杰出的“老大”们能豁出去的，孟尝君都豁出去了；史上杰出的“老大”们有所保留的个人权利，孟尝君也豁出去了。

孟尝君虽然心胸豁达到能容忍戴“绿帽子”的程度，不过，是个人都有脾气，要说手下的几千食客孟尝君个个都喜欢那也不现实。有一次，有一个食客不知道因为什么事惹毛了孟尝君，孟尝君是个“绿帽子”戴头上都不眨眼的人，这个食客居然把孟尝君惹毛了，可见这位食客也不是一般人。从后面的故事发展来看，这位食客很可能是因为工作能力问题惹毛了孟尝君。我们知道战国时代是一个非常现实的时代，那时候的老板可以容忍脾气大、个性强的人，也可以容忍没道德、口碑差的人，甚至可以容忍吃里爬外、朝三暮四的人，但就是不能容忍没能力创造价值的人。尤其让老板难以接受的一个貌似颇有利用价值的人经过工作实践证明只有饭量没有能量，这就好比一个古董收藏家花了大价钱买进的藏品经过专家鉴定发现是赝品，跟古董不一样的是赝品古董不用吃饭，而赝品员工不仅需要吃饭还需要领工资。这是一个非常传统而又现代的人力资源难题，怎样准确评价并合理利用员工是人类历史上所有的老板都必须面对的问题，事实上，老板的成败很大程度上就在于此。孟尝君也遭遇了这样的问题，他发现自己手下有这样一个食客，根本不能化饭量为能量，自己不是没有给他机会，但是这位食客屡次把自己交代的任务搞砸。孟尝君对这个食客彻底失望了，他决定把这个食客赶走，要是所有的食客都这样只能吃不能干，那么孟尝君的事业就会变成慈善事业。

有一位名叫鲁连的食客听说了这件事，坚决反对孟尝君清理食客队伍的做法。他这样劝说孟尝君：“猿猴离开树木来到水里，它们的行动肯定不如鱼鳖敏捷；好马如果遇到危险，肯定不如狐狸机灵。曹沫手提三尺剑上阵，勇猛可以顶得上一支军队，但是如果让他拿着锄头下地干活他还不如农夫。所以说如果放弃了人的长处而利用其短处，即使是尧这样的贤人也一样有很多不足。现在您让人去做他不擅长的事情，却说他能力差；教人做他能力达不到的工作，却说他愚笨。愚笨就要辞退他，能力差就要放弃他，这样有些人就丧失了表现自己和报答您的机会，这不是让世人都知道投奔孟尝君的风险很大吗？”

猴子、鱼鳖、马、狐狸、曹沫，前四个是动物，最后一个是著名刺客，鲁连把他们组合起来就说明了一个道理：用人之道在于用人所长，世上没有无用之人，就看老板怎么用。以员工的工作能力差、学习能力弱为理由辞退员工是很不负责任的，从长远来看对老板招揽人才也非常不利。因为谁也不能保证老板就一定乐意发现自己的长处并且利用自己的长处，实际上很多老板更愿意用人的短处，而老板用人所短的理由通常也是如此的冠冕堂皇、耳熟能详：锻炼你、培养你、发展你的潜力。老板用人所短的时候，其一片良苦用心根本容不得员工推辞。世人但凡有一点进取心都有改造世界的冲动，世界太大就先从身边的人下手，老板自然就先从手下员工下手。只是这样的改造一旦失败，老板很少会从自己身上找原因，改造员工失败的老板有时候很可能像一个拼不好拼图的孩子，一怒之下干脆把拼图摔在地上，然后扬长而去。鲁连也有改造世界的冲动，他从自己的老板孟尝君下手了，幸运的是孟尝君是一个很有潜质的老板。鲁连的改造成功了，孟尝君说“好”，于是放弃了辞退那个被他彻底否定了的食客的想法，重新努力发现他的价值。更重要的是，这个决定再次为孟尝君招揽人才的计划做了一个成功的广告，连这么笨的人孟尝君都能容忍，何况那些自以为不笨的人呢?

象牙床和剑

后来有一年孟尝君代表齐国出使五个国家，其中一个国家是楚国。楚王为了表现对孟尝君的重视，就送了一件稀世珍宝给孟尝君。这件稀世珍宝是一张床，一张用象牙雕刻的床。我们知道即使是一双象牙筷子也是很珍贵的工艺品，楚王送给孟尝君的却是一张至少能睡下一个成年人的象牙床，这不仅是一件极具观赏性的工艺品，而且也是一件奢侈豪华的生活用具，既能观赏，又能睡觉。这样的东西即使今天在国家级的博物馆里也很难见到，因此无论在哪个时代都堪称国宝。为了保证把这样的宝贝安全地送给孟尝君，楚王命令一位登徒负责押送这件宝贝去齐国，把这件宝贝送到孟尝君府上。登徒是一个官名，这位楚国的官员接到了这个肩负楚、齐两国友好往来的任务，不仅没有感到无比光荣，反而当场吓了个半死，连续几个晚上夜不能眠。象牙床不仅是国宝，而且是易碎的高价国宝，在运输条件极其原始的战国时代，把这件国宝毫发无损地送到千里之外几乎是一件不可能完成的任务。万一在运输的过程中出现了闪失，登徒不仅可能倾家荡产，而且很可能会蹲大牢，甚至掉脑袋也有可能。登徒跟孟尝君其实一点也不熟，楚王为了拉拢孟尝君就让登徒陷入了可能家破人亡的险境，登徒实在是冤枉。登徒想了很久，掰着手指头算来算去也没想清楚自己到底是得罪了楚王还是楚国的哪位大官，这事看起来很像借刀杀人，对于登徒来说真是无妄之灾。

后来这位登徒找到了孟尝君手下一位名叫公孙戌的食客，请他出面救自己一命。但是在此之前这位登徒和公孙戌也没什么交情，事到临头去求人，登徒只好一狠心把自己的传家宝拿了出来。

登徒见到了公孙戌，开口说出了自己的苦衷，请公孙戌想办法救自己，他说："我是楚国的登徒，现在受命护送象牙床。象牙床价值千金，如果出现毫发的损伤，我就是卖儿卖女也赔不起。如果先生能想办法让我免去这个任务，我的祖先传下来一把宝剑，我愿意把这把宝剑送给您作为酬谢。"不要说在两千年前用马车运输一张象牙床去千里之外，就是今天运输一张木床长途跋涉也难保不出现一点损伤，这位登徒的担心绝对不是杞人忧天。"解铃还须系铃人"，登徒想来想去最后觉得只有孟尝君能解开这个套在自己脖子上的绳索，但是孟尝君级别太高自己够不着，所以他决定找孟尝君手下的食客来救命。

可以想象，公孙戌当时是孟尝君身边的红人，所以登徒才会想到求他来救自己。可以在几千食客里面脱颖而出已经很不简单，在登徒的生死关头能被登徒一眼相中抓住救命，此人的能量和让人信服的气质可想而知。但是这种替人求情、帮人脱困的事谁也没有百分百的把握，公孙戌既不是孟尝君也不是楚王，他自己说了不算，公孙戌必须想办法说服孟尝君，然后让孟尝君说服楚王，最后才能替登徒解套。按照普遍的人情世故规律，面临这个需要疏通两位"老大"才能解决的难题，公孙戌应该推辞一下才对。即使公孙戌真的想帮登徒，至少也应该谦虚一下，最后半推半就做为难状答应下来才是老成稳重的做法。如果事成不仅可以心安理得接受登徒的礼物，还落下一个救命之恩的大人情；如果事情不成，登徒也不好抱怨，至少也要落个尽力帮忙的人情。不过公孙戌的态度一点也不老成稳重，他毫不犹豫地一口答应了下来。按照通常的逻辑推理，公孙戌的态度可能有两种截然不同的解释：如果公孙戌出面求情孟尝君不准，最后登徒真被象牙床害得倾家荡产、卖儿卖女，那么公孙戌的态度就是轻浮孟浪、不知天高地厚；如果孟尝君被公孙戌成功说服，登徒免去了这无妄之灾，那么公孙戌的态度就是豪爽仗义、胸有成竹。后来的事实证明，公孙戌属于后者，所以他被载入了《战国策》。（**点评：战国是一个混乱多变的时代，也是一个张扬进取的时代。当时的中国人，特别是有能力的中国人，很多都像公孙戌这样，做人风格豪迈、张扬，与后世截然不同。**）

公孙戌敢于一口答应，很可能是在听到登徒请托的时候就想好了怎么说服孟尝君，并且很有把握能让自己的老板接受自己的意见。公孙戌太了解孟尝君了，要说服这样的老板最重要的是高度，而公孙戌自信自己是个有高度的人。

公孙戌马上去找孟尝君，他问孟尝君："听说您要接受楚国送的象牙床？"

孟尝君承认了："是。"

公孙戌说："我希望您不要接受这个礼物。"

孟尝君问："为什么？"

公孙戌说："那些小国之所以都愿意请您担任他们的相国，是听说您在齐国能扶危济困，有存亡继绝的仁义名声。那些小国的英杰之士，都想将国家大事托付给您，心悦诚服地敬佩您的仗义，仰慕您的廉洁。现在您接受了楚国的象牙床，那么那些我们没有去的国家该怎么对待您呢？所以我希望您不要接受楚国的这个礼物。"

孟尝君是一个位高权重、挥金如土的"老大"，象牙床虽然珍贵，但是在他眼里不过是个可以利用的资源罢了。孟尝君最大的梦想就是成为"老大"，不管是谁，如果有困难、有危险的时候能想起孟尝君就是孟尝君最大的幸福，这是一个非常纯粹的古典式"老大"的梦想。古今中外的"老大"当中，有很大比例都是因为想当官发财才努力争取当"老大"的，而孟尝君是因为从老爸那里继承了巨额财富和崇高地位所以才立志当"老大"，这就是层次和高度的差距。成为天下人敬仰的"老大"是孟尝君的最大梦想，跟这个梦想相比，不要说象牙床，就是自己的老婆孟尝君也可以豁出去。

按照公孙戌的逻辑，孟尝君如果接受了象牙床就给其他小国的国君和杰出人才出了一个难题。我们知道中国的人情文化不仅强大而且精确，比如人们在参加朋友、乡亲的婚礼之前都要尽量评估其他宾客送的红包里面有多少礼金，然后在可比较的参考标准上进行人情加减，最后决定自己该给多大的红包。楚国把象牙床送给孟尝君作为见面礼，如果孟尝君笑纳了，那么其他国家就不得不参考楚国的标准来准备给孟尝君的礼物。问题是在战国时代，楚国是个经济发达国家，不仅财力雄厚，而且盛产象牙等奇珍异宝，而其他国家却很难拿出类似象牙床这种档次的国宝级礼品来撑场面。这样其他国家的君主在面见孟尝君的时候就陷入两难的境地，拿出的礼物不够档次有失国家体面，但是如果为了国家体面向楚国看齐就有可能透支国库、增加纳税人的负担。按照这种逻辑推理，孟尝君接受一件奢侈的国宝级礼品就是难为其他的国家，尤其是难为那些处于发展阶段的小国，而这样的效果跟孟尝君的梦想是南辕北辙、自相矛盾的。所以公孙戌的几句话马上打消了孟尝君接受象牙床的念头，当"老大"必须严格要求自己，那象牙床还是留给更需要的人去睡吧。

孟尝君说"好"，接受了公孙戌提出的拒收象牙床的建议。从前面公孙戌一口答应登徒的请求来看，公孙戌虽然有高度、有口才，但并不是一个传统意义上的老成稳重之人，这样的人很难做到喜怒不形于色。所以当公孙戌听到孟尝君采纳了自己的建议，公孙戌马上面露喜色，志得意满地站了起来，像一阵春风一样飘了出去。

孟尝君是何等样人，公孙戌脸上的表情告诉他，公孙戌劝说自己拒收象牙床绝不仅仅是为了自己的事业那么简单。事业说到底是老板的，就算员工觉悟高以主人翁的标准来要求自己，但是也绝不至于看见老板的进步就高兴得像是自己要娶媳妇。

公孙戌还没走出孟尝君住的国宾馆就被老板派人叫了回去。杰出的"老大"跟所有杰出人才一样，都有强烈的好奇心和求知欲，孟尝君想知道公孙戌的真实目的。孟尝君把公孙戌叫了回来盘问："先生劝我不要接受象牙床，这个建议很好。但是为什么先生走出去的时候脚抬得很高，一副得意洋洋的样子呢？"《战国策》的原文中孟尝君对公孙戌得意的状态是这样描述的："今何举足之高，志之扬也？"孟尝君的观察非常细致，他注意到了公孙戌走出去的时候抬脚的幅度明显大于平常，像是在爬楼梯。一个人在平地上走路的时候看起来像是在爬楼梯，说明一定有不为人知的幸福降临到了这个人的身上。

公孙戌是一个很坦诚的人，他说："我有三件喜事，除此之外，我还可能得到一把宝剑。"

孟尝君追问："是什么喜事？"

公孙戌说："跟您一起来楚国的食客有数百人，但是没有一个敢于劝谏您拒收象牙床的，我是唯一一个，这是第一件喜事；我劝谏您，您听从了我的劝谏，这是第二件喜事；因为我的劝谏使得您改正了一个错误，这是第三件喜事。楚国的登徒不愿意接受护送象牙床的任务，所以请我帮他说情并且许诺要把其祖先传下来的一把宝剑送给我作为酬谢。"

孟尝君心里的谜底揭开了，笑着说："好。你接受了那把宝剑了吗？"（善，受之乎？）

这时候公孙戌知道自己要谦虚一下了，他说："我还没敢接受。"（未敢。）

孟尝君说："赶快接受吧。"（急受之。）

看着急匆匆赶到登徒那里报喜接受宝剑的公孙戌走了出去，孟尝君下令让人在自己的门口挂了一块牌子，上面写了这样一句话："有能扬文之名，止文之过，私得宝于外者，疾入谏。"（如果有人能宣扬我田文的名声，帮助我田文改正错误，并且能从外面私自得到财宝，请立刻提出建议。）（**点评：19个字的绝**

世好文，开放包容、反省批判，既有人情味，又不乏幽默感，内涵丰富。）

在前面我们说过孟尝君生活的战国时代，“合纵”和“连横”是当时战国政治军事的主线，从地缘角度来看为了争取自己的霸主地位，东方大国齐国很自然地应该站到“合纵派”的阵营里对抗西方大国秦国。于是身为东方大国的精英人物领袖的孟尝君再次站到了时代的风口浪尖，他决定加入“合纵派”反秦联盟，在这个更大的舞台上展开自己注定不平凡的人生。

就在孟尝君决定加入“合纵派”反秦联盟的时候，有一位名叫公孙弘的食客提出了不同意见。在公孙弘看来孟尝君的决定有些草率，他提议应该先试探一下秦昭王再做出决定。公孙弘说：“您为什么不先派使者出使秦国去考察一下秦昭王再做决定呢？如果秦昭王的确有天下帝王之主的风度，您恐怕应该争取给他当臣子，那么何必加入‘合纵派’反秦联盟与秦昭王作对呢？如果秦昭王没有成大事的风度，那么您再加入‘合纵派’反秦联盟和他对抗也为时不晚。”孟尝君觉得公孙弘的建议很有建设性，在战国时代很少有立志从一而终的忠臣，狡兔三窟、脚踩两只船是社会精英普遍认同的生存法则。万一秦昭王的确有一统天下的能力和威望，那么孟尝君跟他作对就是不识时务，所以派人去试探一下再决定对待秦昭王的战略才是明智之举。

孟尝君接受了公孙弘的建议，说：“好，就请您去一趟吧。”

公孙弘既然敢提出这样的建议，当然也做好了出使秦国、接受挑战的准备，于是公孙弘慷慨受命，率领着一个十辆马车组成的使团直奔咸阳而去。秦昭王听说了公孙弘代表孟尝君出使的事情，秦昭王有很多敌人和对手，当时最需要解决的并不是孟尝君，所以决定利用外交手段来争取孟尝君对自己的支持。

咸阳，秦国王宫大殿之上。

秦昭王看着眼前这位来自东方大国的使者公孙弘，心里暗暗告诫自己要尽量保持真诚热情的待客风度，秦昭王问：“孟尝君的封地有多大呢？”

公孙弘回答：“方圆百里。”

秦昭王笑了，“寡人的国土方圆数千里，也从来没有敢跟什么人作对；孟尝君只有方圆百里的土地，就想跟寡人作对，你觉得他能做得到吗？”

公孙弘说：“孟尝君敢于跟您作对是因为他爱惜人才，而大王您不爱惜人才。”

秦昭王问：“孟尝君是怎样爱惜人才的，你能跟我说说吗？”

公孙弘说：“从来不向天子称臣，从来不结交诸侯，得志的话就可以成为领袖，不得志也绝不给别人当臣子，这样的人才在孟尝君的手下有三个；在治理国家方面可以成为管仲、商鞅的师傅，说服君王支持正义，能够达到这样水平的人在孟尝君手下有五个；作为使者而受到万乘之国的君主的侮辱，敢于自刎，以自己的鲜血喷到万乘之国君主的衣服上，这样的人在孟尝君手下有十个，我就是这样的人。”

秦昭王笑着向公孙弘行礼，说：“孟尝君的食客都能有这样的能力，那么寡人就和孟尝君的食客来对话、讨论吧！寡人对孟尝君心存善意，请你务必转达寡人的心意！”

公孙弘说：“好，我一定完成您交给我的任务。”

《战国策》对公孙弘的评价非常高：“公孙弘可谓不侵矣。昭王，大国也。孟尝，千乘也。立千乘之义而不可陵，可谓足使矣。”按照《战国策》的观点，公孙弘代表只有千乘势力的孟尝君出使秦国这样的大国，却能坚持自己的原则和立场，丝毫不落下风，的确是一位出色的使者。（点评：公孙弘的外交活动又为孟尝君做了一个广告，利用秦昭王的威名更进一步地提高了孟尝君的知名度和美誉度。）

土人和木人：揭露人生根本问题的“鬼故事”

就这样，孟尝君的食客越来越多，在战国江湖上的名头也越来越响。孟尝君的江湖地位和名气逐渐引起了秦昭王的注意，而公孙弘这次出使秦国更加强了秦昭王对孟尝君的印象和兴趣。这位秦昭王就是武安君白起的老板（参见《历史的个性：兵家》白起篇），在他在位的五十三年里通过持续不断的战争消灭了当时中国十分之一还要多的人口，从而奠定了后来秦国统一天下的基础。从武安君白起的一生境遇来看，这位秦昭王对人才不仅高度重视，而且奉行“如果我不用，别人也别想用”的用人底线。秦昭王七年，这时的秦昭王还相当的年轻，不过他已经开始了对魏国和楚国的战争，年轻的秦昭王此时认识到了孟尝君的价值并决定一定要让此人为我所用。

从秦国远交近攻的战略分析，楚国和魏国都是秦国的邻国，而齐国与秦国之间隔着魏、赵和韩三国，所以拉拢和稳住东方最强大的齐国是当时秦国必须实现的战略目标。而孟尝君及其家族在齐国的威望和实力都足以影响齐国的对外政策，因此引进孟尝君就是当时秦昭王的阶段性战略的一部分。为了引进孟尝君，秦昭王甚至不惜派出了泾阳君去齐国作为人质，请求见到孟尝君。事实上，这位泾阳君就是秦昭王的亲弟弟，只不过此时秦昭王对他不待见，所以就拿他来换孟尝君。虽然秦昭王不喜欢自己的弟弟，但是以一位秦国王族核心成员来换孟尝君，也足以说明秦昭王对孟尝君的重视。孟尝君在齐国的薛城，而秦昭王远在秦国的咸阳，秦昭王要见孟尝君当然是请孟尝君去咸阳见他。当时的孟尝君也很年轻，他早就注意到了这位一心称霸的老板，所以从内心的抱负出发，孟尝君非常向往咸阳。

我们知道在秦昭王统治时期，秦国对外的扩张非常迅猛，可以说是一年一个样，十年大变样。所以当时有理想、有能力的人才，特别是政治军事人才对咸阳的向往如同今天的电影明星向往去好莱坞发展一样，非常流行而且主流。此时的齐国国王齐湣王似乎也不愿意得罪秦昭王，他对秦昭王到自己的地盘上挖人才的做法并不反对，而且非常配合。

就这样，孟尝君决定去咸阳了，这下急坏了孟尝君手下的食客们，“长期饭票”要跑了，食客们绝不能答应。有句俗话说得好：“我们吃饭是为了活着，但是我们活着不是为了吃饭。”食客们也一样，尤其是那些孟尝君重点培养的精英食客。他们跟随孟尝君多年虽然解决了吃饭问题，甚至还解决了家庭的经济问题，不过他们最终追求的是随着孟尝君的步步高升而有机会实现自己的平生抱负。只要孟尝君留在齐国，凭着显赫的家世和名声以及过人的能力，孟尝君步步高升毫无悬念，这样追随孟尝君的食客们跟着孟尝君同步前进也就十拿九稳。但是如果孟尝君一旦离开齐国去秦国，那么今后即使孟尝君在秦国飞黄腾达恐怕也很难安置这么多自己的嫡系亲信。于是食客们想尽一切办法和理由劝说孟尝君，晓之以理、动之以情，总之一句话：孟尝君去咸阳那就是肉包子打狗，小绵羊跟大灰狼搞对象。孟尝君是个意志坚定的人，他不相信自己是肉包子或者小绵羊，所以对大家不厌其烦的劝说逐渐由不屑到厌烦。食客们没办法了，于是请来了当时著名的纵横家苏代，请苏代出马劝孟尝君悬崖勒马、回头是岸。

在战国时期，苏代的口才如同白起的用兵一样，所向披靡。这次苏代出马充分展示了苏派纵横家借力打力、因势利导的内家功夫，成功地阻止了孟尝君一厢情愿的幻想。苏代见到孟尝君的时候，孟尝君一眼看穿了苏代眼里想说服自己的欲望。红尘中的人们眼里都有欲望，未遂的计划就是欲望，遂了的欲望就是事实，此刻苏代的说服还只是一种欲望。身为“职业老大”，孟尝君的主要工作就是利用和控制人们的欲望。孟尝君先下手为强，先开口堵死了苏代的说服通道：“人事者，吾已尽知之矣；吾所未闻者，独鬼事耳。”（关于人的事我都知道了，只有鬼的事我没听说过。）孟尝君的话里有情绪，食客们的理由和想法孟尝君怎么可能不了解，重复的故事就是唠叨，不仅小孩子不爱听，“老大”们也不喜欢。孟尝君要听“鬼故事”，纵横家绝不能拒绝，只能因势利导。

苏代说：“我来见您，不敢跟您说人的事，就是要跟您说说鬼的事。”孟尝君不能拒绝自己要求的鬼故事，于是他请苏代坐下开始讲“鬼故事”。苏代的“鬼故事”并不恐怖，准确地说苏代的鬼故事更像一个寓言。苏代说：“这次我来到齐国，渡过淄水的时候听到了桃木人和泥人的对话，桃木人对泥人说：‘你本来是淄水西岸的泥土，被塑造成了人形，到了八月雨季来临开始下雨的时候，淄水就要涨起来了，你也就要被大水冲得失去人形了。’泥人反驳桃木人说：‘不对，我本来就是淄水西岸的泥土，就算被大水冲了也不过是回归到了淄水西岸，我还是我。而你就不同了，你本来是东方的桃木，被雕刻成了人形，到了雨季发大水的时候你就要被淄水冲走了，最后漂到什么地方你自己都不知道。’”

苏代的“鬼故事”虽然并不可怕，但是很深刻，这个“鬼故事”借用泥人和桃木人的简单对话提出了一个深刻的命题：人从哪里来，到哪里去？人生安身立命的根本是什么？这样深刻的“鬼故事”非常符合孟尝君少年老成的深刻审美情趣，所以孟尝君听得很认真，并且非常自然地接受了苏代的暗示和引导，在思想深处开始了思考。

苏代破题了：“现在的秦国，是四面树敌的国家，这样的国家就像虎口一样。如果您到了秦国，我实在不知道您最终的归宿在哪里。”

本来孟尝君就是那个泥人，他的血统和身世都来自齐国，他的声誉和威望都建立在齐国，如果离开这个根本，他就只能像那个桃木人一样随波逐流。那样的人生也许很激情，但是也很危险，最要命的是孟尝君只是像桃木人而并不是桃木人，当洪水铺天盖地席卷而来的时候孟尝君不敢保证自己就一定能漂在水面而不是遭受灭顶之灾。

孟尝君听完苏代的“鬼故事”打消了去咸阳见秦昭王的念头，不过孟尝君和秦昭王之间的故事却并没有结束。（点评：暂时放下，念头未绝。）

鸡鸣狗盗，特殊人才的特殊作用

第二年（齐湣王二十五年），齐湣王派出了孟尝君带队的代表团出使秦国。

关于这次出使的使命，《史记》中语焉不详，结合上下文，扶栏客理解这是齐湣王为了讨好秦昭王而主动把孟尝君送上门去。孟尝君终于在咸阳见到了秦昭王，秦昭王当即被孟尝君的风采折服，当场任命孟尝君田文为秦国相国，就这样来自齐国的贵族精英孟尝君几乎已经空降到了秦国的权力核心。

苏代的那个充满寓言色彩的鬼故事很快就应验了，孟尝君像那个桃木人一样在秦国毫无根基，他的空降极大地刺激了秦国的权贵们，不幸的是秦昭王偏偏又是一位以多疑和狠毒著称的老板。

于是有人向秦昭王打小报告了："孟尝君是一位贤才，而且他又是齐国的王族，如今当了秦国的相国，必然会首先顾及齐国的利益，其次才能考虑秦国的利益，这样秦国就危险了。"被秦国相位忽悠得飘了起来的孟尝君此时可能早就忘记了苏代通过那个鬼故事提炼出来的人生问题，不过受到刺激的秦国权贵们不会忘记，孟尝君从哪里来？孟尝君将到哪里去？孟尝君的根本在哪里？这三个人生核心价值观的问题足以致命，苏代早就看透了，以少年老成的深刻思想著称的孟尝君却没有看透，这就是当局者迷。

有时候具有巨大被利用价值的牛人们自己可能并不关心这些关于自己人生价值的哲学问题，但是作为他们的老板却不可能不关心这些问题，就像一台电脑自己不会关心自己的配置和系统，而用户一定会关心一样。秦昭王被这三个问题深深地刺激了，他甚至开始怀疑孟尝君送上门来就是想玩个"无间道"。秦昭王反悔了，孟尝君不仅没有顺利地登上相位，而且还被秦昭王下令软禁了起来。后来关于孟尝君人生价值的三个问题在秦昭王心里挥之不去，而且越来越清晰，秦昭王最后暗暗下决心要让孟尝君彻底从地球上消失。不过秦昭王缺乏合适的理由和方法，孟尝君不是普通人，要消灭这样一位名满天下的"老大"不仅需要一个理由，而且需要一个合适的方法，否则秦昭王很可能会伤到自己。

遭到打击的孟尝君回到了现实之中，此刻他的每一根汗毛都感觉到了死亡的威胁，形势危急，孟尝君亟须解套。但是此时想要消灭孟尝君的是秦国的最高统治者秦昭王，所谓天意难违，如果不能改变秦昭王的意志，孟尝君就没有活路。熟悉权力男人生活和工作习惯的孟尝君很快就想到了一个可能改变秦昭王决策的关键人物，这个关键人物是一个女人，一个漂亮得像妖精一样的女人。中国历史上不缺美女，不过美到能改变一个国家决策和命运的程度，这样的女人应该载入史册。然而遗憾的是这位美女在《史记》里没有留下姓名，在《史记》里对这位美女的称呼是"幸姬"，也就是正在得宠的小老婆，跟孟尝君母亲的称呼"贱妾"正好凑成了对仗工整的上下联——司马迁太有才了。孟尝君之所以在生死关头想到这位“幸姬”，是因为当时这位“幸姬”正在得宠，也就是说她当时正在频繁地陪秦国的一号首长秦昭王，而权力男人在睡觉的时候也是意志最薄弱、原则性最差的时候，如果这时候幸姬能吹吹枕头风，为孟尝君说句好话，或许孟尝君就能有一线生机。不过让这种女人为自己说话并不容易，孟尝君和这位“幸姬”并没有交情，事到临头去求人，只有用钱砸了，问题是身为秦昭王的女人，“幸姬”并不一定想要钱，但是孟尝君想是人就有欲望，所以他决定试一试。孟尝君托人见到了这位“幸姬”。来人开门见山地转达了孟尝君的请求，同时代表孟尝君承诺一定会重谢。剩下的就是等待“幸姬”开价了。“幸姬”也不客气，她要的不多，不过很难办到。

“幸姬”说：“我就想要孟尝君的白狐裘皮大衣。”人类历史上小老婆的爱好惊人的相似，从两千多年前的秦昭王“幸姬”开始，不论古今中外，名贵的裘皮大衣一直是小老婆们的最爱。孟尝君原来的确有一件名贵的白狐裘皮大衣，按照中国的迷信说法白狐是成精的狐狸，狐狸精的皮自然不同凡响。根据《史记·孟尝君列传》记载，这件裘皮不仅价值千金，而且举世无双，号称战国第一裘。“宝剑赠壮士，红粉赐佳人”，狐狸精的皮就应该送给狐狸精一样漂亮的女人，所以幸姬的要求其实也不过分，而是出于对自己魅力和姿色的一种自信。不过问题是在孟尝君见秦昭王的时候，孟尝君把这件成精的狐狸皮送给了秦昭王作为见面礼。现在秦昭王拿走了孟尝君的裘皮，他的女人又向孟尝君要这件裘皮，如果不给，这对贼公贼婆就会合伙要了孟尝君的性命。孟尝君非常悔恨自己为什么会和这个强盗家族搭上关系。后悔药没处可买，孟尝君只好召集手下的食客们开会，会议的议题很简单，怎样才能满足秦昭王“幸姬”对狐狸精裘皮的欲望，从而逃出生天。

食客们面面相觑，无言以对。“幸姬”的要求再次证明了经济学的基本原理：资源是有限的，而人的欲望是无限的。孟尝君只有一件天下无双的白狐裘，却要用它巴结两个人，这事不是舍得花钱就能办到的。后来一位坐在最下面、地位最低的食客说话了：“我能得到那件白狐裘皮。”那是一位形象猥琐的食客，他在投奔孟尝君的时候就说过自己的特长就是“狗盗”，也就是利用仿生学原理，模仿狗的形象和动作悄无声息地溜门入室，盗窃财物。小偷也是一个历史悠久的职业，入室盗窃自古有之，不过溜进秦王收藏宝物的仓库盗取白狐裘，就像现在有人声称自己能准确预测百万大奖彩票的中奖号码一样，这事听起来让人觉得简直就是白日做梦。不过事已至此，只能试试了，本来要改变秦昭王的杀机就需要奇迹，孟尝君现在只能期待奇迹出现了。

夜色深沉，那位自称擅长“狗盗”的食客身披狗皮出发了，他的动作轻灵而敏捷，很快就和夜色融为一体。孟尝君望着远去的“狗盗”，自言自语“这个人真的很像条狗啊”，旁边的人说“是啊，是啊”，不住地点头附和。孟尝君做梦也不会想到有朝一日自己的生死会寄托在一个看起来很像狗的小偷身上，幸亏自己当初没有搞职业歧视，否则今天岂不是连期待奇迹的机会也没有了。

第二天，天还没有亮，一夜失眠、面容憔悴的孟尝君正对着一盏孤灯发呆。突然，门开了，一条狗窜了进来，然后像人一样双手捧起了一个包袱。孟尝君站起来用颤抖的双手打开了包袱，白狐裘雪白而妖娆的光芒照亮了黎明前的黑暗。

纵观历史，总的说来，小老婆比权力男人的信誉要好很多，因为她们要的东西很纯粹。得到了白狐裘的“幸姬”芳心大悦，当夜就为孟尝君说了好话。成功男人之所以成功就是因为目标明确而且非常执着，此时秦昭王的目标不是消灭未来的隐患孟尝君，而是占领床上的“幸姬”。此刻战国时期最伟大的领袖秦昭王觉得自己正在像太阳一样燃烧着，燃烧的秦昭王心急火燎地下了一道命令，解除对孟尝君的软禁，立即执行。

孟尝君完全了解此刻秦昭王的状态，他必须趁着秦昭王还没有恢复常态的时候尽快离开虎狼之地。于是趁着夜色，孟尝君率领众食客迅速离开了软禁他们的地方，改名换姓逃出了咸阳城。半夜的时候，孟尝君一行来到了函谷关下，出了函谷关才算真正离开了秦国的国土，孟尝君才能彻底安全。不过此时的孟尝君却不能出关，因为按照当时函谷关管理规定，关门晚上必须关闭，而到第二天天亮才能开放让行人通过。根据函谷关管理规定，天亮的标准也很简单，那就是雄鸡报晓。

从当时的情况看来，似乎孟尝君唯一的选择就是等待，等待公鸡打鸣，然后按常规出关。不过这显然不是孟尝君想要的选择，他非常了解秦昭王，此刻的秦昭王有可能酣然入睡，也有可能突然开始想念孟尝君，这就叫贪得无厌、欲壑难填。作为一位战国时期最著名的征服者，秦昭王出现第二种状况的可能性远远大于第一种。如果此时孟尝君像一个守法良民一样把开关的希望寄托在鸡身上，从而站在函谷关下等待，等来的很有可能是背后追来的屠刀。此时有一位号称“鸡鸣”的食客站了出来，主动为“老大”分忧解难。只见他捏住鼻子，发出了公鸡打鸣的叫声，在黑漆漆的函谷关下这样的叫声嘹亮而令人振奋，很快周围村子的公鸡们都不甘示弱地叫了起来，一时间漫漫雄关下雄鸡报晓声此起彼伏。

函谷关大门终于打开了，孟尝君和他手下的食客策马狂奔而出，消失在黑暗之中。事实上孟尝君的担心并不是杞人忧天，秦昭王果然很快就开始想念孟尝君，于是派人去软禁孟尝君的地方查看，当他得知孟尝君连夜逃走的消息，立刻后悔了。秦昭王立即派人快马去追孟尝君，秦昭王绝不能容忍这个优秀的男人摆脱自己的控制。

当追兵追到了函谷关下的时候，孟尝君已经在鸡鸣的帮助下顺利出关了，此时的孟尝君已经逃离了秦国的国土，继续追击不仅不合法，而且也不可能再抓住孟尝君了。

当初“鸡鸣狗盗”两位仿生学高人投奔孟尝君的时候，孟尝君对他们一视同仁地热情，把他们安排到了重点培养的食客当中。这让其他同样受到重点培养的食客很不平衡，一个看起来很像狗的小偷和一个叫起来很像鸡的口技演员居然也受到如此待遇，这让其他食客觉得自己的待遇贬值了。不过没办法，“老大”喜欢，他们也是敢怒不敢言。直到后来在秦国的生死关头，这两位仿生学高人施展平生绝学成功地起死回生，救出了孟尝君和他率领的食客团队，其他的食客才在内心接受了这两位他们长期鄙视的牛人。从鸡鸣狗盗的案例当中，可以总结出两个经验：一是身为“老大”绝不能对手下存有偏见，不能搞出身和职业歧视，即使这个人的举止行为很像条狗；二是学一门外语是很有用的，即使能跟鸡顺利沟通也是一个了不起的特长。（**点评：真正的危机来临之前，很难判断谁才是最有价值的人才。**）

孟尝君的心理痛点：“渺小丈夫”

逃离了秦昭王的魔掌来到赵国的孟尝君，心情一下晴朗起来。追忆在秦国噩梦一样的经历，孟尝君想起了苏代当初讲的故事，来到秦国以后孟尝君的人生如此险恶，生死关头有高人挺身而出这一关就过去了；要是没有高人挺身而出，这辈子也许就过去了。“老大”的人生就是这样激情澎湃、险象环生，所以说“老大”是天生的，因为一般人根本受不了这份刺激。

一路逃命的孟尝君和他带领的食客们此时又累又饿，于是不约而同地想到了另一位以管饭著称的“老大”——平原君赵胜。在此之前两位“老大”虽然早就互相仰慕，但是从未见过面，现在排名第一的“管饭老大”落难投奔排名第二的“管饭老大”，这在战国时期的管饭历史上称得上是一件一等一的盛事。于是平原君做东请孟尝君吃饭，宾主甚欢，要不是后来发生的一件偶然暴力事件，这次平原君和孟尝君的聚会将成为齐赵两国友好往来历史上的一段佳话。据《史记·孟尝君列传》记载，当时平原君请客吃饭的地方并不是赵国的首都邯郸，而是一个没有具体说明的县城，这有可能是平原君的封地，也有可能是孟尝君回到齐国的必经之路上的一个普通县城。

那天两位“老大”相会，双方都非常兴奋，菜吃得不多，酒喝得不少。所以当宴会结束，孟尝君走出门来的时候，酒精正在孟尝君的脑子里发生着作用。迷迷糊糊的孟尝君突然发现县城的大街上挤满了人，人们看着孟尝君一行人指指点点，脸上露出了在动物园观赏珍禽异兽的表情。如果今天人们用这种眼神看人而不是看动物，那被看的人很有可能低头检查裤子的拉链是否拉好。在两千多年前那个娱乐业非常落后的时代，名满天下的孟尝君出现在赵国的一个县城里在当时是一件非常轰动的娱乐事件，不亚于今天天王级明星来到内地城市开演唱会。于是乡亲们一传十、十传百，扶老携幼来围观孟尝君。

孟尝君对于这种围观很不适应，当“老大”又不是当明星，没有义务接受群众的围观，更何况这些围观的群众显然不是孟尝君的“粉丝”，准确地说他们对孟尝君只是怀有强烈的好奇，在他们眼里孟尝君只是一个难得一见的新鲜事物。但是现在毕竟是在赵国的地盘上，孟尝君虽然不喜欢，也只能忍耐，于是他带领手下食客上了马车。由于围观的群众实在太多，孟尝君的车队走得很慢，走了很久也没有走出那条县城的大街。后来孟尝君酒精上头，觉得非常燥热，就推开了车窗，这时一位围观群众对孟尝君的评论不失时机地闯进了孟尝君的耳朵：“始以薛公为魁然也，今视之，乃渺小丈夫耳。”（原来以为孟尝君是多么高大威猛，现在看，不过是个小男人罢了）。从这位围观群众的话里，我们可以想象孟尝君其实是一个身材矮小、貌不惊人的瘦小男人，这样的男人如果换上普通的衣服行走在赵国县城的大街上跟县城里的贩夫走卒毫无区别。本来这位老乡的话只是一种充满娱乐精神的调侃，跟今天的网民调侃明星和名人们的发型和衣着一样，纯属自娱自乐的行为。但是非常不幸，他这句刻薄的调侃被自尊心和报复心超强的孟尝君听到了。中国男人发愤图强说狠话的时候总是爱说“大丈夫应该如何如何”，现在名满天下的孟尝君居然被赵国老乡称为“渺小丈夫”，这句话极大地刺激了自幼受尽屈辱并立志做伟人的孟尝君。失去理智的孟尝君一声大吼，拔剑跳下了马车，他身后酒气醺醺的食客们手中宝剑寒光闪闪。

那天晴空万里，太阳杀气腾腾地独霸一方，光芒万丈。

炫目的阳光下，血肉横飞，人们哀号着四处逃散，混乱中到处是被挤倒和蹂踏的孩子和老人。赵国县城的那条大街上，看热闹的群众死了一大片。据《史记·孟尝君列传》记载，当天情绪失控的孟尝君率领的食客杀死的群众居然有几百人之多，县城的生产、生活秩序遭到了极大的破坏（“砍击杀数百人，遂灭一县而去”）。就这样，本来一次娱乐事件由于围观群众的刻薄和孟尝君的自尊心失控而演变成了一次恐怖事件。司马迁寥寥数笔，中国历史上一位著名“老大”的狠毒性格和枭雄形象跃然纸上。（**点评：每个人都有心理上的痛点，对于自幼立志成就伟大的孟尝君来说，“渺小”就是他无法容忍的痛点。**）

带着一身的杀气，孟尝君回到了临淄。齐湣王接见了孟尝君，想到当初为了巴结秦昭王差点把孟尝君送上黄泉路，齐湣王觉得很对不起孟尝君，于是马上提拔孟尝君当了齐国的相国。至此，孟尝君田文终于实现了当初对老爸靖郭君田婴“相门必有相”的预言，继老爸之后孟尝君登上了齐国的相位。

从孟尝君在赵国为了一句“渺小丈夫”而屠杀围观群众的事件来看，孟尝君是一位有仇必报、心狠手辣的“老大”，这种性格也是在中国当“老大”的必要条件之一。当上了齐国相国以后，孟尝君对秦昭王的仇恨更加强烈，马上开始策划对秦昭王实施报复计划。孟尝君最初的想法很简单，那就是发动一场战争直接打击秦国，既然当初秦昭王对孟尝君动了杀机而又让孟尝君活着离开，那么活下来的孟尝君就决心灭了秦昭王，这就是典型的“老大风格”。不过齐国和秦国之间并不接壤，而且秦国军事实力强大有目共睹，因此孟尝君决定联合魏国和韩国组成联军共同打击秦国。在此之前，孟尝君曾经积极推动齐国联合魏、韩两国发动了对楚国的战争，并且使得魏、韩两国得到了大片的领土，因此孟尝君认为魏国和韩国有义务帮助自己复仇。

要打仗，军费是个大问题，如果仅仅因为自己的恩怨就要求老板齐湣王增加大笔战争预算显然有些意气用事。于是孟尝君想到了周，他派出了使者出使周，提出了由周赞助军粮和兵器来发动对秦国的战争。孟尝君想到让周作为这次战争的独家赞助商，主要是因为周长期受到秦国的压制和欺负，孟尝君认为自己出头组织打击秦国就是替周出气，所以周赞助军粮和兵器也是理所应当。这就是典型的“江湖老大思维”，孟尝君向周提出的赞助要求说穿了就是让周交保护费。

但是周并不想交这笔保护费，此流氓彼流氓都是流氓，帮着谁都有可能受伤，谁也不能保证此流氓一定能灭掉彼流氓，万一自己赞助的流氓失败，那么周将付出更大的代价来安抚另一方流氓。更重要的是，眼下孟尝君要求的这笔保护费不是小数目，远远超出了对秦国忍气吞声的代价。在战国那个混乱而血腥的时代，周早已经失去了作为天下主宰的霸气和责任感，周君臣唯一关注的就是自己安定、幸福的小日子能过得长一点。于是周请来了著名的纵横家苏代，请这位战国江湖上最负盛名的说客去劝说孟尝君放弃这个疯狂而昂贵的复仇计划。

苏代是苏秦的弟弟，曾经以一个故事成功地说服孟尝君放弃了投奔秦昭王的念头。后来孟尝君被自己的老板齐湣王送给秦昭王做人情，一开始孟尝君对此还心存幻想，以为自己将以秦国相国的身份在秦国干一番大事业，但是最后的结局证明了当初苏代通过故事总结的经验是如此英明和睿智。因此苏代在孟尝君心目中的分量不言而喻，周找到了苏代来完成这个使命的确找对了人。因为有上次的成功经验，这次苏代见到孟尝君以后，不再曲折地讲故事，而是开门见山、直奔主题："当初您促使齐国出兵帮助韩国、魏国攻打楚国，战争持续了九年，最后取得了宛、叶以北的地方，使得韩、魏两国强大起来，如今您再次组织攻打秦国，一定会进一步增强韩、魏的力量。韩国、魏国在南边消除了楚国的威慑，西边解决了秦国的威胁，那么齐国就危险了。韩、魏两国强盛起来以后，一定会轻视齐国而畏惧秦国，对于这种形势我真的为您感到忧虑。您不如让周与秦国继续结成紧密的友好关系，您不必进攻秦国，也不要向周借兵器和粮食。您把军队开到函谷关下，摆出进攻的阵势但不要开战，然后让周把您的意思转达给秦昭王：'薛公并不想攻破秦国来增强韩、魏两国的势力，他要进攻秦国，就是想要大王迫使楚国把东国割给齐国，并请您释放楚怀王，然后与楚国议和。'您让周这样做就是让秦国得到了实惠，秦国利用楚国的东国来避免了战争，秦国肯定愿意这样做。楚怀王能够获释，也一定会感激齐国。齐国得到东国自然会更强大，薛邑也就可以世世代代没有忧患了。秦国并不是一个很弱小的国家，它位于赵、韩、魏三晋之国的西边，如果您这样做，赵、韩、魏三国必定会更加重视和依赖齐国。"战国时期的纵横家是一个非常特殊的职业群体，他们之所以能靠着一张巧舌如簧的嘴巴通吃天下，靠的就是巧妙地平衡各方利益的能力，他们劝说对方接受自己建议的时候总是设身处地为当事人着想。采纳苏代提出的威胁秦国、敲诈楚国的方案，显然比孟尝君坚持报复秦昭王的计划要承担更低的风险并且获得更大的利益。秦昭王虽然曾经对孟尝君心怀不轨，但是孟尝君毕竟有惊无险，两个人之间并没有不共戴天的仇恨。在如此巨大的利益面前，孟尝君必须理智起来，否则就没有资格当齐国的相国。

于是孟尝君妥协了，身为中国传统文化中的标杆型"老大"，孟尝君不是恐怖组织领袖，他的首要责任和义务不是复仇和杀人，而是带领团队获得更大的利益，所以在利益面前，有时候"老大"也必须妥协。孟尝君听完苏代的话，立刻放弃了复仇计划，他说："好吧。"后来孟尝君安排韩、魏两国向秦国祝贺，使齐、韩、魏三国不再发兵进攻，也不向周借兵器和军粮了，就这样一场复仇战争避免了。这个时候，楚怀王被另一位著名的纵横家张仪忽悠得来到了秦国，秦昭王扣留了楚怀王。孟尝君虽然坚持要秦国释放楚怀王，但是秦昭王并没有就范，最后这位糊涂的楚王死在了秦国，成为了那个时代最具悲情色彩的国君。

长铗归来乎

在登上齐国相位以后不久，孟尝君遇到了在他一生中最重要的食客冯驩。冯驩也是齐国人，在他投奔孟尝君之前已经沦落到个人经济破产的地步，连生存都出现了问题，《战国策》记载当时的冯驩“贫乏不能自存”。我们知道很多人投奔到孟尝君门下当食客的时候已经是社会名流或者各行业的专家，他们虽然也被称为食客，但是这样的食客投奔孟尝君的最初目的并不是为了混饭，而是荣华富贵或者实现个人价值。不过以冯驩当时的经济条件来看，荣华富贵或者实现个人价值对他来说似乎都过于奢侈，所以冯驩投奔孟尝君的时候更像是一个非常纯粹的食客，纯粹到毫不掩饰自己混饭的动机。

孟尝君第一次见到冯驩的时候，向冯驩问道：“不知道您有什么爱好？”（客何好？）

冯驩说：“我没有爱好。”（客无好也。）

孟尝君又问冯驩：“不知道您有什么才能？”（客何能？）

冯驩说：“我也没有什么才能。”（客无能也。）

孟尝君笑着说：“好。”（诺。）

一个自称自己没爱好、没能力的人来投奔自己，这样的人看起来就是为了混饭吃。以孟尝君这样的牛人的标准来衡量，这个世界上也许真的存在很多没爱好也没能力的人，但是在遇到冯驩之前孟尝君还从来没有见过敢于当面承认自己没爱好、没能力的人，这样的人如果不是对生活彻底绝望就是怀有超出常人的期望。不过既然冯驩自己如此谦虚，孟尝君手下负责接待食客的总管只好把冯驩安排到了最低级的食客宿舍“传舍”。“传舍”顾名思义就是不经过孟尝君的传唤是没有机会见到孟尝君的，这种宿舍里住的食客享受的待遇自然是最低的。这种待遇到底低到什么程度，《战国策》记载“食以草具”，也就是说给冯驩吃的饭很粗糙、很难吃。一句话，想吃饱没问题，想吃好不可能。对于一个长期流浪、营养不良的社会流动人员来说，这样的伙食标准也并不过分，别说在两千多年前的战国，就是在今天的美国，吃救济的人也不可能有太高的要求。在孟尝君的手下看来，一个没爱好、没能力的食客只要饿不死就已经相当不错了，事实上即使是两千多年以后的今天如果一个人真的没爱好、没能力恐怕也不会比冯驩吃得更好，所以说如果一个人不甘心一辈子都勉强维持温饱，就必须下点工夫培养自己的爱好和能力。

虽然冯驩谦虚地承认自己一没爱好，二没能力，不过是金子总会发光，很快冯驩就表现出来了一种与众不同的艺术气质。我们知道冯驩在投奔孟尝君的时候已经穷到了几乎吃不上饭的地步，但是他随身还带着一把长剑，这不是一把普通的长剑，这是一把剑柄上缠着草绳的长剑（蒯缑）。在战国时期长剑通常属于贵族和精英男人，当时的一把长剑远比现在的一只新款手机值钱，不过剑柄上缠草绳的长剑非常罕见，冯驩带着这样的长剑似乎为了证明他精英草根男人的身份。可以想象冯驩即使在饥寒交迫的时候也保持着一个带剑男人的自尊和体面，他至少没有拿这把长剑卖了换盒饭吃，这样的人如果不是大侠就是艺术家。事实证明冯驩兼具了大侠和艺术家的气质，正是这样的气质造就了中国历史上最著名的职业食客。

十天后，刚吃过晚饭。

冯驩和孟尝君府里的其他底层食客们纷纷走出"传舍"的食堂，享受凉爽的晚风和吃饱以后的闲暇时光。

吃完一天中的第三顿饭对广大底层食客意味着一天的任务已经完成，肠胃的满足带来身体和精神的放松和懈怠。放眼望去，此时的广大底层食客们有的一边蹲着剔牙一边遐想，有的一边散步一边欣赏夕阳西下，更多的人则三三两两地聚在一起聊起了地里的庄稼和家里的女人。冯驩却远远地一个人孤独地站立着，没有人会在乎一个每天混饭吃、熬日子的男人的孤独，就像没有人会关心路边的野草是被人踩在脚下还是悄悄地开花。

突然，一阵有节奏的金属撞击声打破了晚饭后的宁静。人们循声望去，只见冯驩站在一个角落里，左手握着一把青铜长剑，右手敲击着剑身，边敲边唱："长铗归来乎！食无鱼。"（长剑啊，咱们回家吧，这儿没有鱼吃啊。）当时晚风掠过树梢，树叶"嗦嗦"作响，夕阳下冯驩乱蓬蓬的须发被晚风吹动，一派国学大师或者武林宗师的风骨。（**点评：自称无能无好的冯先生吃饱了以后终于惊艳亮相，开始逆袭。**）

寂寞的残阳，须发蓬张的男人，一群吃饱了以后吃惊的人们。此刻，一把青史留名的青铜长剑在歌唱，食客们听到的是冯驩对伙食的不满，而孟尝君却听到了一个男人的自命不凡。

混迹于一群以混饭为己任的人们当中，自命不凡就是一种可贵的潜质，身为中国历史上最著名的“老大”，孟尝君不能对此视而不见。于是孟尝君下令把冯驩的待遇升级，那些被冯驩震惊的底层食客们再次吃惊地看到刚才吃饱了唱歌的冯先生从“传舍”里把行李搬了出来，然后搬进了另一个小区，那个小区有一个非常温馨的名字“幸舍”。

“幸舍”，顾名思义就是幸福的人住的宿舍。根据《史记·孟尝君列传》的记载，住在那里的人至少能吃到鱼，与那些用草编的餐具吃盒饭的底层食客相比，这样的待遇的确称得上是幸福了。幸福到底是什么，这是一个永远没有标准答案的问题，对于冯驩而言就是不断进取的人生，吃盒饭比没饭吃幸福，吃鱼比吃盒饭幸福，不过冯驩追求幸福的脚步并没有到此停止。

改善后的伙食带给冯驩先生的满足感只持续了五天，这位曾经流浪挨饿的底层草根实在是鹤立鸡群。

第五天晚饭后，冯驩又开始敲着长剑唱歌了：“长铗归来乎！出无舆。”（长剑啊，咱们回家吧，这里出门没有车坐啊。）舆就是车，冯驩吃饱了以后要求吃好，吃好了以后连路都懒得走了，干脆要求配车。孟尝君继续鼓励冯驩的自命不凡，于是冯驩再次搬家，这次冯驩搬到了一个叫“代舍”的小区。“代舍”，顾名思义就是出门能以车代步的人住的精英社区。

搬进“代舍”以后的冯驩决定把孟尝君给的政策和待遇用足用透，这位前社会流浪人员每天让他的专职司机驾着马车拉着他四处深入基层走亲访友。过去冯驩在混迹社会的时候结识的穷哥们陆续见到了这位发达了的老朋友，只见冯驩满面红光、衣着鲜亮，唯一不变的是那把从不离身的“蒯缑”长剑。冯驩和那些已经天壤之别的老朋友寒暄以后，总是会指着身后的马车和专职司机非常自豪地说：“孟尝君客我。”

望着坐着马车远去的冯驩，昔日的老朋友们非常震惊。冯驩本来和他们是一个世界的人，在他们的眼里除了那把从不离身的长剑，冯驩和其他社会流浪人员毫无区别。难道就因为一把即便挨饿也绝不放弃的长剑，冯驩就摇身一变成了孟尝君的座上客？事实也许的确与此有关，长剑不仅是武器还是乐器，不仅代表传统的“士”的精神，更可以传达传统的“士”的精神，如果没有这把长剑，冯驩就无法完成“弹铗而歌”的壮举，可以想象，如果冯驩敲着桌子或者门板唱歌，那么他在孟尝君心目中的印象分一定会大打折扣。敲着桌子要鱼吃、要配车，怎么看都像流氓敲诈勒索；敲着长剑要鱼吃、要配车，看着就像“士”在争取尊严；所以说再穷不能穷教育，再饿不能卖长剑，否则草根的人生就永远没有希望了。

又过了五天，冯驩已经遍访了当年在社会上结识的各种关系，冯驩觉得自己到了该做些什么的时候了。

这天的晚饭后，冯驩又一次抱着长剑站到了食堂外面，这次“代舍”的食客们不再吃惊了，他们只是非常好奇。冯驩第三次弹铗而歌的时候，围观的食客们自觉地围成一圈注视着冯驩，人们怀着歌迷期待新歌、影迷期待大片一样的心情等待冯驩开唱。而冯驩则像一个开演唱会的明星或者卖艺的街头艺术家一样站在中间，平静地环视一圈，然后平静地拔出了长剑。

冯驩的歌声嘹亮而煽情：“长铗归来乎！无以为家。”（长剑啊，咱们回家吧，这里不是我们的家啊。）解决了生活和面子的问题以后，冯先生想要有个家了。冯驩先生的第三支金曲飞出了“代舍”的院墙，传遍了孟尝君府邸的每个角落。孟尝君手下的数千食客大多都是抛家舍业的社会流动人员，“家”这个字在他们心中有着沉甸甸的分量，对于中国的流动人员或外来务工人员来说，这是一个两千多年来一直难以解决的问题。于是冯驩惹了众怒，“家”对于出来混饭的食客们来说实在是一个奢侈的东西，大家来自五湖四海，为了混饭或者梦想聚到一起，大家都没有家或者离开了家，凭什么冯驩要有家？据《战国策》记载，食客们对于冯驩的第三次演唱非常不屑：“左右皆恶之，以为贪而不足。”

虽然冯驩明确提出了“想要有个家”的要求，不过根据战国时期的社会文化习俗，冯驩的意思并不一定是希望孟尝君帮他介绍对象，身为一个已经有鱼吃、有车坐的成功男人，冯驩已经今非昔比，找个对象成个家应该不是很难的事。所以善解人意的孟尝君猜测冯先生很可能是对自己的家庭生活现状不满，于是孟尝君找来了负责接待食客的主管询问：“冯先生还有什么亲人吗？”这位主管回答：“有老母。”原来冯驩的第三支金曲是为了献给母亲，看来冯驩真是个孝顺孩子。在古代的中国，一个人要想混得有面子，首先需要孝顺，其次才是有本事。听到了冯先生的三支金曲，孟尝君对冯驩的了解和理解逐渐深入，冯驩不仅生活有品位，而且自命不凡，最重要的是他还是一个孝顺的好孩子，如果冯驩要是再有点真本事，那就太完美了。

冯驩的母亲很快就见到了孟尝君派来的人，来人代表孟尝君感谢冯母培养出了一个好儿子，然后放下了一笔钱走了——那笔钱足够赡养冯母了。

从此以后，冯驩不再唱歌了。

一笔仁义的买卖

随着时间的流逝，孟尝君几乎淡忘了这位自命不凡、弹铗而歌的食客，自命不凡的人很多，孟尝君不在乎再多一个，事实上还有很多自命不凡的人根本没有机会证明自己，或者当机会来临的时候他们就会忘记自己曾经的自命不凡。直到有一天，孟尝君需要一个人替自己讨债的时候，才再次注意到了冯驩。

孟尝君虽然拥有很多封地和财产，不过孟尝君惊人的花销也是战国时代尽人皆知的事实，几千食客要吃饭还要吃鱼，要配车还要照顾家庭，这都需要孟尝君来买单。仅仅依靠薛城的土地上的收成很难维持日益增长的支出。为了增加收入，孟尝君开始了金融活动，具体地说就是向薛城乡间需要资金发展经济生产的乡绅和农民提供贷款，例如春耕的时候，有些农民可能没有充足的资金购买种子、肥料和耕牛，那么就可以向孟尝君申请贷款，然后在收获的季节按照预先约定的利息向孟尝君偿还本息。通过资金在孟尝君和农户之间的一来一往，孟尝君的钱就滚动起来为他赚取利润，最后补贴孟尝君招揽食客的事业。

转眼又到了秋后算账的季节，这一年收成很不好，很多贷款的农户都还不上利息，眼看孟尝君府上就要出现财政赤字了，对此孟尝君忧心忡忡。为了完成讨债任务，孟尝君需要选拔一名精通财务的专业人士前往薛城替自己讨账。于是孟尝君召集全体食客开会，发动有相关专长的专业人士主动接受这项任务，孟尝君问大家："不知道谁懂会计，能为我去薛城收债？"

冯驩站起来说："我能。"

孟尝君虽然关注过冯驩，不过此前他只是在冯驩投奔他的时候见过冯驩一面，并进行了简单的交谈，因此，此时他早就想不起来这位食客是谁了，所以他好奇地问："这位先生是谁？"

其他食客是这样向孟尝君介绍冯驩的："这就是那位唱'长铗归来乎'的先生。"

孟尝君笑了："先生果然有才能，怪我一直没有发现。"

孟尝君把冯驩请到后面的密室，然后正式就收债工作征求了冯驩的意见：

"我的事情太多，又怕麻烦，生性固执而愚蠢，整天忙于国家的公事，所以怠慢了先生，先生没有因此怨恨，还愿意为我去薛城收债吗？"分明是孟尝君一直养活着冯骥，而且对他有求必应，到了需要冯骥报效的时候孟尝君说话还如此客气，这样的"老大"怎能不激发出手下的潜能呢？听到"老大"如此恳切而和蔼地向自己交代任务，冯骥就像新郎在婚礼上听到神父问自己是否愿意娶新娘为妻一样，他毫不犹豫地说："我愿意。"

冯骥准备好了马车和行装，收拾好了账本和借贷合同，准备出发了。临行前冯骥向孟尝君辞行，冯骥向自己的老板请示收债之外是否还有其他需要："收完债，不知道需要买些什么回来？"冯骥的请示可以被理解成向自己的老板示好，完成工作任务之余冯骥还可以帮老板带些他需要的土特产回来以进一步加深老板对自己的印象，培养和老板的感情。孟尝君随口说："你看我家里缺什么就买些回来吧。"

带着孟尝君交办的任务，冯骥出发了，很快来到了薛城。

冯骥召集了所有的放贷对象开会，当天就收到了十万钱的利息，还有很多贷款的农户一时拿不出利息，冯骥就约定了若干天以后的一个时间，请大家再来。为了保证所有的贷款农户都来赴会，冯骥特别强调，不论能否还得上利息大家务必都要来开会。

送走了贷款农户，冯骥拿着收到的利息钱到村镇上采购了肥牛，并请人酿酒。到了第二次讨债会议的那天，冯骥吩咐跟着他来薛城讨债的助手们杀牛、摆酒，然后请所有的贷款农户入座开始吃喝。席间，冯骥再次拿出账本和贷款合同走到每一位贷款农户面前收债。有能力还钱的就约定一个期限还钱，不过还是有很多人表示实在无法承诺什么时候能还债。在生产力水平低下的两千多年前，农民遇到年景不好能保证自家的口粮不断就很不容易了，还要还债的确很困难。

最后冯骥端着酒杯站了起来，发表了一段非常煽情的演讲："孟尝君之所以给大家提供贷款，是为了帮助缺少本钱的老百姓能坚守务农的根本，发展农业生产。孟尝君向大家收利息是因为需要贴补接待食客的费用。现在富有的人已经按约定还钱了，对于那些贫穷的人，我代表孟尝君把贷款凭据烧了，把这些利息捐献给你们了。各位吃好喝好，有这样的主人，我们怎么能对不起他呢？"后来那些贷款农户亲眼看见那些记录贷款的凭据被堆了起来，然后付之一炬。大家一起站了起来，向孟尝君的代表冯骥行了两次跪拜大礼。

孟尝君很快就听说了冯骥自作主张销毁贷款凭证，免去部分利息的事，孟尝君大为光火，马上派人把冯骥召了回来。孟尝君质问冯骥："我门下的食客有三千人，所以在薛城发展贷款业务。我的封邑很小，而且贷款的百姓还不能按时还钱，招揽接待食客的费用不够用，所以请先生去收债。听说先生收到了钱，却买了很多肥牛和美酒，并且把贷款凭据都烧毁了，请问有这回事吗？”

冯驩说：“的确如此。不多采购牛和酒就不能保证所有的贷款农户都能聚齐，如果他们聚不齐就没办法知道他们是否有能力还钱。有钱还债的就约定期限还债，实在没钱还债的即使催逼十年依然没有能力还债，而且时间越长，利息越多，如果把他们逼急了，这些人只有逃亡躲债，最后利息还是收不回来。如果发生了这样的事，让上面的齐王知道了一定会觉得您只是贪图自己的利益而不爱惜百姓，而民间舆论也会认为您有负大王的期望。这并不是鼓励百姓而彰显您的名声的做法。我这次焚烧了那些徒有虚名的贷款凭据，把那些难以得到的利息捐献给农户，让薛城的百姓都感激您，宣扬您的美名，您还有什么可以疑惑的呢？况且，我走之前问过您收债之后买什么东西回来，您说买一些您家里没有的东西，我看您家里聚集了很多财宝，马厩里养着大批的马和狗，美女遍布您的身边。我看您家里什么都不缺，缺的就是仁义，所以我就帮您买了仁义回来。”（点评：如果把仁义当作一种商品，那么在仁义的交易当中，最难的就是怎样定价和怎样成交，冯先生做到了。）

孟尝君需要的是一位财务人员去讨债，而冯驩的境界显然超出了普通财务人员，他不仅收回来了部分利息，而且还用那些收不回来的利息做了人情，换回来了“仁义”。孟尝君没办法继续责怪冯驩了，对于孟尝君听到冯驩的解释以后的反应，《史记·孟尝君列传》和《战国策·齐策》的记载完全不同，司马迁笔下的孟尝君立即拍手向冯驩致谢，而《战国策》里的孟尝君则仍然不高兴，他说：“好吧，先生不用再说了。”从孟尝君在两部史书中的不同反应来看，《史记》里的孟尝君显然比《战国策》里的孟尝君境界更高。（点评：虽然后来的事实证明冯驩确实是不可多得的顶级人才，不过如果没有孟尝君的大度容忍，冯驩是不可能发挥作用的。比如这次讨债事件，冯驩没有讨回来债，反而说孟尝君家里缺少仁义，大部分人听到这样的话，十有八九都会勃然大怒，说人缺少仁义那不就是说人缺德吗？）

事实上，在冯驩讨债这个事件上，《史记》和《战国策》的记载出入很大。总结起来有以下三点：

第一，冯驩免除利息的范围不同。根据《战国策》的记载，冯驩到了薛城把贷款农户们所有的利息都免了，而《史记》里的冯驩却收回了当时有能力还债的贷款农户的利息，并要求预期可以还债的农户限期还债，只是免了部分的确生活困难的农户的利息。

第二，冯驩讨债和免除利息的手段不同。《战国策》里的冯驩根本没有杀牛买酒请大家吃饭，而是直接就把所有的利息都免了。《史记》里的冯驩不仅特别解释了采购肥牛和美酒是为了吸引贷款农户都能来参加讨债会议，而且还解释了执意追债可能带来的不良后果。

第三，只有《战国策》记载了冯驩为孟尝君“市义”的故事，而《史记》里根本没有。“市义”就是用免除的利息买“仁义”，这个典故只在《战国策》里出现过，而司马迁根本没有采用这个说法。

从以上三点不同可以发现《史记》里的冯驩更现实一些，孟尝君的确遇到了财政困难，所以冯驩的初衷还是想尽量多收一些利息回来为老板分忧，只有当他发现有些利息实在无法落实的时候才做了坏账处理。而《战国策》里的冯驩不管欠债人有没有能力偿还都一概免除，这显然不是按经济规律办事，虽然大方但是可信度不如《史记》里的记载。另外，扶栏客认为《史记》里没有选取冯驩为孟尝君“市义”的史料可能是因为《战国策》里冯驩的说法有悖于司马迁的价值观，一位牛人做了有利于人民的事，人民感怀他、纪念他都是水到渠成的，把这种行为总结成花钱买“仁义”实在是太过明显的沽名钓誉，这样的表述方法太史公显然不喜欢。

如果以史料的真实性标准来判断，由于《战国策》中的记载主要形成于战国时代，因此与《史记》相比，《战国策》趋近于史实的可能性应该更高。但是就冯驩讨债的这段故事来看，《史记》里的文字显然加入了司马迁的推论、解释和符合他个人价值观的取舍，因此在一定程度上增强了可读性和合理性，由此可见，史学研究本来就是与时俱进的一个过程，绝对真实的历史在史书上或许从来就没有存在过。

不管孟尝君是不是真的喜欢冯驩，齐湣王是真的不喜欢孟尝君。由于孟尝君身居相位，而且享有超越齐湣王的崇高名誉，所以随着孟尝君地位的提升和财富的扩张，孟尝君的食客不仅数量越来越多而且质量也在不断提高，一大批来自各国的精英分子团结到了孟尝君的身边。不知不觉中孟尝君已经在齐国的政治版图里形成了一个举足轻重的政治精英集团，毫无疑问，这个集团不仅挤压了其他政治团体的发展空间，也威胁到了齐湣王在齐国的威信和控制力。事实上在靖郭君死后，齐湣王一开始对孟尝君的态度就非常微妙：一方面他让孟尝君继承了靖郭君的封地和财产；另一方面齐湣王在政治上却没有给孟尝君过多的发展空间。也许是齐湣王认为孟尝君还年轻需要考验和锻炼，也许是孟尝君“立山头、拉队伍”的能力让齐湣王心生忌惮，总之孟尝君当时在齐国并没有得到重用。正因为如此，孟尝君才会在接到秦昭王的邀请后心生幻想，打算去秦国发展，不过这件事也说明了孟尝君在齐国“英雄无用武之地”的窘境。让人费解的是第二年齐湣王居然把孟尝君送上门去讨好秦昭王，差点害得孟尝君客死他乡。从表面上看，齐湣王派孟尝君出使秦国似乎是为了发展齐秦两国的友好关系，满足秦昭王渴望得到孟尝君辅佐的愿望。但是实际上齐湣王的这个选择也说明了齐湣王与孟尝君的关系，正如秦昭王为了得到孟尝君居然把自己的亲弟弟泾阳君送到齐国当人质一样，齐湣王派孟尝君去虎狼之地的秦国至少说明齐湣王不喜欢也不需要孟尝君。在战国那个人才争夺非常激烈的时代，一个国家的君王是不可能轻易放弃一个自己看重的人才的，况且齐湣王又是战国历史上颇具野心的霸主型领袖。当时孟尝君在齐国政治舞台上的弱势和他通过招贤纳士在战国精英阶层和社会闲散人员中形成的强大影响力出现了巨大的反差。对此齐湣王不可能熟视无睹，也许是因为齐湣王实在不知道该怎样处置自己的这位实在亲戚，所以才派孟尝君出使秦国。秦昭王的霸道、凶狠无人不知，齐湣王在送别孟尝君的时候很可能已经做好了今世诀别的心理准备。齐湣王派孟尝君出使秦国的居心说“借刀杀人”可能有些过分，但是至少也有嫁祸于人的动机：秦国如果重用孟尝君，孟尝君在齐国的影响力就彻底瓦解；秦国如果不打算重用孟尝君，那么按照秦昭王的性格，孟尝君不可能活着离开秦国，而天下人只会怨恨秦昭王的狠毒和狭隘。谁也没想到孟尝君依靠“鸡鸣狗盗”两位最不起眼的食客居然从秦昭王的手心里逃了出来，此时孟尝君多年苦心经营的社会影响力达到了一个前所未有的高度，齐国以及各国权贵和精英不仅知道孟尝君依靠机智勇敢和能人异士成功地从秦昭王手里逃了出来，而且也知道这样的经历一定会把孟尝君推到反对秦国的阵营。与此同时，齐湣王也正在为争取反秦联盟的领导权而努力奋斗，孟尝君的归来让齐湣王重新发现了自己这位实在亲戚的价值——这位名满天下的“老大”不正是整合和控制反秦联盟的最佳职业经理人人选吗？于是齐湣王顺水推舟把孟尝君推上了齐国的相位。不过孟尝君在战国江湖上的名气和势力实在太大，怎样驾驭这样一位相国对于齐湣王来说依然是个难题。

后来秦国和楚国频繁地通过这种机会在齐湣王面前诋毁孟尝君，向齐湣王灌输孟尝君功高盖主、擅权专政的概念，终于有一天齐湣王找孟尝君谈话了，他说：“寡人不敢以先王之臣为臣。”（我不敢让先王的臣子做我的臣子。）孟尝君的父亲是三朝老臣，其实孟尝君在齐湣王父亲齐宣王的时代最多只是以靖郭君的儿子出现帮助父亲料理一些接待工作，并没有真正担任过公职，所以严格地说孟尝君并不能算得上“先王之臣”。即便孟尝君就是“先王之臣”，齐湣王的理由依然很牵强，先王用过了后面的王就不能用，实际上在中国的专制历史当中先帝先王留给继任者最大的财富就是一批可以依靠的能臣、忠臣，不过此刻齐湣王的意思很明白，那就是不再信任孟尝君了。孟尝君只能顺势辞职，不过此时的孟尝君正值壮年，所以此刻退休回家实在是心有不甘。

君命难违，虽然心有不甘，孟尝君还是踏上了前往薛城的乡间小路。就在距离薛城一百多里的地方，孟尝君突然遇到了他的“粉丝团”，这些人都是薛城的乡亲们。当初因为冯驩自作主张免去了无力还债的乡亲们的利息让大家感受到了来自孟尝君的温暖，现在人们得知孟尝君已经辞官回乡，大家就自发组织起来迎接这位薛城的主人。看到迎接自己的友好笑脸，孟尝君非常感动，在齐国的权贵和大臣当中曾经受到自己恩惠的人不在少数，但是一旦自己失去权势，自己的府上马上门可罗雀。而眼前这些朴实的乡亲们仅仅因为孟尝君免去了他们的利息就在孟尝君最失落的时候向他张开了温暖的怀抱，这让孟尝君感慨万千。

受到感动的孟尝君回头对冯驩说：“先生您帮我买的仁义，我今天终于见到了。”

冯驩回答：“狡猾的兔子有三个窝，仅仅能保证它活命罢了。现在您有了一个窝，还没有到高枕无忧睡大觉的时候，我将为您挖另外两个窝。”

这就是“狡兔三窟”的来历，直到此刻孟尝君才真正认识到了这位自命不凡的食客的价值，于是孟尝君马上给冯驩提供了五十辆马车和五百两黄金去实施他提出的“狡兔三窟”的方案。（**点评：史上最强风险控制方案——狡兔三窟。**）

冯驩率领五十辆马车组成的车队向西而去，来到了魏国的大梁，冯驩以孟尝君食客的身份见到了当时魏国的国王魏惠王。冯驩对魏惠王说：“齐放其大臣孟尝君于诸侯，诸侯先迎之者富而兵强。”（齐国放逐了大臣孟尝君，诸侯谁先接纳孟尝君谁就能国富兵强。）

这时，孟尝君的无形资产显示出了巨大的价值，这样一位名满天下的前齐国相国居然失业在家，这好像是一块城市中心的“地王”突然发布了转让的公示，地产投资者趋之若鹜是必然的结果。魏惠王听到了这个消息，马上任命当时魏国的相国为上将军，腾出来首领群臣的相国岗位，然后派出了使者，率领一百辆马车的车队，携带着千两黄金的重礼前往薛城诚聘孟尝君出任魏国的相国。

看到魏惠王中了招，冯驩马上动身，抢在魏国特使来到薛城之前向孟尝君汇报：“千金，重币也；百乘，显使也。齐其闻之矣。”（千金是一笔巨额的资金；百辆马车的车队是重要的使者。齐王肯定会听说这个消息。）根据冯驩的设计方案，孟尝君坚决而客气地推辞了魏惠王的好意，不过魏惠王并不甘心放弃富国强兵的机会，于是连续三次派出了使者去请孟尝君。此时的孟尝君在冯驩的启发下早就猜到这个游戏的结局，所以他一直保持着坚决而客气的态度，以不变应万变，客气归客气，总之孟尝君绝不会离开生他养他的祖国。

这下轮到齐湣王着急了，孟尝君长期担任齐国的二号首长，而且他的食客和故交遍布齐国朝野，这样的人如果被邻国魏国挖去当相国，那么对齐国来说，国家机密和国家安全将毫无保障。经过激烈的思想斗争，齐湣王做出了一个艰难的选择，他决定向孟尝君低头。

齐湣王派出了太傅，带着黄金千两，文车二驷，带着一把宝剑来到了薛城向孟尝君道歉了。太傅带去了齐湣王的一封亲笔信，齐湣王的态度非常诚恳："寡人不会办事，被宗庙的神灵降罪，听信阿谀之臣，得罪了您，寡人不值得您效力。希望您顾及先王的宗庙，回到齐国来管理国家吧。"（寡人不祥，被于宗庙之祟，沉于谄谀之臣，开罪于君，寡人不足为也。愿君顾先王之宗庙，姑反国统万人乎？）

就这样孟尝君恢复了相国的职务，不过根据冯驩的计划，"狡兔三窟"的计划并没有完成。冯驩继续给孟尝君支招："您应该请求把祭祀先王的祭器送到薛城，建一座宗庙。"（愿请先王祭器，立宗庙于薛。）

根据前面淳于髡帮孟尝君说服齐湣王出兵救援薛城的故事来看，孟尝君其实早就在自己的封地为齐湣王的老爸建了庙，只不过以前孟尝君建的庙并没有得到齐湣王的正式承认。而此时冯驩让孟尝君提出将祭器运到薛城建立宗庙的目的无非就是让孟尝君为先王建的庙合法化，同时由齐湣王亲自分配的祭器赋予了这座宗庙令人仰视的神圣宗教色彩。此时孟尝君对冯驩已经言听计从，所以他照方抓药向齐湣王提出了将祭祀先王的祭器送到薛城并建立宗庙的要求，而此时的齐湣王对孟尝君也是言听计从。于是很快祭祀先王的祭器送到了薛城，一座真正的宗庙在薛城建立了起来，成为了薛城的一个重要的地理和政治标志。

当宗庙建成以后，冯驩向孟尝君报告："三窟已就，君姑高枕为乐矣。"据《战国策》记载，此后孟尝君在齐国担任相国几十年，仕途不仅非常安全而且顺利，这都是冯驩"狡兔三窟"计划的效果。

以性命换清白

我们知道孟尝君从他父亲靖郭君那里继承了在薛城的大片土地，后来孟尝君被封为齐国相国，其封地再次大规模增加。拥有了大片土地的孟尝君经济上却并不宽裕，众所周知，孟尝君必须承担数千名食客甚至食客家属的生活费用。用现在的话来说，孟尝君承担着巨大的社会责任。为了维持自己的组织运转正常，孟尝君必须有效管理自己的土地资产，以保证这些封地产生足够的利润。

这一年秋天，金风送爽，又到了农民收庄稼、地主收租子的季节。孟尝君派出了一位被称为魏子的舍人去收租，《史记·孟尝君列传》当中并没有详细介绍魏子的个人背景，不过魏子这个名字能说明一定问题。我们知道在春秋战国时代，以姓氏加“子”构成对人的称呼是尊称，比如孔子、孟子、孙子，这位收租舍人被称为魏子，可见他也是当时孟尝君手下一位德高望重的高人，否则孟尝君不会把关系自己集团一年收入的重担交给他。不过，魏子却让孟尝君非常失望。这位魏子三次深入薛城乡下收租，但是孟尝君却迟迟不见魏子上交田租。在两千多年前的战国时代，在齐国的GDP构成当中农业占了绝对的多数，身为贵族精英，孟尝君的收入也主要依靠土地的收入。孟尝君着急了，没有租子，这位仗义疏财的“老大”就缺少了底气，于是他把魏子找来询问工作进展。

魏子的收租工作汇报言简意赅，只有短短十二个字，却把自己的老板孟尝君“雷倒了”：“有贤者，窃假与之，以故不致人。”（有一位贤人，我私自决定把收来的租子给了他，所以不能给您交田租了。）春秋战国时代的中国盛产圣贤，而中国传统的圣贤往往又缺钱，正因为如此孟尝君才广招贤才，挥金如土。这位收租的魏子比孟尝君还孟尝君，因为自己发现了一位缺钱的贤人，就自作主张、先斩后奏地把孟尝君一年的田租一次性地花了出去，这样大手笔地花钱连孟尝君都不曾体验。孟尝君生气了，魏子的工作职责是收钱不是花钱，如果孟尝君的手下都这么替孟尝君花钱，那么孟尝君就没办法给大家管饭当“老大”了。不管贤人是不是真的贤，是不是真的缺钱，但是田租是孟尝君的私有财产，于情于理于法，魏子都无权在没有征得孟尝君同意的情况下处理孟尝君的财产。如果按照现在的法律，这位魏子其实已经涉嫌挪用和侵占，如果孟尝君起诉，魏子很可能难免牢狱之灾，而在法制很不健全的战国时代，孟尝君一怒之下杀了魏子也不过分。

不过孟尝君就是孟尝君，虽然他很生气，但是一贯轻财而重才的价值观念使得孟尝君不能因为钱财而杀人，于是他把魏子解雇了。无论以任何时代和国家的法律和管理规则来看，孟尝君的做法都非常合理，魏子的说法很难让人信服，这样的人如果继续留任很可能会让更多的属下效仿，这样的人必须从组织里清除。但是任何事情都不能脱离当时的时代。事实证明魏子的自作主张为自己的老板进行了一次非常英明的投资。

魏子被解雇了，孟尝君的生活并不平静。

又过了若干年，随着齐湣王在诸侯当中的地位提升，孟尝君对齐湣王称霸事业的边际贡献逐渐下降，而齐湣王的内心深处对孟尝君的忧虑和猜忌逐渐抬头。在旁观者看来，人和人之间的关系其实并没有太多的秘密可言，尤其是处于齐国政治舞台焦点的齐湣王和孟尝君之间的关系更是各位权贵和精英实时监控的重点。孟尝君的政敌根据齐湣王对孟尝君的微妙态度敏锐地捕捉到了反击的时机，于是他们开始对孟尝君集团下手了。

有人向齐湣王揭发孟尝君企图谋反（孟尝君将为乱），要想搞臭搞倒政敌有很多理由，最直接高效、最具杀伤力的理由就是落实政敌企图谋反的罪名。在中国漫长的专制历史上，历朝历代的君王可以容忍大臣贪污腐化，可以容忍大臣无能昏聩，但就是不能容忍他们谋反，即使只是在思想深处有这个念头而没有实际行动也不能容忍。对于独断专行的君王来说，臣子们思想深处的事不需要证据，他们相信自己的直觉。孟尝君不爱钱、不贪色，不仅把自己的家产毫无保留地贡献出来和食客们分享，甚至连自己的老婆都可以成为拉拢精英为其效命的资源而加以利用，这样一个人一生的事业就是面子和影响力。孟尝君自从当上相国在齐国就已经是一人之下万人之上，但是他在占有人才资源方面的欲望却丝毫没有减弱。战国时代什么最珍贵？除了人才还是人才，如果这个人有一天掌握了整个齐国，甚至全天下的精英人才，那么他就是无冕之王。

所以当齐湣王接到举报的时候并没有认真调查，而是默默地在心里刻下了深深的一道印记，一切尽在不言中。

后来发生了一件大事，一位名叫田甲的人发动了政变，企图劫持齐湣王，由于这场政变被齐湣王及时发现所以最终顺利平息了。对于这件齐国政坛中的大事，《史记·孟尝君列传》的记载非常简单“及田甲劫湣王”，而在《战国策》当中对于此事只字未提，所以仅凭现有的史料我们无法了解这场政变的详细过程。不过田甲既然姓田，很可能也是田氏王族的成员。根据中国历史上屡次政变的普遍规律，田甲企图劫持齐湣王很可能就是想篡位夺权，不是为了自己就是为了背后的主谋实现某种政治野心。本来田甲发动政变跟孟尝君没有关系，至少齐湣王并没有掌握孟尝君与这次政变有牵连的确凿证据，但是齐湣王的直觉告诉他这事一定和孟尝君有关系。从田甲在《史记》中寥寥几个字的记载以及他在《战国策》上默默无闻的地位来看，田甲并不是齐国的权力核心成员，虽然他可能也是王族但是在政治势力上根本无法和孟尝君相比，即使齐湣王下台怎么也不可能轮到田甲取而代之。这样一个默默无闻的小人物，居然丧心病狂地发动政变，他的背后一定有人，而根据齐湣王对孟尝君的长期印象和判断，齐湣王的直觉毫不犹豫地指向了孟尝君。

不过孟尝君并没有留给齐湣王和自己的政敌给自己落实谋反罪名的机会。身为中国历史上最著名的“老大”，孟尝君领导的集团里面不乏情报人才，事实上孟尝君集团的情报工作在当时处于战国领先水平。几乎是在齐湣王对孟尝君启动杀机的同时，孟尝君已经在逃命的路上了。谋反不是贪污，卷到这种问题里，十有八九是要死人的。孟尝君知道这种时候企图和自己的老板讲道理是迂腐的，想办法活下来才是对生命负责的态度。

齐国发生了政变，齐湣王相信背后的主谋就是孟尝君，而此时孟尝君畏罪潜逃了。在缺乏法制精神的战国时代，社会大众如果把这三件事联系起来几乎就可以断定孟尝君的确是田甲发动政变的幕后黑手。孟尝君一生的追求就是面子，在此之前孟尝君三个字就是仗义疏财、礼贤下士、忠义爱国的代表，如果这个策划谋反的罪名落实到了他的头上，孟尝君就变成了包藏祸心的乱臣贼子，他的一生基本上也就毁了。

令孟尝君寒心的是以前受过自己恩惠的齐国士大夫们没有一个人站出来为自己说话，谋反是死罪，人们都忙着为自己在后孟尝君时代的齐国寻找靠山，谁也不愿意蹚这摊浑水。

孟尝君在秦国的时候也曾经历过生死关头，后来出乎所有人意料的是两位最容易被忽略的食客挽救了孟尝君的生命。这次孟尝君面临的是自己生理生命和政治生命的双重生死关头，又是一位谁也没想到的人挺身而出挽救了孟尝君，这个人就是当年接受魏子自作主张馈赠田租的贤人。因为接受过孟尝君的恩惠，所以这位贤人坚信孟尝君是一位忠君爱国的好人，这样的人绝不会谋反，于是他上书齐湣王力保孟尝君。齐湣王相信孟尝君就是田甲发动政变的幕后主谋，贤人相信孟尝君肯定不会参与谋反，其实他们对孟尝君的判断都没有确切的证据，都是根据自己的直觉。齐湣王的直觉源于孟尝君对自己的威胁，贤人的直觉源于孟尝君对自己的恩惠，所以从历史的发展来看，无论对任何人来说真正的公正都非常难得。不过谋反不是小事，虽然齐湣王和贤人的判断都是缺乏证据的直觉，但是按照谁官大谁有理的传统价值标准，贤人企图仅仅依靠直觉来说服齐湣王为孟尝君平反昭雪无异于螳臂当车。

在世俗的现实生活中，人和人之间的差距很大，齐湣王和贤人无论在权力、地位还是财富方面都存在天壤之别，不过人和人之间至少有一点是平等的，那就是无论贫贱富贵都只有一条生命。贤人知道在齐湣王的眼里自己的直觉无关轻重，所以他最终决定用自己的生命来证明孟尝君的清白。

很快一条爆炸性的新闻传遍了齐国首都临淄的朝野：为了证明孟尝君的清白，有人在齐国王宫门口自刎了。看着跑到自己王宫门口割断喉咙自杀的贤人躺在冰凉的地上，齐湣王在感到震惊的同时也感到了巨大的舆论压力，那些本来对孟尝君产生怀疑的人开始了对齐湣王的怀疑，齐湣王已经不能仅仅靠自己的直觉来满足广大群众对孟尝君问题的好奇心了。于是齐湣王下令组成专案组调查孟尝君涉嫌参与田甲政变的案件，专案小组通过各种刑侦手段经过严密调查，最终证明孟尝君并没有参与田甲的政变。专案小组将调查结果汇报给了齐湣王，不久齐国政府正式给孟尝君平反昭雪，贤人的鲜血总算没有白流。

齐湣王下令召回流亡在外的孟尝君，并且正式宣布恢复孟尝君的一切职务和待遇。孟尝君这次想通了，齐湣王的相国并不是适合自己的工作，孟尝君的梦想不是当官而是当“老大”，这是两个概念。孟尝君的直觉告诉他不能把自己的生死寄托在有高人挺身而出了，于是他决定服从自己的直觉，孟尝君以前所未有的谦恭态度提出了辞职：自己老了，已经不适合继续担任齐国相国的职务，请齐湣王恩准自己退休，然后回到薛城安度晚年。根据《史记》的记载，孟尝君的老爸靖郭君是在齐湣王上台以后的第三年才被封为相国的，此后孟尝君继承了靖郭君的事业和家产，而田甲发动的政变发生在齐湣王三十年，以此推断这时的孟尝君已经是一个五六十岁的中老年人了。因此孟尝君以年龄为理由提出退休也说得过去，更重要的是此时齐湣王也已经步入老年，两个老头谁先走一步去地下见齐国先王是一个无法预测的问题。如果在江湖上享有盛誉的孟尝君继续担任相国，继续一人之下万人之上，齐湣王就不能容忍自己先走一步，这是自然规律，如同人必有一死一样，谁当了齐王都很可能面临相同的困境。

齐湣王看到了孟尝君的退休申请报告，长长地出了一口气。孟尝君退了一步，齐湣王顿时感到海阔天空。就这样齐湣王批准了孟尝君的退休申请，连客气一下都省略了，至此孟尝君和齐湣王达成了前所未有的默契。

不流血的复仇

孟尝君回国了。

那些当初企图以谋反的罪名置孟尝君于死地的政敌们和那些墙倒众人推的士大夫们开始紧张了。孟尝君的有仇必报与他的慷慨大方一样有名，在赵国就因为一句“渺小丈夫”的调侃，孟尝君就率领手下食客血洗了一个县城，何况孟尝君因为政敌们的暗算和士大夫们的明哲保身差点身败名裂、含冤而死。摆在孟尝君政敌和帮凶们面前的只有两个选择：一是彻底消灭孟尝君；二是想办法和孟尝君和解。本来一开始打算消灭孟尝君的政敌只是少数几个人，后来他们向齐湣王打小报告说孟尝君企图谋反，再后来孟尝君没有反，田甲反了，而齐湣王对号入座非要把孟尝君也拉下水。大家看出了苗头，有些人开始落井下石、推波助澜，更多的人选择了保持沉默、明哲保身，可是谁也没想到孟尝君绝处逢生又活了过来，这下齐国的士大夫们开始犯愁了。此时齐湣王已经给孟尝君恢复了名誉，如果政敌们继续对孟尝君痛下杀手，以孟尝君的性格正好可以名正言顺地全面反击清算，那么对于这些政敌来说肯定就是一场血雨腥风。孟尝君的江湖地位和手下有众多的能人异士无人不知，如果政敌们和孟尝君展开互相偷袭和暗杀，孟尝君的胜算肯定更大。当初那个“狗盗”居然能溜进秦王的宝库里偷出来天下无双的白狐裘，如果孟尝君想要某个仇人的人头完全也可以照此办理。更重要的是大多数得罪了孟尝君的士大夫和孟尝君之间并不存在你死我活的敌我矛盾，他们当初的明哲保身其实也是小人物在大时代中的无奈选择。现在剩下的唯一希望就是和解了，问题是孟尝君已经和齐国士大夫们形同水火，和解必须通过一个两边都给面子的中间人。政敌们想到了一个人，他叫谭拾子。

这是《战国策》上的一个段子。谭拾子到底和孟尝君是什么关系书上没有交代，总之，这个人在孟尝君面前是有面子的，否则他绝对不敢接受这个调停齐国政坛江湖恩怨的任务。

政敌们知道孟尝君回到齐国就会开始一场轰轰烈烈的复仇行动，所以他们请谭拾子在齐国边境等待孟尝君。在他们眼里孟尝君是泛滥的洪水，而谭拾子就是一座阻挡洪水的大坝。谭拾子见到孟尝君的时候，分明感觉到了孟尝君眼里的怨恨和愤怒，普通人的怨恨和愤怒是委屈，而孟尝君的怨恨和愤怒就是杀气。

谭拾子问孟尝君："您对齐国的士大夫有没有怨恨呢？"

孟尝君毫无避讳，承认了自己的怨恨："有。"

谭拾子又问："您是不是要把那些您怨恨的士大夫都赶尽杀绝呢？"

孟尝君说："是。"

在这个世界上，爱一个人也许不需要理由，不过杀一个人一定需要理由。于是谭拾子只好跟孟尝君讲道理了："有的事情是必然发生的，有的道理是永远成立的，您知道吗？"

孟尝君说："我不知道。"

谭拾子开始跟孟尝君探讨哲学问题："必然发生的事情就是死亡；永远成立的道理就是人们看到富贵就会趋炎附势，看到贫贱就会唯恐避之不及。这就是必然发生的事情和永远成立的道理。我给您举个例子，比如市场，早上的市场挤满了人，到了晚上就空无一人，这并不是人们早上就喜欢市场而到了晚上就讨厌市场，而是因为早上的市场上有人们想要的东西所以人们就都赶到了市场，而晚上人们想要的东西没有了所以人们就离开了市场。所以请您不要怨恨了。"（**点评：被反复引用的市场理论，生动地说明了世态炎凉的合理性。**）

孟尝君沉默了，胜者为王、败者为寇，这是中国专制时代的普遍规律，怨不得别人。即使混进了士大夫的队伍，大多数人也不过为了混一碗饭吃，谁也不能要求大多数人为了别人的公正而牺牲自己的前途和生命，否则岂不是人人都可以当圣贤？孟尝君下令销毁了原来计划报复的仇人名单，那些人的名字写满了整整五百张竹简，可以想象孟尝君的复仇计划如果付诸行动会是怎样的一场人道主义灾难。

谭拾子的成功劝说不仅成全了自己，也成全了齐国士大夫，更成全了孟尝君和齐湣王。孟尝君被人算计了，差点身败名裂，如果忍气吞声、咽下这口恶气以后还怎么在江湖上混？但是如果孟尝君真的开始复仇清算，杀光那五百张竹简上记录的仇人，孟尝君将不仅和齐国士大夫结下血海深仇，而且他和齐湣王之间本来缓和的关系将再度紧张。在齐国谁是好人谁是坏人，谁该提拔谁该杀头都应该由齐湣王决定，如果孟尝君忽视齐湣王的存在而大开杀戒，那么他对齐湣王的威胁就不再是缺乏事实根据的直觉而是铁证如山的事实。即使是周文王再世，也绝对不会容忍手下的臣子为了私仇而大开杀戒屠杀其他的臣子。如果孟尝君不给谭拾子面子，很可能就没有晚年了，齐国也很可能陷入一场内乱。所以说孟尝君写在五百张竹简上的仇人名单很可能本来就是打算给人看了以后销毁的，如果没人拦着，孟尝君将会和那些被他列入死亡名单的士大夫一样着急和彷徨。现在谭拾子看到了孟尝君写在五百张竹简上的复仇名单，又亲眼见证了孟尝君销毁了复仇计划，通过谭拾子这位中间人，这个消息很快就传递给了得罪了孟尝君的齐国士大夫们。就这样，齐国士大夫们不仅安全了，而且必须感激孟尝君和谭拾子。孟尝君不仅避免了因为面子而杀人同时也保全了面子，齐湣王当然也会知道这个故事，自然会暂时松一口气，从而开始关注和欣赏谭拾子也未可知。

悲剧收场

孟尝君虽然从齐国相国的岗位上退了下来，但是工作还要有人干，后来先是一位来自周的贵族周最当了相国，再后来又有一位来自秦国的逃亡将领吕礼到齐国通过政治斗争排挤走了周最取而代之，成为了齐国的相国。这位吕礼的来历非常可疑，名义上他是从秦国逃亡出来的叛徒，可是从他后来当了齐国相国的主要作为来看，这个吕礼非常像是秦昭王派到齐国的卧底。吕礼刚到齐国的时候，就目标明确地努力向齐湣王身边的宠臣祝弗靠拢，很快和祝弗结成了死党，后来这位吕礼不知道用了什么高招，居然让祝弗甘心为他效力。祝弗不遗余力地向齐湣王施加影响，极力推荐吕礼，反复强调吕礼德才兼备、品学兼优，是齐湣王实现称霸事业的必备人才和相国的最佳人选。在祝弗的鼎力支持下吕礼最后如愿以偿，爬上了齐国相国的高位。

吕礼当上相国以后，就向齐湣王积极推销“联秦称霸”的战略，这种战略的核心思想就是齐国要想实现称霸于东方的目标就应该联合秦国，向西压制和蚕食赵国、韩国和魏国等三晋之国，向南打击楚国，最后和秦国平分天下。吕礼的这个战略思想到底是不是有利于齐国暂且不说，不过明眼人都能看出来这对秦国来说是最有利的一种局面。秦国要想吞并六国、统一天下，最怕的就是六国团结起来和自己对抗，最希望的就是六国之间混战不止，只有这样秦国才能一一击破。而齐国当时在六国当中不仅实力强大，而且在地理位置上又处于战国七雄最东边，如果齐国能和秦国联起手来，那么东西两边夹击，其他几个国家就会腹背受敌，秦国的统一计划推行起来自然会顺利很多。至于秦齐联手横扫天下以后的局面，秦昭王非常有信心，兼并不是问题，整合才是关键。秦国从商鞅变法以后建立了一套高效制度，在整合方面显示出来的优越性使得秦昭王自信最后能把齐国也整合到自己的版图里。

从《历史的个性：兵家》中有关乐毅和田单的故事来看，我们知道齐湣王是一位野心大于智慧的老板。这样的老板很容易被一些狂热的概念和宏伟的蓝图忽悠，而来自秦国的吕礼最擅长的就是创造概念和蓝图。齐湣王接受了吕礼推销的“联秦称霸”战略，准备先利用秦国收拾身边的邻居，达到称霸的目的。本来孟尝君已经下岗在家安度晚年，齐湣王的战略选择跟他已经没有关系，不过身为战国江湖上成名三十多年的大佬，要想置身事外却也不容易。

孟尝君卷入这场政治路线斗争是从私人恩怨开始的。这里我们不得不再次提到那个在孟尝君命运转折的重要关头多次影响到他的苏代。苏代继承了苏秦的品牌和无形资产，他一生以鼓吹和推动六国联合抗秦著称，因此吕礼在齐国的发达直接影响到了苏代的生存和发展。吕礼当相国了，苏代的处境非常不妙。于是苏代想起了自己的老朋友孟尝君，苏代继续发扬纵横家的传统敬业精神，再次设身处地地为孟尝君策划人生了。苏代对孟尝君说：“周最本来对齐王非常忠诚，可是齐王却把他排挤走了。齐王听信祝弗让吕礼做相国，这样做就是打算联合秦国。齐国如果和秦国联合，那么祝弗和吕礼在齐国的地位就无人可比了。如果他们受到重用，齐国和秦国必然会轻视您。您不如尽快向北出兵，迫使赵国与秦、魏联合起来，这样您不仅笼络了周最，而且还可以使得齐王失信于秦国，又能防止因齐、秦联合将造成各国关系的变化。齐国不去联合秦国，那么各诸侯都会靠拢齐国，祝弗在齐国没有了立足的根本，势必会离开齐国。这样一来，除了您之外，齐王还能跟谁一起治理他的国家呢？”

当时齐国和赵国关系恶化，齐湣王本来打算实施吕礼提出的联秦战略，联合秦国来打击赵国。赵国的地理位置在秦国和齐国之间，无论哪边先动手打击赵国，赵国都会本能地和另一边结成联盟来争取生存空间。从苏代的话里面，扶栏客推断当时齐国和秦国已经达成了某种协议，如果齐国发动对赵国的战争，秦国也会和齐国一起参与到打击赵国的军事行动中来，然后一起分享战胜后掠夺的赵国领土。所以如果齐国在没有通知秦国的情况下突然发起对赵国的进攻，秦国一定会产生怀疑，而且赵国为了保存自己一定会对秦国提出非常优厚的合作条件，这样赵国就会和秦国结成联盟来对抗齐国。孟尝君虽然不当相国了，可是他毕竟拥有一块纵横百里的领地，还有一支规模千乘（一千辆马车）的军队可以调用，所以孟尝君可以统率自己的部队代表齐国去攻打赵国，迫使赵国倒向秦国，以破坏齐、秦联盟为手段，达到在齐国排挤祝弗和吕礼的目的。在齐国，当时的路线斗争非常明显，如果祝弗和吕礼失败，那么孟尝君和苏代这一派就很有可能再次掌握齐国的大权。

孟尝君再次听从了苏代的建议，冒用齐国的旗号出兵攻打赵国，并如愿以偿地把赵国推到了秦国那一边。这下孟尝君得罪了吕礼，而此时的吕礼已经是齐国的相国了，在政治上已经失势的没落贵族孟尝君得罪了现任的齐国相国，其风险可想而知。

孟尝君于是想到了吕礼的祖国，他派人给秦国的相国穰侯魏冉送去了一封信，孟尝君在信上说："我听说秦国打算让吕礼来联合齐国。齐国，是天下著名的强国。齐、秦联合成功，吕礼将要得势，您必然会被秦王轻视。如果秦、齐结盟来对付韩、赵、魏三国，那么吕礼必将为秦、齐两国的相国了，这样您虽然想办法结交了齐国，最后却让吕礼立下大功，让他的地位更加显贵。再说即使齐国免于遭到各国攻击，齐国还是会深深地仇恨您。您不如劝说秦王攻打齐国。齐国如果被攻破，我会设法请求秦王把占领的齐国土地封给您。齐国被攻破，秦国会害怕魏国强大起来，秦王必定重用您去结交魏国。魏国败于齐国又害怕秦国，魏王必定会仰仗您来维护和秦国的关系。这样，您既能够凭攻破齐国建立自己的功劳，挟持魏国提高地位，又可以通过攻破齐国得到封地，使秦、魏两国同时敬重您。如果齐国不被攻破，吕礼再被任用，您仍然会陷于失去权势的困境中。"孟尝君学到了纵横家学问的精髓，他劝说魏冉的时候也是设身处地为魏冉打算，与苏代相比丝毫不逊色。从孟尝君劝说魏冉的话来看，吕礼的确是秦国派到齐国的卧底，秦国机关算尽地布这个局其目的就是通过吕礼来影响齐国的对外政策，拉拢齐国与秦国结盟对付其他的几个国家。而提出这个天才的"无间道"方案的人正是秦国的相国魏冉。实际上这位魏冉是秦昭王的亲舅舅，素以足智多谋、运筹帷幄著称，秦昭王能够在秦国坐稳王位，魏冉功不可没。秦昭王前期的很多重大决策和计划都离不开这位智囊舅舅的参与和策划，因此魏冉的话在秦昭王面前还是很有分量的。被孟尝君设身处地的分析打动了的穰侯魏冉，后来果然力劝秦昭王攻打齐国，而秦昭王也果然听从了舅舅的话对齐国开战了。

事态按照孟尝君设想和设计的方向发展着。齐湣王果然大怒，他鬼迷心窍地听信了祝弗的话，不仅让吕礼担任了齐国相国，而且还采纳了吕礼"联秦称霸"的战略计划，为了达到与秦国联手来平分天下的战略目的，不惜得罪了抗秦联盟的其他国家。谁也没想到，秦昭王的心思竟然如此难以琢磨，翻脸比翻书还快，在没有丝毫征兆的情况下秦国居然突然对齐国不宣而战。震惊、恐惧、屈辱和愤怒，齐湣王体会到了被人玩弄和抛弃的滋味，这真是自取其辱、自作自受、搬起石头砸自己的脚。受到伤害的齐湣王决定伤害给他出谋划策的吕礼。不过肩负着秦国卧底使命的吕礼显然先于齐湣王得到了秦国要对齐国开战的消息。吕礼当时什么话也没有说，他仰天长叹一声，什么都明白了，谁让自己不是秦王的实在亲戚呢？就这样这位战国历史上最出色的卧底之一在最接近成功的时候功亏一篑，为了活命不得不从齐国仓皇出逃，继续着一个卧底“在路上”的人生。

也许是齐湣王对孟尝君的戒心太重、积怨太深，总之，孟尝君虽然成功地驱逐了吕礼，但是他并没有像苏代设想的那样再次得到齐湣王的重用。孟尝君机关算尽，到头来还只能继续在薛城养老，眼巴巴地看着新一代的风云人物崛起，而自己只能孤独地老去。后来，齐湣王灭掉了宋国，愈加骄狂霸道，这位梦想当霸主的老男人却始终无法忘记那位不甘心颐养天年的亲戚孟尝君。齐湣王的直觉告诉他孟尝君应该先于自己而死，这样才对得起列祖列宗。孟尝君当然感受到了来自齐湣王的恶毒愿望，老年的孟尝君非常恐惧，后来他逃到了魏国。魏昭王任用孟尝君当了相国，在孟尝君的推动下魏国和西边的秦国、赵国联合，帮助燕国打败了齐国（见《历史的个性：兵家》中的乐毅篇和田单篇）。后来齐湣王逃到了莒城，最后意外地死在了赶来救援齐国的楚国远征军大将淖齿的手里。再后来田单创造了奇迹，不仅大败燕军，而且恢复了齐国的领土。在田单的全力支持下，齐湣王的儿子法章即位，即齐襄王。此时的孟尝君人老心高，不愿意再依附于任何国家，他以薛城诸侯的身份在当时的诸侯国之间保持中立地位，俨然是战国时期的瑞士。而齐襄王由于刚刚即位，也对孟尝君心存忌惮，于是他不仅承认了孟尝君对薛城的合法统治地位，而且还主动和孟尝君拉近关系、培养感情，在孟尝君去世前和孟尝君保持和谐的关系。

在难得的安定和谐环境中，孟尝君走到了人生的终点，在两千多年前的一个普通的日子，孟尝君死在了自己的床上。

孟尝君的身后依然热闹，他的儿子们为了争取继承薛城的“老大地位”，展开了兄弟之间的残酷竞争。七国混战就是当时的天下，薛城内乱就是缩小了的战国，名利权势是永远的主题，一代又一代循环不止。不过作为父亲，孟尝君没有他老爸靖郭君那样好命，因为他没有一个像自己那样出色的儿子。孟尝君的儿子们当时混战得非常投入、你死我活，以薛城为己任、以薛城为天下，全然忘记了百里范围之外还有更广阔的世界。不过临淄城里的齐襄王不会放过这个彻底解决薛城问题的好机会，他等待这一天已经很久了，于是齐襄王联合魏国共同出兵占领了薛城，瓜分了土地。可悲的是孟尝君的儿子们彼此争斗得你死我活，最后竟然一个也没活下来，全部死于齐魏两国的趁火打劫，《史记·孟尝君列传》记载：“孟尝绝嗣无后也。”

太史公在《史记·孟尝君列传》的最后加了一段自己考察薛城时的发现和感想。“太史公曰：吾尝过薛，其俗闾里率多暴桀子弟，与邹、鲁殊。问其故，曰：‘孟尝君招致天下任侠、奸人入薛中盖六万余家矣。’世之传孟尝君好客自喜，名不虚矣。”司马迁年轻的时候曾经游历天下，他先考察过春秋时期的邹、鲁故地，被那里浓厚的儒家文化传统深深地吸引。但是当司马迁来到孟尝君昔日的封地薛城的时候，却吃惊地发现这里满街都是目光凶狠、横行乡里的少年“古惑仔”。年轻的太史公疑惑了，距离如此近的两个地方，群众的文化传统和文明程度为什么存在这么大的差距呢？后来有当地人为司马迁解开了这个迷惑，原来孟尝君当年广招食客，江湖上出来混的豪杰纷纷慕名而来，当时薛城引入的移民竟然多达六万余户。表面谦逊、内心刚强的“老大”吸引了大量的表里如一的强悍人才来到了薛城，最终塑造了薛城的城市性格和文化传统——看来文化真的是可以传承下来的，不管人们是否喜欢。（**点评：经典的案例，说明了文化传承的多样性，即便是两个相邻的地区，风俗和文化依然存在巨大的差距，因此绝不可以中国传统文化一概而论去评判一个民族文化的优劣。**）

推而广之，今天的中国文化也是这样一代一代传承下来的，追根溯源，塑造中国人文化性格的早期杰出人物不仅包括孔孟这样的圣人，也包括了孟尝君这样“黑白通吃、布局天下”的大佬。

扶栏客曰

孟尝君是中国标杆型的“老大”，他特立独行的风格和惊世核俗的做法与中国的世俗文化融为一体，成为影响中国传统文化的一个重要组成部分，直到今天成功的领导者依然具备孟尝君的某些特质。在中国当领导不可不研究孟尝君，就好像投资者不能不知道巴菲特一样。

二二

只会『用人』平原君赵胜

个性关键词：贪婪　短视　包容欣赏　善于用人

美色与贤才的冲突

平原君赵胜是赵惠文王的弟弟，赵孝成王的叔叔。《史记·平原君列传》记载："诸子中胜最贤，喜宾客，宾客盖至者数千人。"跟孟尝君田文一样，平原君赵胜也喜欢广招食客，而且他的食客规模也不逊于孟尝君，达到了数千人的规模。平原君的一生经历了赵惠文王和赵孝成王两代君主，在漫长的政治生涯中，平原君三次出任相国，三次被罢免，又三次恢复相位，称得上是赵国政坛不倒的传奇人物。平原君的封地在赵国的东武城。

在司马迁的笔下，平原君的传奇人生从一个美女和一个残疾人的冲突展开。和所有权贵一样，平原君居住在一个大庄园里，不过不知道是因为两千多年前赵国的城市规划里没有专门为平原君这样的精英设计富人区，还是平原君要塑造亲民的形象，总之他家的高楼旁边紧挨着民居，民居里面住着最普通的平民。在平原君的平民邻居当中有一个残疾人，这个人腿脚不太方便，走起路来有点一瘸一拐的。虽然是个残疾人，但是平原君的这位邻居仍然需要挑起生活的重担，每天他都要去外面的井边打水然后挑回来给家里人洗衣做饭用。可以想象一个走路有点跛的人每天从井里打水出来，然后艰难地挑回去是多么的艰难和辛苦。这样的情景如果被爱心人士看到了一定会心生怜悯，可是非常不幸，这个情景碰巧被平原君家里的一个美女看到了，结果一个美丽的生命以血腥而恐怖的方式过早地凋谢了。

平原君家里养着很多美女，而平原君养美女的方式与有钱人饲养宠物没有本质的区别，无非就是好吃好喝好穿戴。这种生活方式下的美女很容易空虚无聊，那年头没有韩剧和网络游戏，无聊的美女唯一的娱乐就是站在平原君的高楼上四处张望，试图在这个单调的世界里发现一些乐趣，寻找一些刺激。

公元前的一个清晨，晨雾中的美女在高楼上看见了出来挑水的残疾人邻居，一个美丽而空虚的大脑突然产生了丰富的联想，于是她笑了，笑得很放肆、很响亮。身为平原君身边的美女，她必须保持愉快的心情和阳光的笑脸，但是封闭的环境实在缺乏幽默元素，出于职业需要，这样的美女通常都会大脑退化而笑神经异常发达——从被孙武杀掉的吴王宠妃到平原君家的美女都是如此。事实上这位美女如果那天没有看见挑水的残疾人，而是看到两只猫打架可能也会哈哈大笑。对美女来说，保持微笑是一种优良习惯，而对陌生人大笑则是一种危险的不良习惯。这位爱笑的美女显然没有想到因为自己是平原君的女人，所以让男人着迷的可爱笑声也会杀人。

不过当时这位美女没有想那么多，想笑就笑，笑得响亮。（**点评：一笑倾城，一笑致命。**）

晨雾中，平原君的这位残疾人邻居被美女响亮的笑声击中了，当他抬头向上张望的时候，看见了一张明媚少女的笑脸——面若桃花、天生尤物，这样的女人在平民的世界里难得一见。残疾人邻居愤怒了：上天派这样美丽的女人来到人间难道就是为了嘲笑一个可怜的残疾人吗?

那天平原君刚起来，还没来得及洗漱就接待了这位残疾人邻居。身为赵国的高级官员，平原君一向重视群众来访，“有问题、有困难，随时找平原君”是他对赵国子民的庄严承诺。残疾人邻居向平原君投诉了，他说：“臣闻君之喜士，士不远千里而至者，以君能贵士而贱妾也。臣不幸有疲癃之病，而君之后宫临而笑臣，臣愿得笑臣者头。”（我听说您很重视人才，所以各地的人才不远千里来投奔您，这是因为您重视人才而轻视美色的缘故。我不幸身有残疾，您的后宫美女看见了却嘲笑我，我想得到这位嘲笑我的美女的人头。）这位残疾人邻居虽然是一介草民，但是他的口才和逻辑显然也不是等闲之辈，平原君的美女嘲笑这样一个人的确是一个危险的游戏。

但是平原君当时显然没有意识到问题的严重性，他笑着说“好吧”，然后就打发这位邻居走了。向平原君索要美女人头的邻居走后，平原君笑着对身边的人说：“观此竖子，乃欲以一笑之故杀吾美人，不亦甚乎！”（你们看这个小子，竟然因为一笑的缘故要我杀了我的美女，这太过分了吧！）平原君当然舍不得为了一个残疾人邻居受到伤害的自尊心而杀害自己身边的美女，战国时代没有整容手术，当时的美女还是一种非常稀缺的资源。

本来这件事就这样过去了，在这个世界上处于弱势的人们遭到嘲笑的事情每天都会发生，对于遭到嘲笑的人们来说最明智的做法大概就是尽快忘记曾经受到的侮辱和伤害，否则也只能抑郁而终、于事无补。不过因为这件事发生在平原君身边，所以最后有了不同的结局。

大概过了一年多的时间，平原君发现自己门下的食客逐渐减少，这天他找来手下负责接待食客的主管来汇报工作，居然发现已经有超过一半的食客都流失了。对此平原君非常奇怪，他问身边的人："胜所以待诸君者未尝敢失礼，而去者何多也？"（我对待各位并没有失礼之处啊，为什么这么多人都离开我了呢？）平原君身边的一位食客这样回答："以君之不杀笑躄者，以君为爱色而贱士，士即去耳。"（因为您不杀嘲笑跛足邻居的美女，大家觉得您贪图美色而轻视人才，所以大家都离开了。）

这位食客的话当场判处了那位爱笑美女的死刑，在男权社会里这位美女根本没有机会上诉。

后来平原君亲自登门向那位残疾人邻居谢罪，并带去了残疾人邻居梦寐以求的美丽人头，装在精美礼品盒里的那颗人头依然美丽，只是永远不会笑了。（**点评：众怒难犯，人心可以杀人。**）

美女死了，食客又回来了。平原君的食客队伍逐渐恢复了往日的盛况，据《史记·平原君列传》记载："是时齐有孟尝，魏有信陵，楚有春申，故争相倾以待士。"至此战国四大公子形成了争夺人才的竞争局面，争相倾尽全力招揽天下人才。

平原君的美女死得很冤枉，如果根据《史记》中的记载来写一段摘要总结她美丽、短暂、荒谬而残酷的一生，关键词大概有三个："美人""笑""杀"。前两个关键词属于女人，最后一个关键词属于男人。以今天的道德和价值观来判断，这位美女显然死得冤枉，虽然她嘲笑残疾人的行为很不道德，但是绝对罪不至死。假如这样的事件发生在今天，对这位美女的公平处理结果应该是公开向受到伤害的残疾人道歉，如果这样还不能平息民愤，最多是罚她去社区当义工，为残障人士服务以示训诫。不过人生之所以残酷，人们之所以要对人生保持必要的敬畏，就是因为人生根本没有"假如"和"如果"，这位美女生活在两千多年前的战国时期，生活在以收尽天下贤才为梦想的平原君家里，所以她只能冤枉而恐怖地死去了。当她的头被平原君派去的杀手砍下来的时候，她大概还是想不通为什么对自己宠爱有加的平原君会突然翻脸，为什么早就表态不再追究的平原君会这么决绝地牺牲自己。美女死得不仅冤枉，而且糊涂，但是读史者不应该糊涂。客观地说，平原君并不是一个天性残忍的人，他对这位美女的爱怜也是有目共睹的。不过平原君要做的不是情圣，而是"老大"，令人景仰、让人追随的"老大”。因为自己的男人有这样的梦想，所以当美女因为轻薄而无知的大笑站到了“老大”追随者们的对立面的时候，美女就成为平原君通向成功的障碍。所谓“老大”就是那种能够战胜自己，清除一切障碍走向成功的“牛人”。当然，要战胜自己很难，否则这世上岂不是人人都可以成为“老大”，这个世界不就乱套了吗？

这位美女的非典型性死亡留给后人太多的思考和教训。要论得到“老大”宠信和爱护，恐怕没有人能超过美女，不过即便如此，要想安全、长久地生存发展下去也决不能得意忘形，激起众怒。众怒难犯，这个原则在任何组织、任何时代都有效，这个原则如同加油站必须严禁烟火一样，是保证安全生产的底线，对谁都不例外。

圣人甚祸无故之利

如果把人们留给自己生活的时间叫作个人生命，那么人们留在史书里的片段就可以叫作历史生命。不过大多数人没有机会拥有历史生命，中国古代读过书的人都曾经或多或少地梦想过青史留名，那些确信自己已经拥有历史生命的人们总是想延长自己的历史生命，所以中国的史书很厚重而老百姓的个人生命总是很单薄。

与孟尝君相比，平原君的历史生命很短暂，但是他的仕途却比较顺利。平原君赵胜是赵武灵王的儿子、赵惠文王的弟弟。赵武灵王是战国历史上具有深远影响的一代雄主，作为中原农耕国家的君主，他第一个在自己的国家当中提倡并推广了“胡服骑射”；通过改革服装和军事装备，赵国开疆拓土、雄霸东方。平原君赵胜在赵惠文王时期就担任了相国，到了赵孝成王元年，平原君再次被登上王位的侄儿拜为相国，又一次进入了赵国的核心领导班子。

在赵孝成王登上王位的第四个年头，公元前262年，此时距离秦始皇统一天下建立秦帝国还有四十一年，赵孝成王突然得到一笔飞来横财或者说是一场飞来横祸。

有一天，韩国驻守上党的地方官上党守冯亭派来了使者。这位使者带来了上党守冯亭的口信：上党守冯亭愿意将上党的十七座城邑献给赵孝成王。在战国时期，十七座城邑是一块很大的领土，对于赵孝成王来说这无异于天上掉馅饼。冯亭的举动很不寻常，这样的行为当然需要理由，冯亭的理由很无奈也很真实：“韩不能守上党，入之于秦，其吏民皆安于赵，不欲为秦。有城市邑十七，愿再拜入之赵，财王所以赐吏民。”当时正是秦昭王四十五年、韩桓惠王十年，在那一年秦国军队在白起的率领下在太行山一线对韩国的野王发起了攻击，韩国根本顶不住秦军的进攻，很快野王就被秦国占领。野王的失陷导致上党断绝了与韩国首都的交通联系。当时的秦国已经在名义上吞并了上党，只是由于秦国一时之间派不出那么多军队和干部接管这个地区，于是秦国继续留用冯亭等原上党的干部和军队来维持秦国在上党的统治。上党守冯亭不甘心就这样背叛自己的祖国，经过痛苦的权衡思考之后决定将上党献给赵国，赵国和韩国是长期友好的同盟，所以冯亭说上党人民对赵国有感情，不愿意当秦国人而愿意当赵国人的话也并不完全是冠冕堂皇的客套话。除此之外，如果上党落入秦王的手里，韩国就失去了与秦国对抗的屏障太行山的地理优势，如果上党并入赵国不仅能加强盟国赵国的力量，更重要的是赵国因此必然会得罪秦国。为了上党，秦赵两国的战争不可避免。利用已经无法保全的上党十七座城邑为诱饵把强大的盟国赵国拖进对抗秦国的战争，这应该是当时处于劣势的韩国的一个高明的战略选择。

不管韩国的上党守冯亭出于什么动机，赵孝成王都觉得这眼前的巨大利益是真实的，至于吞下这巨大利益以后会发生什么谁也无法预料——那些吞下鱼饵的鱼也是这么想的。赵孝成王当时没觉得自己是条鱼，于是他找来平阳君赵豹商量。平阳君赵豹也是赵惠文王的弟弟，他和平原君赵胜是亲兄弟，也就是赵孝成王的叔叔。后来的事实证明，在对待上党问题上，老赵家只有一位明白人，那就是平阳君赵豹。赵豹是一位原则性很强的人，他坚决否定了赵孝成王准备接受上党的想法。平阳君赵豹的理由很朴素：“圣人甚祸无故之利。”世上没有免费的午餐，平阳君赵豹认为在有理智、有道德的圣人眼里，这种凡人看来的飞来横财实际上可能是一场飞来横祸。

赵孝成王不想当圣人，而且他也不认为接收上党是“无故之利”，他说：“人怀吾德，何谓无故乎？”赵孝成王被上党守冯亭形容的上党人民对赵国的深厚感情忽悠了，他认为上党人民选择入哪个国家的国籍就像年轻女孩找婆家一样，都想选一个心眼好、能力强、长得帅的人托付终身。赵孝成王觉得自己人品好、长得帅，是上党人民的最爱，这就是接收上党的充分理由。

平阳君赵豹说“夫秦蚕食韩氏地，中绝不令相通，固自以为坐而受上党之地也。韩氏所以不入秦者，欲嫁其祸于赵也。秦服其劳而赵受其利，虽强大不能得于小弱，小弱顾能得之于强大乎？岂可谓非无故之利哉！且夫秦以牛田之水通粮蚕食，上乘倍战者，裂上国之地，其政行，不可与为难，必勿受也。”秦国处心积虑要蚕食韩国的领土，当时已经从韩国的中部把韩国分成了两半，所以秦王早就认为上党早晚是秦国的囊中之物。而且当初秦国为了占领上党，从渭河沿着黄河和洛河将军粮运输到前线，可以说是下了血本。现在秦国实际上已经开始在上党行使主权，如果赵国接收了上党，秦国就等于白白给赵国打工，这必然会激怒秦王，引发战争。平阳君看透了上党守冯亭的心思，韩国将这块秦国志在必得的土地送给赵国，就是要嫁祸给赵国，把赵国拖进对秦国的战争中来。

赵孝成王此刻眼睛里只有上党的十七座城邑，他说：“今发百万之军而攻，逾年历岁未得一城也。今以城市邑十七币吾国，此大利也。”自古以来在领土问题上国家与国家之间都是奉行寸土必争的原则，赵孝成王的理由也很充分，即便是调动百万军队攻打邻国，战争经年累月也未必能获得一座城邑。现在兵不血刃就有上党的十七座城邑白白送给赵国，这不仅是天上掉馅饼，而且是掉了一个超大的馅饼，赵孝成王要做的事只是张张嘴罢了。可是平阳君赵豹偏偏不让赵孝成王张嘴享受送到嘴边的免费大餐，这就像主人拼命拉住兴奋的狗狗扑向冒着热气的肉包子，这样的行为实在是太残忍。

赵孝成王决定不再征求平阳君的意见了，圣人的做人原则和未来的隐患都太遥远，赵孝成王关心的就是眼前的免费大餐。

赵孝成王打发平阳君下去休息，然后就把平原君赵胜和赵禹找来商量。事实证明，平原君赵胜的觉悟比不上自己的兄弟平阳君赵豹，而是和侄子赵孝成王属于一个档次。因为平原君在对待上党问题上与赵孝成王一拍即合，连理由都是如出一辙：“发百万之军而攻，逾岁未得一城。今坐收城市邑十七，此大利，不可失也。”（**点评：只看到从天而降的巨大利益，看不到紧随其后的巨大风险，平原君的贪婪和短视暴露无遗。**）

赵孝成王很高兴，平原君当时在江湖上的名声显赫，这位“老大”说这个便宜可以占，那就一定可以占。于是赵孝成王马上任命平原君赵胜为接收上党地区的工作小组组长，主持上党十七座城邑的接收工作。战国时代的四大公子都是著名的“出手大方”，平原君赵胜为了保证上党的平稳交接，代表赵孝成王宣布了针对上党干部职工和群众的接收政策。根据这个政策赵国不仅保证原来上党的干部职工不下岗、不降薪，而且还要对干部们分封土地和爵位，对职工的工资连涨三级，让他们在利益上与赵国结为一体。另外，只要广大上党人民拥护赵国政府，就可以领取沉甸甸的现金红包。“敝国使者臣胜，敝国君使胜致命，以万户都三封太守，以千户都三封县令，皆世世为侯，吏民皆益爵三级，吏民能相安，皆赐之六金。”

当上党守冯亭得知自己和手下的兄弟将享受如此优厚的待遇的时候，不仅没有欣喜若狂向主子谢恩，反而痛哭流涕，闭门不出不见平原君赵胜。他托人带话给平原君说：“吾不处三不义也：为主守地，不能死固，不义一矣；入之于秦，不听主令，不义二矣；卖主地而食之，不义三矣。”从冯亭的话能看得出来，这位上党守并不是一个贪生怕死、卖主求荣的小人，因此他主动把上党十七座城邑白送给赵国的动机显然和平阳君赵豹的判断一致。

不过此时平原君赵胜和他的侄子赵孝成王一样，都沉浸在占到大便宜的巨大欢乐之中，因此对冯亭的动机和上党背后的巨大危机视而不见。可见大人物也会占便宜，只不过大人物占便宜的价码跟小人物不一样，只要便宜足够大，大人物也会和小人物一样利令智昏、鼠目寸光。

后来秦国果然派出了大军争夺上党，于是长平之战爆发（参见《历史的个性：兵家》白起篇）。赵孝成王一开始任用名将廉颇对抗秦军，两军在长平形成了对峙局面。廉颇奉行了坚壁清野、坚守不出的战略，这种战略虽然抵挡住了秦军的进攻，但是由于长期不能战胜秦军而导致了赵孝成王的不满。后来爱占便宜的赵孝成王中了秦国的反间计，他罢免了廉颇，起用了纸上谈兵的赵括担任长平前线的赵军总司令。最后年轻气盛的军事理论家赵括中了白起诱敌深入之计，不仅自己兵败死于乱军之中，而且连累四十万赵军在失败投降后被集体活埋，在长平赵国前后损失了四十五万主力部队。由于主力损失殆尽，长平大战之后赵国元气大伤，失去了与秦国抗衡的实力。客观地说，除了赵孝成王以外，当时的赵国相国平原君赵胜是长平大战失败的第二责任人。平原君先是在上党守冯亭向赵国献出上党的时候没能保持理智、战胜贪婪，不仅没有和兄弟平阳君赵豹一起劝阻赵孝成王，反而鼓动、怂恿赵国去占那个危险的便宜。后来当秦国的奸细四处传播谣言诋毁老将廉颇的时候，身为赵国相国的平原君居然没有产生怀疑也没有劝阻赵王换将的决定，而是任由赵王换上了纸上谈兵的赵括并最终把四十万赵军带上了死路。从平原君在长平大战前后的作为来看，平原君没有表现出丝毫超越平凡的智慧。失败者的人生有很多相似之处，比如占便宜和被人骗。平原君跟许许多多平凡的失败者一样，先是占便宜后来被人骗，最后眼睁睁看着赵国惨败而无所作为、无可奈何。如果平原君就此退出历史舞台，那么他就不可能和孟尝君、信陵君、春申君一起被载入《史记》。

进入圈子的经典案例——毛遂自荐

就在武安君白起准备一鼓作气攻占邯郸、灭掉赵国的时候，赵国和韩国派出了纵横家苏代去秦国面见秦国相国范雎。苏代分析了当时的形势，指出如果任由白起灭掉赵国，必然会立下不世奇功，最后爬到范雎的头上。范雎被苏代的分析击中了要害，于是他劝说秦昭王下令秦军停止进攻，撤兵回国。

公元前258年（秦昭王五十年），秦国再次发起了对赵国邯郸的进攻，主持这次进攻的先是五大夫王陵后来是王龁。白起由于预测这次战争必然失败而拒绝出山，最终白起因为得罪了秦昭王而被赐死，一台国宝级的战争机器就这样悲凉谢幕了。

当秦军兵临城下的时候，邯郸城里一片恐慌，四十五万大军在长平全军覆没，此时的赵国实在难以抵挡秦军的进攻。当时的六国之中，楚国和齐国的实力最强，而楚国也因为屡次遭到秦国的侵略与秦国结下深仇大恨，因此赵孝成王决定派平原君亲自率领外交使团前往楚国，争取说服楚王派兵援救赵国。与此同时，平原君也派出了使者去魏国见魏王和信陵君，争取魏国出兵支援。

平原君知道这次出使楚国不仅关系到赵国的生死存亡，而且由于赵国向楚国正式提出求援，楚国也必须做出一个关系到国家命运的重要决定。当时的秦赵两国已经势不两立，如果楚王决定派兵援助赵国就必然会卷入这场无法预测结局的战争。

谁也不愿意轻易卷入别人的战争，这次外交活动注定是一次艰难的任务。

平原君需要一支文武双全的团队来完成这次重要使命，于是平原君决定从门下食客当中选拔文武双全（“有勇力文武备具者”）的二十个人跟随自己去楚国完成使命。战国时期的“士”并没有明显的文、武界限，那时候的人才大多文武双全，能够以理服人当然最好，如果谈不拢，就要具备当场拔刀拼命的心理素质和强悍武功。对待这次求援任务，平原君的态度很坚决，他说：“使文能取胜，则善矣。文不能取胜，则歃血于华屋之下，必得定从而还。士不外索，取于食客门下足矣。”（如果能用游说、谈判的手段成功最好，如果不行，就要与楚国歃血为盟，一定要完成任务再回来。不必从外面寻找人才，就从门下的食客当中选拔就足够了。）危急关头，平原君说出了一个普遍的组织用人原则：士不外索。

危机是危险也是机遇，这时选拔组织内的人才一方面可靠，另一方面也是给组织内的人才一个表现的机会。为了招揽人才，平原君耗费了大量的资源和精力，而平原君一直缺少一个检验门下食客素质的机会。现在机会来了，食客们当中是否真的包括了可以为国效力的人才需要通过这次重要的外交活动来证明。

选拔是严格的，最后平原君选拔了十九位文武双全的人才，但是怎么也挑不出来这最后的第二十位人才了。我们知道平原君的门下有数千名食客，即使按照百里挑一的标准也不应该挑不出来这第二十个人。由此可见人才是多么难得，同时也说明数千食客当中的大多数可能真的是来混饭吃的。这次任务太重要了，平原君决定坚持宁缺毋滥的原则。就在平原君准备放弃寻找第二十个人的时候，有人找到了平原君，自己推荐自己，坚决要求跟随平原君去楚国完成这次重大使命。

这个人就是毛遂，“毛遂自荐”的毛遂。

毛遂说：“遂闻君将合从于楚，约与食客门下二十人偕，不外索。今少一人，愿君即以遂备员而行矣。”（听说您要去出使楚国完成和楚国结盟的任务，所以想从门下食客中挑选二十个人一起去，并且不打算从外面找人来完成这次使命。现在还少一个人，请您带我一起去吧。）

平原君显然不认识毛遂，在此之前毛遂只不过是平原君门下数千混饭食客中的一员而已，于是平原君问毛遂：“先生处胜之门下几年于此矣？”（先生在我的门下几年了？）

毛遂回答：“三年于此矣。”

一个人在自己门下混了三年，而自己却对此人一无所知，平原君认为这已经能说明问题了，于是他对毛遂先入为主地做出了判断：“夫贤士之处世也，譬若锥之处囊中，其末立见。今先生处胜之门下三年于此矣，左右未有所称颂，胜未有所闻，是先生无所有也。先生不能，先生留。”（贤士在这个世界上就好像锥子放在了皮囊里面，锥尖应该立刻刺破皮囊露出锋芒。现在先生在我的门下已经三年了，我却从没有听别人赞扬过您，既然我没有听说过先生，就说明先生没有什么可以赞扬的长处。先生的才能不足，您还是留下来吧。）

平原君的话很伤自尊，不过他判断的基础却具有非常普遍的意义，在一个组织里面想要受到肯定、出人头地，良好的群众基础和同事、领导的正面评价是基本条件，古往今来都是这样。如果毛遂因为受到了平原君的打击而就此闭嘴，那么他可能真的就是一个无能的混饭食客，或许从此以后毛遂的一生也只能碌碌无为，等到他垂垂老矣的时候，回想起当年因为平原君对自己的偏见而失去这个改变命运的机会，他恐怕也只能怨恨老天对自己的不公。这是失败者对待偏见的态度，不是毛遂对待偏见的态度，毛遂既然能成为一个成语的主角，他当然不会这样懦弱地把遗憾留给自己，于是他勇敢地迎接了平原君的挑战，开始顽强地和命运抗争了。毛遂说：“臣乃今日请处囊中耳。使遂早得处囊中，乃颖脱而出，非特其末见而已。”（我现在就请您把我放到皮囊里面，如果我能早一点进入皮囊，我早就可以脱颖而出了，您看见的就不仅是我的锋芒了。）

平原君对毛遂做出的判断并不存在逻辑错误，如果把锥子放到皮囊里，锥子一定会刺破皮囊，露出令人不能忽视的锋利。毛遂当然不能否定自己老板的逻辑，于是他在老板的逻辑上建立了自己的逻辑——我这把锥子之所以没有从皮囊中露出锋芒，是因为您从来就没有把我这把锥子放进您的皮囊。平原君说的皮囊是一个人才生存的环境，毛遂说的皮囊是老板信任的圈子，如果要把这两个皮囊画一个示意图，这个示意图就是两个同心圆，外面的那个圆圈是平原君说的皮囊，而里面的圆圈才是毛遂说的皮囊。（**点评：毛遂提出的锥子和皮囊理论解释了世上同时存在的怀才不遇和求才不得的现象。对于锥子来说，怎样进入皮囊是关键；对于皮囊来说，怎样囊括锥子是关键。对于读者来说，需要思考的问题是自己是锥子还是皮囊？**）

平原君不能否定建立在自己逻辑上的逻辑，于是他接受了毛遂，决定让毛遂成为那第二十个人，去楚国完成历史使命。毛遂和平原君对话的时候，其他的十九个人就在旁边，当他们看到毛遂终于加入到了他们的行列的时候，他们并没有欢迎毛遂，而是互相眉来眼去，他们用眼神嘲笑着毛遂。

毛遂对另外十九个人眉来眼去的嘲笑视而不见，他知道这是一次需要拼命才能完成的使命，眉来眼去毫无意义。

毛遂终于钻进了平原君的皮囊，他很快就露出了自己的锋芒。

公元前258年（楚考烈王六年），平原君领队的外交使团来到了楚国的首都郢都。楚考烈王当然知道平原君的来意，他也知道秦国对楚国的野心，如果赵国灭亡，楚国将承担来自秦国的更大的压力。不过楚考烈王并没有做好卷入一场战争的准备，兵临城下谁都会奋力一搏，但是御敌于国门之外则需要超越平凡的勇气，毕竟那场危机距离赵国很近，而距离楚国很远。来到郢都以后，平原君立刻投入到了紧张的工作当中，他亲自面见楚王，企图说服楚王派兵救援赵国。另一边，毛遂也开始了工作，住在郢都国宾馆里的毛遂开始了针对由二十个人组成的赵国使团的政治思想工作。二十个人的团队展开了头脑风暴，经过激烈的小组讨论，大家解放了思想、统一了认识，一个大家公认的team leader（团队领导）像传说中放进皮囊的锥子脱颖而出了，他就是毛遂。毛遂的口才、勇气和见识征服了以前鄙视、嘲笑他的另外十九个人，他们相信毛遂才是保证完成这次出使任务的“关键先生”。

郢都楚王王宫里，平原君的劝说工作并不顺利，平原君把秦、赵、楚三国的三角关系分析得通通透透，让人无法辩驳，其实唇亡齿寒的道理谁都明白，楚王心里清楚平原君说的全都对，但是他就是不能做出这个决定。秦国已经举倾国兵力攻到了赵国首都邯郸城下，两个国家摆出了拼命的架势，无论是秦国还是赵国现在都没有了退路。帮助赵国就必然要面对秦国的虎狼之师，就在两年前赵国因为接收上党得罪了秦国而卷入了长平大战，最终四十万大军被凶残的秦军埋在了长平的黄土里。长平的教训太深刻了，让所有旁观者不寒而栗。如果楚国现在坐视不救，任由秦国攻破邯郸、灭亡赵国，或许不远的将来，同样的命运就会降临到楚国头上。但是如果楚国现在出手相助，就必须倾全国兵力冲向战场，否则根本没有把握扭转局面。这就意味着楚国必须押上老本和秦国赌一把，楚国和秦国打仗已经很久没有胜利过了，二十年前的楚襄王时期，秦国的白起甚至率领秦军攻破过楚国的首都郢都。从那时起，楚国就有了恐秦症，提起秦国，楚王的心灵就会不知不觉地笼罩上恐怖的阴影。现在秦国没有侵略楚国，平原君却要劝说楚王为了眼前的公义和未来的隐患而冒险出兵攻打一个二十年来从未战胜的国家，这实在是在为难楚王。

楚王当时就像一个第一次参加蹦极运动的人站在了大桥上，当他脚上套着绳子低头向下看的时候，丝毫没有体验到人生的壮丽和骄傲，而是不由得一阵阵眩晕。他的理智告诉自己应该像个爷们一样大喊一声纵身一跃，可是自己的脚却已经软了，他只能本能地紧紧抱住栏杆。而此刻平原君却像唐僧一样不厌其烦、苦口婆心地解释跳下去的种种好处。碍于国王的尊严和男人的脸面，楚王内心的恐惧和痛苦无法对平原君诉说，他只能看着平原君因为不停地说话而口干舌燥的嘴巴，心中暗暗期盼平原君早一点耗尽最后的一点体力和毅力。

平原君错了，此时的楚王不需要一个跳下去的理由，他需要的是有人在他的臀部上猛踹一脚。平原君率领的外交使团已经没有了选择，退一步国破家亡，踹一脚海阔天空。于是十九个人一起把目光投向了毛遂，大家异口同声地说：“先生上。”

毛遂按剑历阶而上，带着历史的使命走上了楚王的大殿，他对自己的老板平原君说：“从之利害，两言而决耳。今日出而言从，日中不决，何也？”（加入合纵联盟联合抗秦的利害，两句话就可以决定了。现在从早上日出开始谈，到了中午还不能决定，是什么原因？）

楚王吓了一跳，只要自己以不变应万变地坚持下去，平原君早晚要筋疲力尽，而自己也就可以摆脱这场痛苦的煎熬，难道平原君又来了帮手？于是楚王问平原君："客何为者也？"（这位客人是干什么的？）

其实平原君跟毛遂也不太熟，他只知道眼前的这位食客是一把自信的锥子，看样子他是要刺出去了。平原君回答说："是胜之舍人也。"（是我门下的一个舍人。）

楚王心里踏实了，楚王的地位和平原君的舍人的地位那是天壤之别，楚王完全可以居高临下。为了缓解自己紧张而恐惧的情绪，楚王呵斥毛遂了："胡不下！吾乃与而君言，汝何为者也！"（还不退下！我现在和你的主人在谈话，你算什么！）

毛遂没有退下，反而向前逼近了楚王，与此同时，毛遂的右手紧紧握住了剑柄。高高在上的楚王面露怒色、不可一世，毛遂却看出了他的心虚气短；站在下面的毛遂心平气和、按剑而立，楚王却分明感到了他推动历史的决心和力量。

毛遂终于迎来了改变历史和自己命运的重要时刻，他站在楚王王宫里开始了演讲：

"王之所以叱遂者，以楚国之众也。今十步之内，王不得恃楚国之众也，王之命悬于遂手。吾君在前，叱者何也？且遂闻汤以七十里之地王天下，文王以百里之壤而臣诸侯，岂其士卒众多哉，诚能据其势而奋其威。今楚地方五千里，持戟百万，此霸王之资也。以楚之强，天下弗能当。白起，小竖子耳，率数万之众，兴师以与楚战，一战而举鄢郢，再战而烧夷陵，三战而辱王之先人。此百世之怨而赵之所羞，而王弗知恶焉。合从者为楚，非为赵也。吾君在前，叱者何也？"

毛遂的这次演讲只有短短二百零七个字，却包含了三层意思。第一层意思是恐吓，要说服楚王决定出兵首先要帮助楚王战胜内心的恐惧，而要想在短时间内消除恐惧是不可能通过讲道理来实现的，最有效的办法就是恐吓，让恐惧的人彻底绝望。毛遂借着楚王的呵斥反过来恐吓楚王，楚王之所以呵斥毛遂无非是在自己的地盘上仗着楚国人多势众，不要说呵斥毛遂，就是把赵国使团都拖出去斩首也是楚王一句话的事。不过当时毛遂距离楚王不过十步，在这个距离内千军万马不如一把出鞘的剑，手握剑柄的毛遂明目张胆地恐吓了楚王，现在你的命已经在我的手里了！毛遂理直气壮地批评了楚王呵斥自己的不礼貌行为：我的主人就在这里，你为什么呵斥我，这分明是不给我面子！紧接着，毛遂话锋一转，进入了第二层意思：激励。毛遂回顾了历史上著名的成功君王，商汤靠七十里的领土起家，后来成就了殷商的霸业；周文王最早只有百里的领土，最后却能让诸侯臣服，建立了周王朝。这两位历史上的有名的王朝开创者之所以能够创造历史并不是靠国土广阔、人多势众，而是能够充分利用形势奋发图强。现在楚国有五千多里的国土，持戟的武士有上百万人，这是成就霸业的资本。依靠楚国的实力奋发图强，放眼天下，谁与争锋？毛遂的话点燃了楚王心中被恐惧压抑的雄心壮志。身为乱世中的君主，楚王也曾经有过称霸的野心，偏安一隅绝不是他想要的人生。看到楚王眼睛里燃起了王者的信心和壮志，毛遂知道自己已经距离成功很近了。但是毛遂的目标是把楚国拖入对秦国的战争，然而以上的两层意思还不足以推动楚王最终下决心，于是他对楚王的心理进行了最后一击：唤起仇恨。白起不仅是赵国的大仇人，也给楚国带来了难以磨灭的耻辱，他不仅曾经带兵占领过郢都，而且还在夷陵故意纵火，在楚国大肆破坏、制造灾难，后来白起还焚烧了楚国的宗庙，让楚王家族蒙上了难以洗刷的耻辱。这样不共戴天的深仇大恨，连赵国都替楚王感到耻辱，楚王怎能无动于衷？忘记历史等于背叛，作为楚国的真正主人和第一负责人，楚王没有资格背叛楚国。最后毛遂破题了：联合抗秦，不是为了赵国，而是为了楚国。

毛遂发表的以“恐吓”+“激励”+“唤起仇恨”为主题的演讲像一只脚猛地从背后踹了楚王一下，让这位一直无法从秦国阴影里走出来的懦弱君王终于向前迈了一步。楚王此时失去了刚才的威严和傲慢，他诚惶诚恐地说：“对，对，如果真像先生说的那样，我愿意以楚国的江山社稷加入合纵联盟，联合赵国一起参与抗秦。”毛遂问：“您决定加入合纵联盟了吗？”楚王曰：“决定了。”毛遂立刻命令楚王身边的人说：“取鸡、狗、马之血来。”

为了证明这次结盟的严肃性必须履行一个庄严的仪式，于是动物们的血端了上来，毛遂捧着铜盆跪下，对楚王说：“王当歃血而定从，次者吾君，次者遂。”（大王应该歃血起誓加入合纵联盟，我的主人其次歃血起誓，然后是我歃血起誓。）

就这样，这个似乎难以完成的历史使命在毛遂的推动下完成了，毛遂左手端着盛满鲜血的铜盆，右手招呼另外的十九个人说：“公相与歃此血于堂下。公等录录，所谓因人成事者也。”（你们大家都在这里歃血起誓吧，你们碌碌无为，这就是所谓的因人成事。）

圆满完成使命的平原君回到了赵国。对于毛遂的出色表现，平原君感慨万千，他说：“胜不敢复相士。胜相士多者千人，寡者百数，自以为不失天下之士，今乃于毛先生而失之也。毛先生一至楚，而使赵重于九鼎大吕。毛先生以三寸之舌，强于百万之师。胜不敢复相士。”（我以后不敢再观察、判断人才了。我曾经观察、判断过成百上千的人，自以为不会错过天下的人才，然而我对毛先生的观察和判断却错了。毛先生一到楚国，就使得赵国的地位比九鼎大吕还重要。毛先生的三寸之舌强于百万雄兵。我以后不敢再观察、判断人才了。）

从此以后，毛遂就成为了平原君门下最尊贵的食客。

虽然楚国答应派兵救援，不过赵国必须保证在援军到来之前邯郸仍然是赵国的首都，而不是划入秦国的版图。此时邯郸城下的王龁领导秦军仿佛被白起的预言诅咒了一样，死伤惨重，却始终无法攻破邯郸的城墙。这场攻坚战对于王龁来说真是一次煎熬，每当他仿佛都看到了希望的时候，却又似乎总是只差一步。

这时，秦国的情报人员也把楚国和魏国答应出兵援救赵国的情报送到了秦军前线总司令王龁的案头，王龁直冒冷汗，白起真是一个未卜先知的巫师。这正是白起拒绝担任此次征讨赵国军事行动的主帅的理由之一，白起早就料到各国诸侯不会坐视赵国灭亡而不顾，一旦援军到来秦军就要腹背受敌，惨败的结局几乎没有任何悬念。白起做出了选择，虽然最终他为自己的预言付出了生命的代价，但是白起保持了一个不败的军事纪录和一代名将的职业精神。王龁没有白起的军事天才和刚烈性格，他已经没有了选择的权利。放眼望去，被累累死尸环抱的邯郸城仿佛就是王龁面目狰狞的命运，如果不能摧毁它，就只能被它吞噬。

王龁此时非常清醒，如果自己领导的秦国大军不能赶在楚国和魏国援军到来之前占领邯郸，白起就对了，而王龁就完了。王龁只能最后一搏了，他已经没有退路。秦军呐喊着铺天盖地扑向邯郸城，王龁站在战车上亲自督战，他把部队分为几拨，轮番进攻，绝不给赵军喘息的机会。

邯郸保卫战异常惨烈，双方拼的是国力和军力，更是意志和决心。在王龁不顾一切的持续进攻之下，邯郸城墙下的秦军死尸堆起了一个斜坡，疯狂的秦军将士眼看就可以顺着死人搭起的阶梯登上邯郸城头了。

而此时的邯郸城，不仅孤立无援，而且已经断粮了，饥饿而绝望的士兵们看着狰狞的秦国士兵一步步逼近，已经接近了生理和心理的极限。

此时赵国最高统治者赵孝成王的意志也已经到了崩溃的边缘，这一年是公元前258年，距离当初赵国接收上党仅仅过了四年。四年，对于今天的青年学子来说是从高考到大学毕业，对于赵王来说是从天上掉馅饼到灭顶之灾。《史记·平原君列传》记载：“秦急攻邯郸，邯郸急，且降。”在王龁强大的军事压力下，赵王犹豫着要不要投降，身为一个国王本来不该有这样念头，就像四年前同样身为国王的赵王不该去占那个上党十七城的便宜一样。由于当家人不能免俗，不该发生的事情都发生了，一个国家以罕见的高效率沦落到了破产倒闭的边缘。

平原君和赵王一样，此刻的他也不能免俗，他只是忧虑，但是不知所措。在这个历史关头，另一位出色的小人物出场了，这个小人物名叫李同，根据《史记·平原君列传》里记载李同的身份是“传舍吏子”。“传舍”就是下等食客居住的宿舍，“传舍吏”就是管理传舍的官吏。由此可见这位李同出生在一个熟悉底层食客生活的官吏家庭，按照现在的说法，他也是一位“大院子弟”。

就在赵王的信心动摇，即将投降的当口，李同找到了平原君，他质问平原君：“君不忧赵亡邪？”（您不担心赵国会灭亡吗？）听到李同的质问平原君很诧异，如果别人说爱赵国好像爱自己的家一样可能多少有点矫情，不过对于平原君来说这就是基本事实，平原君就是赵家人，他是赵武灵王的儿子、赵孝成王的叔叔，赵国就是他家的。平原君说：“赵亡则胜为虏，何为不忧乎？”（赵国灭亡了我就变成俘虏了，怎么能不担心呢？）

李同说道：“邯郸之民，炊骨易子而食，可谓急矣，而君之后宫以百数，婢妾被绮縠，余粱肉，而民褐衣不完，糟糠不厌。民困兵尽，或剡木为矛矢，而君器物锺磬自若。使秦破赵，君安得有此？使赵得全，君何患无有？今君诚能令夫人以下编于士卒之间，分功而作，家之所有尽散以飨士，士方其危苦之时，易德耳。”

李同的话证明了当时邯郸的人道灾难和平原君的腐败生活。按照李同的说法，当时邯郸城内的老百姓的生活已经到了“炊骨易子而食”的地步，风花雪月需要文学，人间地狱也需要文学，前者华丽，后者简练。与这六个字相比，任何恐怖片的剧本都显得苍白，然而在中国的历史上，这样的记载并不罕见。每逢乱世，人性总是这样残酷而丑恶得令人发指——历史证明人性是不能用来考验的，尤其不能用饥饿来考验。

与此形成鲜明对照的是平原君家里不仅不缺吃喝，而且还有后宫佳丽上百人，虽然邯郸城已经是人间地狱了，但是这些美女依然好吃好喝好穿戴，优雅而空虚地生活着。李同质问平原君，如果秦军占领邯郸，平原君还怎么维持这样腐败的生活？最后李同建议平原君把自己的老婆们编入士兵当中为国效力，同时把家里的粮食拿出来招纳勇士，在这样断粮无援的绝境当中，只要有粮食就能组织起来捍卫邯郸的力量。（**点评：国破家亡就在眼前，平原君还维持着腐败的生活，平原君的平庸和短视再次暴露出来。**）

李同一语惊醒梦中人，与李同相比，平原君不缺豪爽大方、不缺眼界高度，他缺的是基层经验和生存智慧。于是平原君任命李同全权负责执行他自己提出来的这个建议，当粮食搬出来的时候，勇士们齐刷刷地站了起来。吃粮、拼命、保家、卫国，很快李同就建立了自己的战时逻辑，并且以罕见的高效率组织起来了一支敢死队。《史记·平原君列传》记载："得敢死之士三千人。"（点评：从善如流，善莫大焉。）

吃饱了的勇士们再也不愿意留在邯郸城里了，在李同的率领下，他们咆哮着从死尸环抱的邯郸城冲了出来，像一把尖刀刺向了王龁大军。李同的出击把王龁杀了一个措手不及，眼看就要倒下的对手突然爆发出来了惊人的力量，赵国在崩溃前绝地反击了！

秦军被李同率领的三千敢死队杀得撤退了三十里才站稳脚跟，当王龁意识到自己的对手竟然只有三千人的时候，他突然感到了绝望，羞愧和屈辱占领了这位秦国远征军前线总司令的大脑。明知道要拼命，明知道没退路，成名已久的王龁还是被无名小辈李同拼死一战的气势吓得落荒而逃，这就是所谓压制敌人的杀气。面对扑上来打算同归于尽的对手，王龁的本能告诉他可以逃，白起早就预言过，这样结局无非就是失败，失败以后王龁可能会死，也可能不死。但是李同不能，"炊骨易子而食"就是他们退回邯郸城的命运，那是比死亡更可怕、更恶心的命运。对于李同和他的三千敢死队员来说，同归于尽、视死如归并不仅仅是英雄气概，更是一种有尊严的解脱方式。在那一刻王龁怕了，而李同没有，这就是草根迈向成功的历史时刻！

很快李同率领的敢死队被整顿好队伍的秦军包围了，混战持续着，包围圈在一点一点缩小，刚刚吃饱了的赵国勇士们一个个地倒下了。就在秦国大军即将完全吞没赵国敢死队的时候，楚军和魏军的大旗在天边出现了！楚王履行了自己的诺言，派出了春申君黄歇率领援军赶到了；另一边，信陵君也率领着魏国援军杀到了邯郸城外。

看着迅速向自己逼近的楚国和魏国援军，王龁再次想到了白起的预言，事已至此，王龁只好继续按照白起的预言仓皇逃跑了。

小人物、大英雄李同战死了，死在了邯郸城外的乱军之中。由于李同在危急时刻的卓越表现，为邯郸争取了宝贵的时间，现在邯郸保住了，赵国终于没有灭亡！邯郸保卫战之后，平原君看望了李同的父亲，那位负责管理"传舍"的官吏，平原君代表赵王感谢这位父亲为赵国培养了一个好儿子，并且把这位英雄的父亲封为李侯。

王龁跑了，平原君和他的小舅子信陵君立功了，邯郸人民和士兵们立功了，不过后者人数众多而赵国的资源有限，所以当时最可能得到表扬和奖励的人似乎就是平原君。当时的赵国上卿虞卿和平原君私交很好，为了巩固和平原君的关系，虞卿决定帮平原君争取这个荣誉和实惠。于是虞卿向赵王建议表彰和奖励平原君，他说："夫不斗一卒，不顿一戟，而解二国患者，平原君之力也。用人之力，而忘人之功，不可。"（不费一兵一戟，就解除了两国的祸患，这都是平原君出的力。利用了别人的力量，而忘记别人的功劳，这是不可以的。）

赵王当时刚从国破家亡的危机中解脱出来，精神恍惚、心智虚弱，此时的赵王很容易接受别人的建议，他马上下令给平原君增加封地。我们知道中国古时候的精英几乎都是地主，精英们占有土地的多少决定了他们在社会上的地位，平原君已经是赵国屈指可数的大地主了，再次增加封地当然是锦上添花。锦上添花对大多数人来说当然是好事，不过对于一位以赢得天下人心为人生梦想的"老大"来说却未必。就在赵王下令增加平原君封地的当夜，平原君门下的一位著名食客公孙龙得到了这个消息。听说自己的老板发了一笔国难财，公孙龙急了，他连夜求见平原君，坚决要求老板拒绝这笔横财，他说："君无覆军杀将之功，而封以东武城，赵国豪杰之士，多在君之右，而君为相国者，以亲故。夫君封以东武城而不让无功，佩赵国相印不辞无能，一解国患，欲求益地，是亲戚受封，而国人计功也。为君计者，不如勿受便。"（您没有覆军杀将的功劳，就得到了东武城的封地，赵国的很多杰出人才的地位都在您之下。您能成为赵国的相国，是因为您是赵王的亲戚。您还没有立下功劳的时候就得到了东武城的封地，您并没有谦让；您的才能并没有得到证明就被任命为赵国相国，您也没有推辞，现在为国家解除了祸患，您就要得到更多的封地，这还是因为您是赵王亲戚的缘故，这样赵国人会计较您为国家立下的功劳。为您考虑，不如不要接受封赏，这样对您更加有利。）

事实上平原君之所以能立下解除邯郸之围的功劳是因为赵孝成王先是贪图便宜接收了上党，然后因为听信谗言而临阵换将最后导致长平惨败、邯郸被围。赵孝成王犯的第一个错误是在平原君极力怂恿下完成的；而第二个错误则是在平原君不作为的默许下实现的。身为赵国领导班子里仅次于赵孝成王的第二号人物，赵国相国平原君赵胜对赵国的一连串失败负有重要责任，对于赵国沦落到国破家亡的危险境地难辞其咎，即使是邯郸解围，很大程度上也是借助了毛遂、信陵君和李同的力量，平原君唯一的贡献是他对这些人都不错，所以最后他汇集了这些人的力量为赵国出力。

公孙龙非常真诚，他不仅抛开了虚伪的客套，而且还点到了平原君的痛处。平原君能登上相位，得到东武城的封地的主要原因，并不是他德才兼备、品学兼优，而是因为他是赵武灵王的儿子、赵惠文王的弟弟、赵孝成王的叔叔。老赵办事小赵放心，让这样的实在亲戚当相国至少让赵王有安全感。这是赵国人都知道的理由，不过在公孙龙在平原君面前无情地揭穿之前，这个理由就是赵国版的皇帝新装，没人敢当面对平原君说你一没本事二没功劳，你能当相国得封地就是因为你生得好。公孙龙是一位著名的辩论大师，并不是所有的大师都能保持自始至终的真诚，但是至少他们在属于自己的历史时刻真诚过。

平原君知道公孙龙说的是对的，他非常礼貌地对公孙龙说："谨受令。"（点评：论贪婪和短视，平原君与俗人无异，其过人之处在于善于纳谏、反省和纠错。）

后来平原君坚决地推辞掉了赵孝成王给他增加的封地，他谦虚而真诚地表示自己为赵国老板和人民做得太少，而赵国老板和人民已经给自己太多了。对于平原君突然提高了的觉悟，老板赵孝成王感到非常满意，国家刚从一场浩劫中走出来，百废待兴，能省就省吧，赵孝成王顺坡下驴，收回了本来要给平原君增加的封地。

辩论的价值

当时的战国四公子招纳各种人才，其中有很多在中国历史上空前甚至是绝后的人才。比如著名的辩论家公孙龙，就是因为平原君的缘故而被载入了史册。公孙龙在历史上最著名的论断是"白马非马"，在此之前白马是不是马似乎是一个根本不用思考的问题，但是到了公孙龙这里就变成了一个问题，不仅如此，公孙龙还成功地说服了很多人，让他们对白马是不是马产生了怀疑。

公孙龙的理论和口才让平原君非常震惊，这位辩论家颠覆了平原君从小接受的常识和树立的世界观，他觉得这个人是一位难得的天才。如果连"白马是马"都可以颠覆，那么这个世界上很多事实都可以颠覆，如果这种办法行得通，那么改造别人的世界观岂不是可以另辟蹊径？从公孙龙身上平原君看到了通过改造世界观来改造世界的希望，于是平原君决定让公孙龙开始尝试改造周围人们的世界观。

有一次，一位名叫孔穿的高人从鲁国来到赵国。孔穿是孔子的后代，家学渊博，属于当时的社会名流和著名学者。平原君隆重而热情地接待了孔穿，孔穿从平原君那里听说了公孙龙的事迹，于是想亲自领教一下辩论家的风采。这次公孙龙和孔穿辩论的问题是平原君家的奴婢到底长了几只耳朵。公孙龙坚持平原君家的奴婢长了三只耳朵，如果真是这样，那么平原君家的奴婢不是畸形就是妖怪或者外星人。平原君这样的权贵是不可能用生理畸形的人来给自己当奴婢的。当然，如果世上真有妖怪或者外星人，像平原君这样的“老大”倒是真有可能加以利用，就像《西游记》里的观音菩萨收服黑熊怪和红孩儿为自己效力，《长江七号》里的孩子让外星人帮助自己完成心愿一样。除此之外，还有一种可能是公孙龙采用了文学的比喻手法，所谓平原君的奴婢长了三只耳朵是暗示平原君的情报工作无孔不入，平原君身边工作和生活的人们的任何言行都在平原君的掌握之中。不管怎样，公孙龙一口咬定平原君家的奴婢长了三只耳朵，这种说法还是吓了孔穿一跳。孔穿盯着站在旁边的奴婢看了半天，仍然只看到了两只耳朵，那第三只耳朵根本看不见。公孙龙却坚持现实中看不到的东西，未必就不存在，他开始从思想深处改造孔穿的世界观了。孔穿既然是高人自然不是那么容易被改造的，于是两大高手开始了激烈的辩论，最后的结果是孔穿虽然不服气但是他无法驳倒公孙龙的观点，也就是说虽然他不相信平原君家的奴婢长了三只耳朵，但是他不能证明平原君家的奴婢没有长三只耳朵。如果这场辩论是一场法庭辩论，那么毫无疑问公孙龙代表的一方胜诉了，孔穿败诉了。如果有合适的机会，公孙龙很可能会成为一位伟大的律师，不过非常遗憾，两千多年前的中国距离法制社会还非常遥远，那年头不需要律师打官司，只需要军事家领兵打仗、纵横家纵横捭阖。因此公孙龙除了带给平原君等人震惊以外，似乎找不到可以发挥自己特长、证明自己价值的机会。当然，套用公孙龙先生的理论，两千多年前的中国未必就不是法制社会，不过公孙龙最终并没有成为一位伟大律师倒是事实。

孔穿在辩论中落败，他看着对方辩友公孙龙得意洋洋的样子无话可说，只好告辞。第二天，孔穿见到了平原君，平原君显然已经知道了前一天孔穿和公孙龙之间的辩论过程，他问孔穿：“公孙龙先生的辩才的确了不起吧，先生以为如何？”孔穿回答：“是的。公孙龙先生的辩才的确了不起，几乎可以让奴婢长三只耳朵了。虽然如此，但是实际情况却不是这样。我想请教先生，现在论证三只耳朵虽然难得却不是事实，而论证两只耳朵虽然容易却是事实。不知道先生是相信容易证明而且的确存在的东西，还是相信难得证明却并不存在的东西呢？”

平原君无言以对。

第二天，平原君见到了公孙龙，他对公孙龙说：“先生不要和孔先生辩论了。他的事实胜于辩论，而您的辩论胜于事实。凡是辩论胜于事实的，最终必然会失败。”这大概就是“事实胜于雄辩”的来历。平原君从公孙龙和孔穿的辩论当中发现改造人们的世界观并不能靠辩论来实现，这是一个漫长而艰难的过程，即便真的能靠辩论来改造人们的世界观，那也不能因此就相信通过辩论就可以成功地改造世界。

虽然平原君无法接受公孙龙改造世界观的方法，但是公孙龙的雄辩仍然给他留下深刻的印象，人才难得，因此平原君并没有放弃找机会重用公孙龙的想法。

再后来，邹衍来到了赵国。平原君当着众多食客的面接见了邹衍，他当场提出请邹衍和公孙龙辩论“白马非马”的问题。邹衍一口回绝了，他说：“不可。因为辩论就是要区分事物的种类，避免事物之间相互干扰，建立事物的顺序，避免人们对事物的认识产生混乱。辩论就是要说明事物的定义和意义，让人们清楚地认识，而不能以迷惑别人为目的。所以正确的辩论应该是获胜的一方不丧失原来他们坚持的立场，而失败的一方获得了他们追求的知识。如果是这样，才可以辩论。否则，辩论双方互相以繁杂的语言相互欺骗，以包装巧妙的借口来引诱对方，转移话题，使得人们不知道其本来的意思。这样就违背了真理。这样争论不休，最后谁能坚持到对手先停止辩论谁就能取胜。这样的辩论有损于君子的作风，我是不会去参加这样的辩论的。”邹衍说完以后，平原君的食客们纷纷表示支持邹衍的立场和观点。可见公孙龙虽然善辩但是人缘混得真是很差，平原君的食客们已经对这位“常有理”的辩论家忍无可忍了。

邹衍的话让平原君对公孙龙彻底失望了，辩论的前提是要有人愿意跟你辩，如果对手已经失去了辩论的兴趣，甚至对提出挑战的辩论家产生了不屑和鄙视，这样的辩论家对平原君来说除了得罪人之外还能产生什么作用呢？于是公孙龙遭到了平原君的冷遇，最后终于混不下去了，他离开了平原君，从此淡出了战国的历史舞台。

要说公孙龙因为偷换概念、混淆是非而落得了这样的下场似乎并不准确，战国时代本来就是一个实用主义横行的时代，如果一个人真的能做到混淆是非、颠倒黑白，这种人才应该不会混得这么惨。与公孙龙相比，同时代的苏秦、张仪等纵横家其实在很大程度上也是偷换概念、混淆是非，纵观苏秦、张仪等人的一生，他们不仅混得很成功而且很精彩，荣华富贵对他们而言就像“白马是马”一样不用怀疑。同样是靠嘴皮子混，为什么公孙龙混到最后连在平原君家混饭都没有立足之地，而苏秦、张仪却能纵横天下、名利双收呢？

这恐怕要从利益和做人的角度来分析了。

公孙龙的辩才虽然难遇对手，但是他辩论的问题无论是“白马非马”还是

“奴婢三耳”都不能产生经济效益，即便白马不是马、奴婢真的长了三只耳朵又能怎么样？在这个世界上会有老板为这样的问题花钱、买单吗？反观苏秦、张仪等人，不论是合纵还是连横，他们关心的问题和努力的方向都是当时各国国王及权贵们关心的问题，都与当时的天下大势和大利有关。研究这样的课题当然不愁没有经费和赞助，成功以后当然不怕没有物质奖励和提拔重用。

再说做人。辩论家的职业习惯很容易把所有人都当成辩论的对手，他们总是难以抑制与人辩论的冲动，他们会和一切与自己观点不同的人辩论。如果没有对手辩论他们就会觉得空虚，为了满足他们的本能辩论欲，他们会想方设法制造对手。总结他们的辩论欲望和习惯，可以说是有对手要辩论，没有对手创造对手也要辩论，这样的做人风格当然也会四处树敌。只不过辩论家对此可能并不知情，他们对奇谈怪论的敏感压抑了他们对人情世故的敏感，他们在得罪人的时候却坚信自己是在追求真理的道路上奔跑。从邹衍发表了对公孙龙的鄙视宣言以后，平原君的广大食客的反应来看，公孙龙当时显然已经犯了众怒，可以想象这样一位天才辩论家平时是怎样刺激和得罪周围的人们的。“白马非马”“奴婢三耳”这样的奇谈怪论都能在公孙龙的嘴里变成真理，可见这位辩论家的智商是多么的鹤立鸡群、曲高和寡，和他站在一起大家只有闭嘴的分儿，甚至不由得开始怀疑自己的智商。这种怀疑的结果就是大家对辩论家的集体排斥和打压。纵横家则不然，苏秦和张仪总是在替别人着想的同时成全自己，不论走到哪里他们都能团结、拉拢一群人成为自己坚定的支持者和“粉丝”。即便对于对手和敌人，他们也能在竞争之中尽量周全，为自己留足退路。例如张仪虽然是苏秦的对手，从表面来看两个人似乎是不共戴天的敌人，不过事实上张仪是在苏秦的默默资助和支持下得到秦国重视而走向成功的，因此苏秦不仅不是张仪的敌人，反而是张仪的大恩人。正因为如此，纵横家们的人生才如此地如鱼得水、游刃有余。

辩论家和纵横家的不同命运为今天人们的职场人生提供了非常有价值的案例，这也能解释为什么今天社会上很多的高学历人才遭到那么多的诟病和怀疑：从利益和做人的角度来看，今天中国的大学培养出来的人才更像是辩论家，而不是纵横家。

平原君的故事讲完了，太史公对平原君的评价非常矛盾：“平原君，翩翩浊世之佳公子也，然未睹大体。鄙语曰‘利令智昏’，平原君贪冯亭邪说，使赵陷长平兵四十馀万众，邯郸几亡。”司马迁一方面说平原君是“翩翩浊世之佳公子”，一方面又说他“未睹大体”“利令智昏”，也就是不识大体、爱占便宜。其实从冯亭的立场来看，他把上党献给赵国并不是“邪说”，而是各为其主，作为韩国的大臣冯亭利用上党为诱饵把赵国拖进了对秦的战争从而为韩国争取了时间，减缓了韩国被灭亡速度，这是非常成功的谋略。从职业精神的角度来看，冯亭虽然害了赵国，却也对得起自己的老板。

与冯亭相比，平原君赵胜就太不智慧了。在战国四公子当中，扶栏客认为平原君赵胜其实是能力和人品最差的一位，论血性和大气他不如孟尝君，论真诚和义气他不如信陵君，即使和死于非命的春申君相比，赵胜的谋略和胆识也明显逊色。不过赵胜对待各种人才的宽容和从善如流还是值得肯定的，他一生最大的成就就是发现、培养、提拔和利用了一批如赵奢、毛遂、李同、公孙龙这样的杰出人才，否则他也不可能成为战国四公子之一，“翩翩浊世之佳公子”大概就是指平原君对待人才的风度和胸襟吧。

扶栏客曰

平原君的个人能力其实非常平庸，对于大局判断的见识和眼光与俗人无异，其能成大事无非善于用人而已。以平原君在史书中的种种表现来看，其人除了善于用人以外基本上乏善可陈，不过对于领导者来说或许这就足够了。

三

一代偶像

信陵君魏无忌

个性关键词：谦逊 诚恳 单纯 勇猛 有担当

过程出错

魏安釐王元年（公元前276年）的一天，魏国王宫，魏王正在和自己同父异母的弟弟信陵君魏无忌下棋。

下棋讲究的就是凝神聚气、心无旁骛，两位王室兄弟对弈，四周一片安静，只听见棋子落在棋盘上发出“噼啪”的声音。

突然，有人闯了进来，向魏王禀报北方边境长城的烽火烧了起来：“赵寇至，且入境。”（赵国要入侵了，马上就要进入魏国边境。）我们知道战国时期国与国之间的关系非常混乱而多变，在毫无征兆的情况下不宣而战是很多国家发动战争的常态，看样子赵国要突然对自己的邻居下手了。

听到赵国即将入侵的消息，年轻的魏王像是被烫了一下，马上跳了起来，顿时失去了王者对弈时应有的风度，马上下令召集群臣开会，商量如何应对赵国侵略。

与魏王形成鲜明对比的是比他更年轻的弟弟，信陵君的眼睛始终盯着棋盘，仿佛根本没听见赵国入侵的消息。当信陵君听到哥哥要召集群臣开会商量对策的时候，他才抬起头对哥哥说：“赵王田猎耳，非为寇也。”（赵王是在打猎，不是要侵略我们。）魏王疑惑地看着弟弟，年轻的信陵君一副“君子坦荡荡”的样子，始终保持着刚才和自己下棋时的风度，他不明白比自己还年轻的弟弟哪儿来的这份镇定和自信。不过弟弟的这种态度也让魏王意识到了自己的失态，即便赵国真的入侵，自己在弟弟面前也不应该表现出过度的恐惧和焦虑，这实在有失王者风度。

信陵君看着哥哥微笑了一下，指了指棋盘，继续落子，魏王只好坐下陪弟弟下棋。不过魏王的心思显然已经不在眼前的棋局上了，此时心猿意马的他陪着弟弟下棋与其说是为了娱乐不如说是为了面子。

围棋是中国古老的智力游戏，不到最后关头，很难判断输赢。这是一盘漫长的棋局，信陵君怡然自得，魏王如坐针毡。后来，信陵君赢了，前方传来的消息与信陵君的判断完全一致，赵王果然是在打猎，由于这次大规模围猎活动发生在赵魏边境，所以看起来像是要对魏国发动战争。

魏国安全了，不过魏王却更没有安全感了，他把视线收回到了眼前的棋局，提出了自己的问题："公子何以知之？"（你是怎么知道的？）信陵君平静而坦率地回答："臣之客有能深得赵王阴事者，赵王所为，客辄以报臣，臣以此知之。"（我有一个食客能探听到赵王的秘密，赵王的所作所为都会汇报到我这里，所以我能知道。）这就是传说中的"内鬼""线人""无间道"。信陵君在赵孝成王身边安插了卧底，所以赵国的一举一动都逃不过信陵君的眼睛。原因虽然很简单，可是细想起来却不简单，那是两千多年前的战国时代，那年头没有电话，没有无线电，更没有互联网，所有的信息交流都要靠人对人的传递来完成，而赵国首都邯郸与魏国首都大梁之间相隔千里，信陵君能对赵王打猎这样的事都了如指掌，足以令人震惊。从信陵君的情报工作可以发现身为领导想要保留一点个人隐私是多么的不容易，因为窥探领导隐私本身就是一项很有价值的工作，所以从来不乏专业人士参与。

看着眼前由无数方格构成的网状棋盘，魏王意识到这位年轻的弟弟掌握着魏国最强大和高效的情报网，两千多年前虽然不是信息时代，但是那时候的信息更加值钱和致命。令魏王不安和恐惧的是信陵君知道的事情自己却不知道，如果自己想要知道就要借助信陵君的情报网，而信陵君将决定什么自己可以知道，什么不可以。这就是魏王如坐针毡而信陵君怡然自得的原因，这就是差距，这个差距存在于国王和臣子之间，存在于大哥和小弟之间，只不过颠倒了。

既然远在千里之外的赵王的一举一动都在信陵君的掌握之中，那么对于这位天天和自己朝夕相处的弟弟来说，魏王就更没有隐私可言了。此时魏王的心情就像贪官和情妇在酒店开房之后抬头发现了房间角落里安装的摄像头，突然之间觉得自己像一头野生动物掉进了陷阱。《史记·魏公子列传》记载："是后魏王畏公子之贤能，不敢任公子以国政。"（从此以后魏王畏惧信陵君的贤能，不敢重用信陵君。）信陵君掌握了老板不知道的情报，又没有及时报告老板，最后却又坦率地暴露了自己强大的情报网，这样只能招来老板的猜忌。这不能怪魏王小心眼，只能怪信陵君太年轻。情报工作不是销售工作，不能完全以结果导向来激励和管理，过程非常重要，甚至比结果更重要。这个过程的重点除了怎么获取情报以外就是向谁汇报，在什么时候汇报，怎么汇报。信陵君忽略了过程，虽然结果正确，仍然事与愿违，信陵君的情报工作不仅没有给自己加分，相反却把自己推到了老板信任的圈子之外。世上有才的人太多，只有老板能控制的人才才可能在这个圈子里实现价值。（点评：信陵君根本没有意识到这件事对于哥哥魏安釐王造成的心理冲击有多么强烈。这就是出身富贵的局限性，因为魏无忌过于自信，以至于他根本想不到别人会因为他的自信而变得不自信。）

其实信陵君的职业起点相当不错，他是魏昭王的儿子，魏昭王死后魏安釐王即位，他就被这位同父异母的哥哥老板封为信陵君。当时魏国内忧外患，正处于和秦国连绵不断的战争当中。秦国一统天下的野心在秦昭王时代已经昭然若揭，而当时秦国的相国范雎与魏国的私人恩怨加速了秦国打击魏国的步伐。

范雎对魏国的仇恨始于魏昭王时代。范雎本来也是魏国人，曾经依附于魏国的中大夫须贾，因为一次政治上的争风吃醋，中大夫须贾联手相国魏齐曾经羞辱和折磨过范雎，范雎差点丢了性命。后来范雎逃到了秦国，因缘际会，这位在魏国地位卑下任人欺凌的范雎居然靠着自己的出色才能当了秦国的相国，掌握大权的范雎立志报复魏国，因此调唆秦国发动了对魏国的战争。从魏安釐王即位开始，秦国先后四次侵略魏国，占领了魏国的六座城邑，前后歼灭魏军二十多万人。

处于战争当中的魏国正是用人之际，信陵君当时不仅声誉卓著，手下人才众多，而且一开始也颇得魏王喜欢。本来信陵君是最有可能登上魏国相位的人选，可是因为赵王的一次围猎活动，信陵君永远失去了成为魏国相国的机会。

后来在第四次战败之后，魏国主动割让了商阳给秦国，换来了秦魏两国的暂时和平，信陵君始终没有得到魏王的信任和重用，于是信陵君就把自己的热情和才智全部投入到了招揽食客的事业当中，成为战国四公子之一。

将保安待为上宾

根据《史记》的记载，信陵君是战国四公子里面待人最诚恳、最实在的一位。他不仅礼贤下士、虚怀若谷，而且对任何人都从来没有表现出权贵特有的傲慢和矫情（公子为人仁而下士，士无贤不肖皆谦而礼交之，不敢以其富贵骄士）。换句话说，信陵君待人平等，从不势利。人做一件好事并不难，难的是一辈子坚持做好事；同样的道理，做人真诚一次容易，难的是一辈子真诚做人，从不势利。信陵君基本做到了，而孟尝君和平原君他们没有，这个差距不应该忽略。由于信陵君的诚恳态度和谦虚人品，数千里之内的人才纷纷争相投奔，很快信陵君的门下就有了三千多食客，达到了和孟尝君、平原君比肩齐名的实力。因为魏国有信陵君这样的"老大"，使得各国诸侯不敢小看魏国，自从魏国和秦国讲和以后，各国诸侯十余年不敢对魏国发动战争，司马迁认为这都是信陵君的功劳（当是时，诸侯以公子贤，多客，不敢加兵谋魏十余年）。

与孟尝君和平原君相比，信陵君招揽人才的最大特点在于信陵君能够冲破思想上的禁锢，不拘一格地发现人才、培养人才。通过孟尝君和平原君的故事，不难发现，孟尝君和平原君门下的食客一开始都是主动投奔他们，后来在特定的历史条件和机遇下脱颖而出的，这样的例子很多，比如孟尝君门下的冯驩、平原君门下的毛遂。信陵君是战国四公子当中唯一一位主动从民间草根阶层发现人才，并主动屈身结交的"老大"，翻遍中国的历史，具备这种风格的"老大"称得上凤毛麟角。跟随信陵君在《史记》上留下姓名的四位追随者侯嬴、朱亥、毛公和薛公都出身草根，最后在信陵君不懈的激励下挖掘出了自身惊人的潜能，成为了改变历史的风云人物。

让我们先从侯嬴开始说起。

侯嬴在引起信陵君重视的时候，已经是一位七十多岁的老人了，当时他的职业是"大梁夷门监者"。大梁是魏国的首都，夷门就是东门，侯嬴当时的职业就是在魏国首都东门看门的小吏。侯嬴七十多岁了，居然还不退休，继续在看大门的岗位上发挥余热，可见当时侯嬴的家境贫寒，同时也说明这位老大爷当时的身体还很硬朗。从古至今，看大门的老大爷都是默默无闻，不过令人惊奇的是这位侯嬴在当时号称"隐士"，也就是流落民间的特殊人才，但是从侯嬴当时仍然担任公职的身份来看，说侯大爷流落民间似乎并不准确，事实上这位看大门的侯大爷从来就没离开过民间。"大隐隐于朝，中隐隐于市"，这位侯大爷既然一边在热闹非凡的首都东门发挥余热，一边享受着隐士的名声，所以侯大爷至少是一位"中隐"。以侯嬴当时的年纪和社会地位居然能引起信陵君的重视，本身就是个奇迹。虽然说是金子总会发光，但是从侯嬴的传奇经历来看，世上并不缺金子，缺的是发现金子的慧眼，信陵君最有价值的资产就是拥有这样一双慧眼。信陵君听说了侯大爷的故事，突然触动了他内心深处的某种直觉，于是信陵君决定主动结交这位江湖上著名的看门老大爷侯嬴。（**点评：这是四公子的故事里最传奇的一段，只有信陵君才有这样的眼光和气度。**）

信陵君打听到了侯嬴的住处，亲自带着厚礼去拜访侯大爷。侯大爷果然有隐士的风范，虽然家徒四壁，侯嬴却坚决推辞了信陵君的厚礼，他说："臣修身洁行数十年，终不以监门困故而受公子财。"侯大爷的话很有原则，也很有水平，虽然穷困的经济条件和卑微的社会地位与信陵君存在天壤之别，但是侯嬴并没有因为信陵君的光临和厚礼而受宠若惊。相反，侯大爷继续坚持了他一生的做人原则，那就是：绝不占便宜。所谓隐士，所谓高人，都必须遵循这个原则，穷得就剩下清高了，要是连清高都不要了，侯大爷这一生剩下的就只有失败了。

信陵君没有强人所难，他非常理解侯大爷的清高，而且难得的是他也非常欣赏侯大爷的清高，于是信陵君决定竭尽全力地满足侯大爷的清高。既然侯大爷不在乎钱而在乎清高的自我感觉，信陵君就决定送一件真正能打动侯大爷的厚礼，这件厚礼就是一个足以彪炳史书的面子。从侯嬴家里回去以后不久，信陵君就在自己的府上大摆筵席，把魏国的将相群臣、宗室贵族请来吃饭，可以想象这样的party是怎样的级别。后来当所有客人都入座了，菜也上齐了，就在大家等着主人举杯发表祝酒词的时候，信陵君却出门了。大家只好面对着一桌子的好菜好酒继续坐着耐心等待。马上要开席了，主人却出门了，无论古今中外，这种情况都非常罕见。于是大家纷纷交头接耳，猜测这次party的主题。

信陵君出门上了马车，他自己坐在了马车右边的座位，把左边的座位空了出来，然后亲自驾驶着马车直奔东门，去接侯大爷来府上喝酒。从《史记》的这段记载，我们可以发现中国古代的司机坐在右边，跟英联邦国家一样。信陵君的身后，一队随从骑着马跟在后面，信陵君的队伍在大梁城招摇过市，非常醒目。信陵君亲自驾车到东门去接看大门的老大爷，这事在大梁城极其轰动，东门一代的百姓纷纷跑出来围观。侯大爷听说信陵君来接自己，依然非常平静，按理说去信陵君府上参加宴会怎么也算得上上流社会的社交场合，无论如何也应该找一套正装穿上才算礼貌。不过侯大爷依然保持了草根本色，他仍旧穿着平日里破旧的衣服等待信陵君的到来。当信陵君亲自走到侯嬴面前请侯大爷上车的时候，侯大爷甚至没有丝毫的谦让，他径直爬上了马车，一屁股坐在了信陵君为他留出来的左座。信陵君毕恭毕敬地为侯大爷驾着车，在市井民众惊艳的注视下离开了东门。这一切都看在侯大爷眼里，侯大爷暗自欣慰。看到信陵君如此谦恭，仿佛就是看门老大爷侯嬴的专职司机，侯大爷得寸进尺了，他对信陵君说："臣有客在市屠中，愿枉车骑过之。"（我有个朋友在市场上杀猪卖肉，请你屈尊驾车过去，我想看望一下他。）侯大爷还真是不改草根本色，马上就要成为信陵君府上的贵客了，他居然不忘自己在农贸市场上杀猪卖肉的朋友。此时的信陵君愈发恭敬，他马上驾车来到了市场上，身后的随从只好骑马跟着。

这位让侯大爷惦记的朋友就是朱亥，当时从事屠宰生猪和贩卖猪肉的工作，但是除了侯大爷没有人知道朱亥的梦想是成为一位著名的职业杀手。当看门的大爷和杀猪的大哥在大梁农贸市场上相见的时候，两人站在猪肉摊前相谈甚欢，旁若无人。当时大梁农贸市场上的小商小贩和买菜的市民们都被这道五千年来空前绝后的风景吸引，纷纷围上来欣赏。当时的情景是这样的：赶来看热闹的人群包围了信陵君的随从和马匹，随从和马匹包围了信陵君的马车和朱亥的肉摊，肉摊前一位形象清瘦、衣衫破旧的白胡子老头和一位形象剽悍、衣衫油腻的黑胡子屠夫站在一起聊天，而老头和屠夫旁边站着一脸恭敬、衣着光鲜的富贵公子信陵君。看门的老大爷和杀猪的大哥那天聊得很嗨、很投入，信陵君等得很累、很恭敬，侯大爷和朱大哥似乎忘记了身边的信陵君，而信陵君似乎也忘记了时间和府上等着开席的魏国高层权贵。那是史上最牛的一次聊天，即使到了信息技术高度发达的今天，草根们无论使用QQ、微信还是5G，也永远无法体会到那天侯嬴和朱亥的快乐。

那天侯大爷和朱亥聊了什么，《史记》上并没有记载。事实上，对侯大爷来说，聊天的内容并不重要，重要的是侯大爷享受这个过程。他一边聊天一边暗中观察信陵君，只见信陵君面不改色，愈发恭敬。信陵君丝毫没有表现出不耐烦，但是他的随从们却受不了了，随从们窃窃私语，悄悄地谴责着侯大爷和朱大哥。

侯大爷和朱大哥聊了很久，当侯大爷发现全世界都不耐烦而只有信陵君还耐烦的时候，他主动结束了聊天，跟朱亥告别后坐上了信陵君的马车。信陵君继续亲自驾车把侯嬴接到了自己的府上，信陵君陪着侯嬴步入宴会厅，然后请侯大爷在上座坐下，信陵君向各位魏国群臣和宗室贵族正式介绍了侯大爷，并且极力称赞侯大爷是一位高风亮节、德艺双馨的贤人隐士。大家对信陵君的做法非常震惊，一个看大门的老头不仅被贵族信陵君尊为上宾，而且信陵君还在上流社会聚会的正式场合向所有的魏国权贵隆重推出了这位看门的老大爷，这样的做法不论在哪个时代都难以想象。

酒酣耳热，信陵君端起酒杯来到侯嬴面前给侯大爷敬酒。侯大爷终于被信陵君感动了，他说："今日嬴之为公子亦足矣。嬴乃夷门抱关者也，而公子亲枉车骑，自迎嬴于众人广坐之中，不宜有所过，今公子故过之。然嬴欲就公子之名，故久立公子车骑市中，过客以观公子，公子愈恭。市人皆以嬴为小人，而以公子为长者能下士也。"（今天我这样难为公子也够了。我只不过是东门的看门人而已，公子却能亲自驾车当着众人的面前来接我，以公子的身份本来不该过分迁就我，公子却做到了。然而我为了成就公子的名声，因此故意让公子的车骑停留在市场上，看望朋友以观察公子，公子愈发恭敬。市井之人都认为我是小人，而公子能尊重长者、礼贤下士。）从侯大爷喝酒以后的表白来看，侯大爷那天故意摆谱的原因有两个。首先是考验信陵君是否是真的重视人才、礼贤下士。自古以来让老板给人才花钱容易，但是让老板真正尊重人才却很难。从当天信陵君对侯大爷的态度来看，可以说即使是自己的亲儿子能做到这样也很不容易，因此事实证明信陵君“仁而下士，士无贤不肖皆谦而礼交之，不敢以其富贵骄士”的名声的确货真价实。其次侯嬴为了报答信陵君的厚爱，所以决定帮助信陵君塑造礼贤下士的品牌。那天在侯嬴的引导下，信陵君首先出现在大梁的东门，后来又出现在大梁的农贸市场，这两个地方都是大梁人气最旺的地段，最适合进行商业促销活动。侯嬴的没礼貌和无厘头正好衬托了信陵君的真诚、谦虚、大气和仁厚，可以说那天侯嬴的作为就是一次精心策划的品牌推广活动，目的就是为了宣传信陵君求贤若渴、礼贤下士的品牌。我们知道当时不仅信陵君在招揽人才，孟尝君、平原君、春申君他们也没闲着，对于战国时期的顶级人才来说，金钱和官位不是问题，在哪里才能获得真正的尊重可能才是最终决定顶级人才去向的关键条件。侯嬴，一个七十多岁的看门老汉，不仅得到了信陵君的厚待，更得到了信陵君亲自当司机和随从的待遇，这样的待遇即使在战国时代也绝无仅有。可以想象，大梁东门和市场上一定有很多四海为家的流动人口，在那个缺乏娱乐素材的时代，信陵君亲自给看门大爷当司机的故事一定会随着这些流动人口的流动而散布天下，这就是传说中的“口碑效应”。所以按照侯大爷的逻辑，信陵君毕恭毕敬站在朱亥的肉摊前摆pose其实根本不是在等待侯嬴，而是在给自己招揽人才的事业进行品牌推广和形象宣传。不过这一点需要点透，否则万一信陵君自己想不通，说不定以后会怨恨侯大爷。经过侯大爷的指点，信陵君更加坚定了自己坚持谦虚待人的信念。从此信陵君将侯嬴奉为上宾，愈发恭敬地对待侯大爷。

后来侯大爷又不失时机地向信陵君推荐了自己的好朋友，那位杀猪的大哥朱亥。他说：“臣所过屠者朱亥，此子贤者，世莫能知，故隐屠间耳。”（我去看望的屠夫朱亥是一位贤人，世人都不了解他，所以他隐居在屠夫当中罢了。）侯大爷又给信陵君上了一课，隐士居然隐到了杀猪卖肉的摊贩当中，要不是侯大爷说破，信陵君怎么也想不到乱哄哄、油腻腻的猪肉市场里居然有一位隐士，可见三百六十行不仅行行出状元而且行行出隐士。所谓隐士隐藏的不仅是不凡的抱负和经历，也隐藏了不为人知的潜在价值，谁能开发出这种潜在价值谁就能成为真正的领袖。信陵君不愿意放过任何一个具有潜在价值的隐士，于是他多次亲自前往农贸市场探望和邀请杀猪的大哥朱亥，不过朱大哥比侯大爷更有个性，他根本没有回应信陵君的真诚邀请，甚至连句谢谢都没有说。信陵君奇怪了，难道隐士都是这样的没礼貌和无厘头，还是隐士有着与众不同的做人原则和行为规范？后来的事实证明，真正的隐士的确跟普通人很不一样。（点评：信陵君绝非寻常富贵公子，侯嬴和朱亥也绝非寻常人才。非信陵君不能识侯、朱于市井，非侯、朱不能立奇功以报信陵君，由此可见，不仅因人成事，亦可因人成人。）

用人头换兵符

时间过得很快，战国的历史很快翻到了魏安釐王二十年（公元前257年），三年前白起在长平大败赵军，到这一年秦昭王派出了王龁率领的大军包围了赵国首都邯郸。公元前257年，这一年不仅对秦昭王、赵孝成王、平原君、白起、范雎、王龁、廉颇来说是一个重要的年头，对远在魏国首都大梁的魏安釐王和信陵君来说同样也是一个重要的年头，因为在对待秦国的问题上，赵国和魏国不仅是利害攸关的盟国，而且在私人关系上魏安釐王和信陵君还是平原君的大小舅子。因为盟国和姐夫即将陷入国破家亡的危险境地，魏安釐王和信陵君也不得不做出选择。信陵君的姐姐多次派人给魏安釐王和信陵君送信，请求魏国能看在亲戚的面子上派兵救援赵国。

抛开亲戚感情不说，魏安釐王和信陵君都明白唇亡齿寒的道理，于是魏安釐王派出了十万大军，由魏国大将晋鄙率领前往赵国救援。远在咸阳的秦昭王对魏国的行动洞若观火，晋鄙大军前脚刚开拔，秦昭王的使者后脚就来到了大梁，使者带来了秦昭王的口信："吾攻赵旦暮且下，而诸侯敢救者，已拔赵，必移兵先击之。"（我派兵围攻赵国，很快就能攻破赵国，如果诸侯胆敢救援赵国，等秦军占领赵国以后马上就会攻打救援赵国的诸侯。）秦国的军事实力在秦昭王和白起时期达到了一个前所未有的高度，从秦昭王登上王位到邯郸保卫战之前的几十年间，秦军几乎战无不胜。魏安釐王在即位以后也多次遭到秦军的打击，魏国在与秦国的战争中屡战屡败，先后损失了二十多万部队，最后不得不主动割地求和。因此与楚国一样，魏国朝野也普遍存在"恐秦症"，秦昭王的恐吓一下子勾起了魏安釐王与秦昭王之间多次较量的失败回忆，于是他派使者传令晋鄙停止前进，原地待命。当时的晋鄙大军已经到了魏赵边境的邺，距离赵国首都邯郸不过百里之遥，晋鄙接到魏安釐王的命令，马上命令部队就地构筑工事，原地驻扎。魏安釐王当时的处境非常尴尬，就像一个拳击手挥出一个重拳，却在即将接触到对手身体的时候突然停了下来。魏安釐王需要一个台阶，于是他对外仍然宣称魏国已经派兵救援赵国，实际上却既不前进也不撤军，而是打算观望一下再说。（点评：抛开亲情道义不说，仅仅考虑赵魏之间的唇齿相依关系，一旦赵国灭亡魏国绝不可能苟安。只是因为遭到秦国的威胁讹诈，魏安釐王就下令按兵不动、隔岸观火，这位诸侯实在是懦弱昏聩。）

魏国可以等待观望，而赵国却不能继续等待观望了，这就叫轻重缓急，在别人身上发生的事情永远是轻缓，只有在自己身上发生的事情才是重急。赵孝成王和平原君知道指望不上魏安釐王了，于是平原君把所有的希望都寄托在了小舅子信陵君身上。本来魏安釐王也是平原君的大舅子，不过平原君的老婆和魏安釐王不是一个妈生的，而信陵君和平原君的老婆才是一个妈生的亲姐弟，“打虎亲兄弟，上阵父子兵”，到了关键时刻这个道理一样适用于姐夫和小舅子，平原君觉得自己有义务对“亲小舅子”提出更高的要求。于是平原君以姐夫的身份给“亲小舅子”写了一封情真意切的信，托人带到了大梁，希望“亲小舅子”能挺身而出，救邯郸于危难之中。平原君的信是这样说的：“胜所以自附为婚姻者，以公子之高义，为能急人之困。今邯郸旦暮降秦而魏救不至，安在公子能急人之困也！且公子纵轻胜，弃之降秦，独不怜公子姊邪？”

从这封姐夫写给小舅子的信来看，当时的平原君的确被逼急了，他甚至不惜以极其刚猛的手法猛拍小舅子的马屁，希望达到隔山打牛、促魏救赵的目的。平原君首先向“亲小舅子”坦白了一个秘密：当初他决定和信陵君的姐姐结婚就是看中了信陵君为人仗义，能急人之困。平原君的择偶逻辑有点后现代主义，在此之前和之后很少有哪个男人娶老婆是因为喜欢小舅子讲义气的缘故。事实上中国男人择偶的标准除了漂亮、贤惠以外，也会看中妻子娘家的势力，不过这种考虑多半都是要仰仗老丈人的势力。信陵君的姐姐就是魏昭王的女儿，是一位身份尊贵、货真价实的贵族公主，不过平原君只字不提自己贵为前任国王的老丈人和贵为现任国王的非亲大舅子，而是猛烈地表扬了小舅子信陵君够哥们、讲义气，然后平原君质问信陵君如今邯郸就要被秦军占领了，而魏国援军迟迟不到，这怎么能证明信陵君“急人之困”的仗义呢？最后平原君可怜兮兮地表白，即使你看不起你姐夫，任由你姐夫被秦军俘虏，你能忍心不管你姐姐吗？平原君的逻辑很跳跃，但是感情很真挚：我娶你姐姐是因为你讲义气——魏国如果不救援赵国，你就不讲义气——即使你不管你姐夫，你能不管你姐姐吗？

中国男人要想混得好必须或多或少地讲点义气，不过盛名之下讲义气也是一种沉重的负担，尤其是突然遭到别人的猛烈表扬，而表扬的主题就是讲义气，恐怕不是什么好事，因为遭到这种表扬的人多半是要被人当枪使了。信陵君接到姐夫的家信以后，马上进宫面见魏安釐王，晓之以理、动之以情，希望魏安釐王尽快下决心命令晋鄙出兵救赵。魏安釐王当时的心理和楚考烈王见到平原君率领的求救使团时的心理如出一辙，他当然理解信陵君讲的道理，不过他就是害怕，道理谁都会讲，害怕却不是谁都能克服的，尤其面对当时天下最强大的军事强国秦国，做这个决定非常艰难。

就像平原君当初无法说服楚考烈王下决心救赵一样，信陵君也无法完成这个任务，幸运的是平原君门下有毛遂，而信陵君门下有侯嬴。不过当时信陵君没有想到让侯大爷帮他，情急之下，信陵君下令集合自己的食客队伍，率领着一百多辆马车组成的队伍前往邯郸，他决定陪着姐姐和姐夫与邯郸同归于尽，绝不苟且偷生。

明知不可为而为之，明知当枪使而当之，虽然有些鲁莽和冲动，但这至少说明年轻的信陵君还有一腔热血。信陵君怀着视死如归的决心出发了，当他的车队路过大梁东门的时候，信陵君突然想起了在这里看门的著名隐士侯嬴。于是信陵君下车走进了侯大爷的门房，侯大爷依然是一副宠辱不惊、心如止水的样子。信陵君向侯大爷倾诉了赵国危在旦夕、自己无能为力，只好亲自前往邯郸当陪葬的悲壮故事。最后信陵君跟侯大爷正式告别，信陵君有些激动，自己与侯大爷只能来世再见了。听完了信陵君的倾诉，侯大爷依然宠辱不惊、心如止水，他对信陵君说："公子勉之矣，老臣不能从。"侯大爷的话让信陵君非常震惊，在得知对自己尊崇备至、厚爱有加的信陵君即将赴死的消息，侯大爷既没有慷慨地表示与信陵君一起赴汤蹈火，也没有给信陵君出谋划策，甚至连一句安慰的话都没有，而是急着和信陵君划清界限。侯大爷的话很明白，要送死是你的事，我老汉还要多活几年，所以恕不奉陪。

信陵君一句话也说不出来了，他在侯大爷这里遭受到的打击比魏安釐王拒绝出兵还要巨大。挨了一记闷棍的信陵君默默地走出了侯大爷的门房，跳上了马车，一脸悲愤地下令向邯郸进发。

离开大梁城的信陵君越走越悲愤，越走越觉得自己的人生是失败加凄凉，为什么全世界都不讲义气，就自己一个人讲义气，而这最后一个讲义气的人马上就要死掉了。一般人在这种形势下多半会怨天尤人，在背后痛骂侯老汉和魏安釐王贪生怕死，不仁不义，不过就在信陵君即将陷入消极情绪的时候，一个念头却突然跳了出来："吾所以待侯生者备矣，天下莫不闻，今吾且死而侯生曾无一言半辞送我，我岂有所失哉？"信陵君亲眼见证的一切本来已经可以证明侯嬴的人品和能力都有问题，不过信陵君并没有一味地谴责侯大爷，而是开始在自己身上找问题了：天下人都知道我对侯大爷相当够意思，现在我要去送死了而侯大爷一句有用的话都没有说，难道是我做错了什么吗？这就是牛人的思想方法和做人态度：永远不抱怨别人，时刻反省自己。

信陵君被自己的这个脑筋急转弯鼓舞了，他马上命令掉头回到大梁东门，然后径直走进了侯大爷的门房。这次侯大爷的神情与以往不同，他不再是那副宠辱不惊、心如止水的隐士面孔，而是笑呵呵地摸着白胡子看着走进自己小屋的信陵君，仿佛是慈祥的圣诞老人看着向自己吵闹着索要礼物的孩子。

不等信陵君开口，侯大爷笑着说："臣固知公子之还也。"（我就知道公子一定会回来找我的。）信陵君知道自己的脑筋急转弯把自己带到了正确的方向，心中顿时阳光了起来，凄凉和悲愤烟消云散。侯大爷接着说："公子喜士，名闻天下。今有难，无他端而欲赴秦军，譬若以肉投馁虎，何功之有哉？尚安事客？然公子遇臣厚，公子往而臣不送，以是知公子恨之复返也。"侯嬴肯定了信陵君"喜士"的名声已经天下闻名，不过他也否定了信陵君决定为邯郸赴死陪葬的冲动，理智地判断信陵君的作为就是羊入虎口、白白送死，不过由于信陵君对待侯嬴实在太好了，信陵君去送死而侯嬴拒绝跟着信陵君送死，信陵君必然会心生怨恨而回来找侯嬴。

信陵君连忙再次向侯嬴行礼，正式向侯嬴讨教对策。侯大爷让信陵君屏退了身边的随从，然后正式向信陵君提出了自己的救赵计划，他说："嬴闻晋鄙之兵符常在王卧内，而如姬最幸，出入王卧内，力能窃之。嬴闻如姬父为人所杀，如姬资之三年，自王以下欲求报其父仇，莫能得。如姬为公子泣，公子使客斩其仇头，敬进如姬。如姬之欲为公子死，无所辞，顾未有路耳。公子诚一开口请如姬，如姬必许诺，则得虎符夺晋鄙军，北救赵而西却秦，此五霸之伐也。"侯大爷给信陵君出的主意非常简单但是却很实用，关键词有两个：一个是"偷"，一个是"杀"。在信息技术和交通手段非常原始的战国时代，国王不可能亲自跑到千里之外向领军将军下达作战命令，为了防止有人假传圣旨，当时的将军接受命令全凭兵符作为凭证。战国时期的兵符是一个老虎状的青铜工艺品，从中间一劈为二，国王指派将军出征的时候就把一半的兵符交给将军，而当国王自己需要控制军事行动的时候就会派使者带着另一半兵符去前线下令。由于兵符关系重大，魏安釐王总是把留在自己手里的一半兵符存放在自己的卧室里，一般人根本无法接近。不过当时有一位名叫如姬的美女正受到魏安釐王的宠爱，有办法从魏安釐王的卧室里把兵符偷出来。当然正常情况下要让一个魏安釐王身边的女人顶着雷去完成这样一项要命的任务简直就是异想天开，不过侯嬴却发现了这种可能。因为这位美丽的女人曾经身负血海深仇。如姬的父亲三年前被人杀害，如姬托人到处寻找仇人，从魏安釐王到魏国朝野很多人都想办法完成这位美女的心愿，但是在群雄并立、战乱频仍的战国时代，要抓捕一名杀人犯并不容易，即使是国王老婆的仇人也很难找到。就这样如姬始终没能找到自己的杀父仇人，直到有一天如姬慕名来到信陵君的面前哭着恳求信陵君为自己报仇。信陵君本来就有急人之困的爱好，何况恳求自己的是魏安釐王最宠爱的女人，更何况这个女人还是一个非常美丽的女人，又何况这个美丽的女人还哭了。于是后来如姬如愿看到了仇人血淋淋的人头摆在了自己面前，满足了为父报仇心愿的美女从此产生了一个新的愿望，那就是报答信陵君。只是信陵君一不缺钱、二不缺名，让他当相国如姬说了又不算，所以这个愿望只能暂时收藏起来。因此侯嬴认为如果信陵君开口求如姬盗取兵符，如姬一定不会推辞。得到兵符的信陵君可以亲自前往晋鄙大军，夺取军队的领导权然后向北救援赵国，向西打击秦国，这样就成就了“五霸之伐”，也就是可以和春秋五霸相提并论的伟大战略和军事行动。

侯嬴提出的方案其实并不算复杂，但是有两个问题值得注意。首先是侯嬴身为一个大梁东门的看门小吏，居然能准确地掌握魏国调兵的流程、兵符的存放地、魏安釐王身边的女人以及如姬的家仇，这很不简单，至少说明侯嬴做足了功课。出主意不难，难的是出的主意靠谱而且有可操作性。其次是信陵君替如姬报仇的过程耐人寻味，一个杀人流窜犯的脑袋不是超市里的西瓜，想拿来花点钱就能拿来。如姬是魏安釐王身边最宠爱的女人，如姬的父亲就是魏安釐王的岳父，那个杀人犯敢于杀死国王的老丈人足以说明其胆量和武功都绝不是等闲之辈。而在如姬父亲被杀后，即使是魏安釐王亲自部署、督办，也没能力抓住这个杀人犯，完成自己老婆的心愿，这更加证明了如姬的仇人不仅武功高强，而且轻功也不同凡响。按照常理，要得到这样一个人的脑袋绝不是舍得花钱就能办到的。不过最后的事实是，那个艺高人胆大的杀人犯的脑袋像圣诞礼物一样摆在了如姬的面前。这样的事实再次证明了魏安釐王对信陵君的猜忌绝不是杞人忧天。信陵君不仅掌握着魏安釐王无法掌握的情报，而且还能找到和杀死魏安釐王无法找到和杀死的人，身为魏安釐王身边的女人，如姬却要仰仗自己的小叔子才能报杀父之仇。实际上信陵君不仅掌握着魏国最强大的关系网、情报网，而且也掌握着魏国最强大的特务网和杀手网，这样的人偏偏还是国王的弟弟，从人性本能的安全感需要出发，魏安釐王信任信陵君的理由非常脆弱。

因为如姬得到了杀人犯的脑袋，所以信陵君得到了魏安釐王的兵符。

回顾信陵君得到兵符的过程，可以发现其中存在一个游离于体制之外的人情价值链。如姬和小叔子信陵君其实并不熟，她没有必要背叛自己的丈夫去帮助信陵君完成这样一个危险的任务。但是当仇人的脑袋摆到如姬的面前以前的逻辑就发生了根本性的逆转。“杀父之仇不共戴天”，自从父亲被杀以后得到仇人的脑袋就成为了如姬无法回避的人生难题和不可替代的阶段性人生目标。然而虽然贵为魏安釐王最宠爱的女人，如姬即使通过魏安釐王动用了整个魏国的力量，这个目标仍然无法实现。当然如果没有信陵君的参与，所谓整个魏国的力量至少打了五折。信陵君帮助如姬解决了一个体制内依法不能解决的人生难题，实现了金钱无法购买的人生目标，因此如姬欠下的人情也不能用金钱和体制的力量彻底偿还。所以当信陵君提出了那个违反体制的要求的时候，如姬不能拒绝，即使因此惹怒魏安釐王失去宠爱，甚至人头搬家，如姬也只能顶着雷去还信陵君的人情。当然，如果如姬不接受信陵君的这种人情逻辑，一样可以置之不理。人情要还，违法乱纪的事情坚决不能干，身为魏安釐王的老婆，如姬坚持原则也非常合理。但是侯嬴早就料到已经得到了仇人人头的如姬一定会冒险为信陵君窃取兵符，可见在当时信陵君的人情逻辑是被社会主流广泛接受和承认的。俗话说得好，“血债血还”，信陵君奉献给如姬的人头代表一个鲜活的生命，为了遵守公平交易的原则，如姬也必须拼命去窃取信陵君梦寐以求的兵符。如果如姬得到了仇人的人头以后又拒绝了信陵君的要求，就破坏了交易的公平性，说通俗点就是“坏了规矩”。人头不是金钱，不愿意交易可以退回去，这就是在中国源远流长的“潜规则”和“血酬定律”。（**点评：信陵君拥有如此可怕的能力，魏安釐王怎能不猜忌信陵君？倘若信陵君发动政变，或者像窃取兵符一样暗杀魏安釐王，那么魏安釐王将死无葬身之地。这大概就是魏安釐王一辈子都不能真正信任弟弟的根本原因。**）

改变历史的铁锤

信陵君终于拥有了改变历史的能力，他将作为一个拯救者，而不是一个殉道者出现在邯郸。然而侯嬴却想得更全面和周密，他为信陵君设计好了第二套预案，以应对出现晋鄙不配合交出兵权的情况。侯嬴建议信陵君带着杀猪大哥朱亥赶到晋鄙军中抢班夺权，侯嬴说："将在外，主令有所不受，以便国家。公子即合符，而晋鄙不授公子兵而复请之，事必危矣。臣客屠者朱亥可与俱，此人力士。晋鄙听，大善；不听，可使击之。"自从司马穰苴发明了"将在外，君令有所不受"的理念，这个理念就逐渐成为了指导将军维持兵权稳固的理论依据，虽然信陵君拿到了兵符，但是侯大爷担心晋鄙不一定就会就范，所以侯大爷建议信陵君带着朱亥一起去。晋鄙从了最好，晋鄙不从就让朱亥收拾他。自古杀猪的都是一身的好力气，朱亥更是出类拔萃，侯嬴说朱亥是一位"力士"，只要朱亥跟着，晋鄙从也得从，不从也得从。

听到侯大爷的建议，信陵君哭了。这让侯大爷非常意外，他问信陵君："公子畏死邪？何泣也？"信陵君回答："晋鄙嚄唶宿将，往恐不听，必当杀之，是以泣耳，岂畏死哉？"信陵君不是因为怕死而为自己哭泣，而是为晋鄙哭泣。他了解晋鄙的性格，这位资深的魏国宿将绝不会轻易就范、交出兵权。晋鄙不交出兵权，只有让杀猪的大哥朱亥来解决这个问题了。朱亥是一位职业杀手，以前杀猪从不失手。在这样的情况下晋鄙遭遇朱亥，晋鄙只有死路一条了。

准备好了第二套预案，信陵君亲自赶到大梁农贸市场，正式邀请朱亥放弃杀猪生涯，跟自己去干一番大事业。这次朱亥不仅非常痛快地接受了信陵君的邀请，而且豪爽地笑着解释了以前他对待信陵君冷淡的态度："臣乃市井鼓刀屠者，而公子亲数存之，所以不报谢者，以为小礼无所用。今公子有急，此乃臣效命之秋也。"对于自己的地位和能力，朱亥有着非常清醒的认识，一个混迹市井、杀猪卖肉的小贩，虽然有一身力气和武艺，但是在和平时期除了摆出很酷的pose站在"老大"身后撑门面以外很难派上用场。所以朱亥过去对信陵君的一再邀请不仅没有回应，甚至连句客气话都没有说。在朱亥看来，说句客气话没有意义，也就是所谓"小礼无所用"。不过这次情况不一样了，信陵君不是邀请自己去吃饭、喝酒、撑场面、发赏钱，而是邀请自己通过暴力去完成一个扭转历史的阴谋夺权行动，这才是朱亥的专业方向和职业追求，因为朱亥的梦想是成为一位伟大的杀手，而不是一个混赏钱的打手。

信陵君做好了一切准备，临行前他向侯大爷告别。侯嬴说："臣宜从，老不能。请数公子行日，以至晋鄙军之日，北乡自刭，以送公子。"侯大爷与信陵君的告别非常决绝，为了报答信陵君对侯嬴的厚爱，侯大爷本来应该跟随信陵君前往前线夺权救赵，不过毕竟岁月不饶人，侯嬴已经七十多岁了，这样的年纪实在不适合跟着信陵君去千里之外拼命。侯嬴承诺：信陵君走后他会掐算信陵君的行程，等到信陵君到达晋鄙军营的那一天，侯嬴就会面向北方赵国的方向自刎，以生命为代价答谢信陵君对自己的非常礼遇和超凡厚爱。

当信陵君带着厚礼亲自登门探望看门大爷侯嬴的时候，当信陵君亲自赶着马车前往东门迎接看门大爷侯嬴赴宴的时候，当信陵君毕恭毕敬地站在朱亥的肉摊前等候侯嬴的时候，当信陵君隆重地把看门大爷侯嬴介绍给魏国权贵的时候，几乎全世界的人都不理解信陵君的做法，从世俗的角度来看，无论用什么样的理论或者模型分析也很难发现看门大爷侯嬴身上存在任何值得信陵君投资的价值。信陵君超越平凡的素质正在于此，他身在势利富贵之中，却能摆脱势利富贵的局限，以超越世俗的眼光发现平凡中的不平凡。侯嬴活了七十多岁到了古稀之年还只是一个看大门的小角色，可见这位侯大爷的一生并不得志。虽然侯嬴有点思想、有点清高、有点智慧、有点办法，但是这些改变不了侯嬴卑微的社会地位和世俗对他的看法。纵观古今，这样一位看门老大爷只要生活在中国，或者说生活在地球上，都很难得到主流社会的赏识，更谈不上富贵权势阶层对他的尊重和信任，除了信陵君以外不会再有第二个人相信这样一个小人物具有改变历史的能力和智慧。正因为如此，侯嬴在向信陵君贡献了拯救赵国的方案之后，决定把自己古稀之年的生命也奉献给信陵君。信陵君即将离开大梁，而且很难再回来了，老迈的侯嬴不能跟着信陵君前往赵国，这也就意味着这个世界上再也不会有人真正理解侯嬴的价值，尊重侯嬴的人格了。

看门大爷看破了自己的人生结局，信陵君去后自己已经生无可恋。

信陵君不仅发现了看门大爷的价值，而且他相信了、实践了，历史证明信陵君在侯嬴身上的投资回报率非常惊人。信陵君靠的不是高深的理论和过人的心机，而是一种朴素的直觉和诚恳的为人。“大巧若拙、大智若愚”，老子说的这句话不仅适用于侯嬴，也适用于信陵君。信陵君含着泪带领着朱亥出发了，很快就来到了邺，那个晋鄙扎营构筑工事的地方。

晋鄙大营，壁垒森严。

信陵君带着朱亥等随从走进了晋鄙的中军大帐，然后向晋鄙出示了代表兵权的兵符，并代表魏安釐王宣布了人事任免决定：因工作需要，免去晋鄙前线总司令的职务，同时任命信陵君魏无忌为前线总司令；晋鄙接到兵符后立即与魏无忌交接工作，回到大梁复命。

晋鄙接过了信陵君递过来的半个老虎的兵符，拿出了自己的另一半老虎拼了起来，一只代表兵权和十万人命运的老虎出现在了晋鄙和信陵君的面前。虎符没问题，不过组织程序和晋鄙的情绪有点问题。首先，临阵换将不是小事，按照正常的组织程序应该至少需要国王签发盖章的诏书，信陵君却只带来了魏安釐王的口信，这不能不让晋鄙产生怀疑。其次，如果这次换将的确代表魏安釐王的真实意愿，那么就说明魏安釐王对晋鄙的信任出现了动摇。可是晋鄙相信自己一直是魏安釐王最信任的大将，否则魏安釐王也不会把十万大军托付给晋鄙，让晋鄙去完成这次远征救赵的重要任务。而且自从晋鄙离开大梁以后，一直不折不扣地执行着魏安釐王的命令，一道王命晋鄙大军立即开拔奔赴前线，又是一道王命晋鄙大军原地驻防待命。反思了自己的作为和与魏安釐王的关系，晋鄙没有找到什么理由让魏安釐王做出这样的决定。因此如果魏安釐王真的对晋鄙的忠心和能力产生了怀疑，只有一种可能那就是有人在国王面前说了什么。乐毅、廉颇都曾经因为有人对国王说了些什么而遭遇临阵下岗，后来他们的命运都非常坎坷，不是逃命自保就是提前退休。乐毅和廉颇的老板当时都是中了敌人的反间计才导致了两位名将的下岗，难道魏安釐王也中了敌人的反间计？那么等待晋鄙的命运又将是什么呢？

为了组织程序的严谨和自己命运的安全，晋鄙决定抗争一下，他说："今吾拥十万之众，屯于境上，国之重任，今单车来代之，何如哉？"（现在我带领十万大军，驻扎在边境上，这是国家给我的重任，现在你只带着一辆马车就来取代我，怎么能这样呢？）

晋鄙的反应信陵君和侯嬴早就推演过，性格决定命运，坚持原则的晋鄙必死。信陵君在心里叹了一口气，然后他回过头看了一眼杀猪大哥朱亥。

一只铁锤从朱亥宽大的袖子里飞了出去，"砰"的一声闷响，晋鄙的大脑停止了思考，一秒钟之前还在紧张思考自己命运的脑组织细胞随着朱亥致命的打击而分崩离析，这就是传说中的"秒杀"。就在朱亥的铁锤终止晋鄙的思考的同时，大梁东门的门房里，那位古稀之年的看门老大爷、孤傲的草根隐士侯嬴，用一把秋水一样冰凉的刀横在了自己的脖子上——按照与信陵君的约定，侯大爷在信陵君到达晋鄙大军顺利夺权的同时自刎了。就这样，草根隐士侯嬴与一代宿将晋鄙几乎同时离开了人世，在小人物侯嬴的精心策划下，大人物晋鄙死于非命，这次成功的阴谋夺权也成为了小人物侯嬴生命中的辉煌绝笔。两个人虽然几乎同时死亡，但是人生的过程和结局却截然不同，晋鄙一生成功显赫，却死得稀里糊涂、无可奈何；侯嬴一生坎坷卑微，却死得明明白白，刚烈而又精确。这就是历史的宿命，小人物靠智慧和坚持也可以掌握自己的命运，而大人物因为自满和无知也可能失去掌握自己命运的主动权。身逢乱世，无论大人物还是小人物，不到最后一刻，谁也不能预料到人生的最后结局。

据《史记》记载，藏在朱亥袖子里的铁锤重四十斤，这样的重量加上朱亥长期杀猪锻炼出来的惊人臂力，产生了巨大的惯性，晋鄙的脑袋就这样顷刻之间变形了。运筹帷幄离不开坚决执行，历史注定将被朱亥的铁锤改变。

中军大帐立刻陷入了恐慌。临阵换将本来就非常罕见，临阵杀将就更是百年不遇的奇观了。晋鄙手下的将领们亲眼目睹了那颗高傲的脑袋被铁锤砸得面目全非，马上意识到了自己也处于生死危机之中。人们纷纷下意识地握住了剑柄，眼睛向帐外张望。而此刻，信陵君非常清楚自己处于更大的危机当中，晋鄙虽然死了，但是这支队伍却是他一手带出来的，此时如果不能控制住局面不仅有可能前功尽弃，甚至可能激起兵变。信陵君举起了虎符，再次高声重申了自己取代晋鄙是出于王命，三军将士必须接受他的领导。

看着那高高举起的虎符和躺在地上脑浆迸裂的晋鄙，大家只好接受了信陵君的合法性，中军大帐渐渐平静了下来。

信陵君接手前线总司令以后发布的第一道命令就是精兵裁员，他宣布：“父子俱在军中，父归；兄弟俱在军中，兄归；独子无兄弟，归养。”信陵君知道自己虽然通过临阵杀将夺取了兵权，但是三军人心未附，因此他首先要赢得人心。两千多年前的中国没有养老保险制度，当时的普通百姓普遍都要依靠自己的儿子养老，这也就是人们常说的“养儿防老”。为了保证养儿防老能够实现，每个百姓的家庭至少需要一个儿子，因此中国古代的征兵通常都遵循这个原则，从每个家庭征兵的时候会保留一定比例的男人留下，以保证每个家庭发展生产和保证社会基本养老。但是从信陵君发布的裁军令来推断，当时由于连年战乱，魏国可能已经出现了兵源紧张的状况，因此当时有很多家庭都是父子、兄弟同时出征。这样的兵源构成虽然保证了军队的规模，但是违背了人性和传统的价值观，信陵君要赢得人心，首先想到了回归人性的基本需要。父子都在军中效力的，父亲回家；兄弟都在军中效力的，兄长回家；独生子从军的，本人回家。信陵君的裁军令传达了一个非常清楚的信号，新任前线总司令非常在乎士兵们的家庭幸福。可以想象，随着这道命令的下达和执行，三军将士一定或多或少地被信陵君感动了，人心开始倒向信陵君，主帅和士兵们的信任就这样开始建立。与此同时，留下的士兵们解除了照顾家庭的后顾之忧，士气得到了显著的巩固和提升。通过这次裁军，信陵君裁掉了20%的士兵，最后留下了八万士兵。

信陵君率领着留下的八万魏国子弟兵奔赴邯郸外围，像一把尖刀一样从邯郸西边直插王龁大军。另一边，春申君率领的楚国救援部队也赶到了，来自楚国的尖刀毫不犹豫地从邯郸东边刺了过来。两把尖刀东西夹攻的攻势形成了一把剪刀，秦国大军被拦腰截断。

此时的王龁在邯郸城下已经持续攻坚了一年之久，虽然邯郸城内已经到了“炊骨易子而食”的地步，但是秦国大军也付出了沉重的代价，大军不仅死伤惨重，而且士气低落。就在魏军和楚军赶到之前，王龁大军居然被李同率领的三千赵国敢死队冲杀得退败了三十多里，貌似强大的秦国大军疲惫惊慌，败相已显。随着信陵君率领的魏国军团和春申君领导的楚国兵团的到来，秦国大军从心理到生理上完全崩溃了，王龁无心恋战，夺路而逃。配合王龁合围邯郸的另一位秦国将军郑安平则被魏国兵团和楚国兵团合围，最后大势已去的郑安平率领两万名秦军士兵投降了赵国。就这样，赵国在付出了惨痛代价之后，在魏国和楚国的援助下，终于取得了邯郸保卫战的胜利。

信陵君以拯救赵国的英雄的身份受到了赵国君臣的热烈欢迎，赵孝成王亲自率领群臣来迎接信陵君，信陵君的姐夫平原君赵胜为自己的小舅子信陵君开路。一向心高气傲的平原君赵胜此时对自己的小舅子信陵君表现出了空前的尊重甚至崇拜，《史记·魏公子列传》记载：“平原君不敢自比于人。”赵孝成王对信陵君的感激和欣赏更是溢于言表：“自古贤人未有及公子者也。”赵孝成王对信陵君的表扬和评价证明了这样一个道理：要想超越前辈先贤一定要在今天做出“急人之困”的业绩——古代的先贤无论多么伟大都不能解决现在人们的问题，这就是所谓的“远水解不了近渴”，如果有人能帮助现在的人们摆脱苦难就足以超越古代先贤。

赵孝成王的客气话

就这样，在魏国始终得不到重用的信陵君在赵国成了英雄，信陵君在赵国实现了自己人生的价值。跟随信陵君救赵的八万魏国子弟兵在邯郸外围并没有遭遇像样的抵抗就迎来了胜利，他们也成了英雄。不过信陵君知道八万魏国大军的历史使命已经完成，他们必须回到魏国，否则自己就会成为魏国的罪人，于是信陵君命令晋鄙手下的将领带着那一半偷来一半抢来的虎符，率领八万大军回到魏国复命。八万魏国大军离开邯郸远去了，信陵君却不得不留在赵国，因为窃符杀将、私自调兵，信陵君已经犯下了叛国的大罪，他只能客居赵国了。跟随信陵君远征赵国的食客们也留了下来，继续追随信陵君。

赵孝成王听说了信陵君为了救援赵国而得罪魏王、不能回国的遭遇，决定要好好表示一下自己的感激之情，他和平原君商量要把五座城邑封给信陵君作为封地。在战国时代五座城邑的封赏非常罕见，即使是赵国相国平原君和齐国相国孟尝君也只有一座城邑的封地（平原君的封地在东武城，孟尝君的封地在薛城），如果信陵君接受这样的封赏那么他的财富很有可能立即超越姐夫平原君，成为赵国的首富。而在邯郸保卫战之前的长平大战，赵国为了与秦国争夺十七座城邑的上党最终付出了损失四十五万大军的巨大代价。如果以平原君的封地为标准，赵孝成王决定封给信陵君的封地是当时赵国相国平原君的五倍；如果按照长平大战的代价换算，赵孝成王决定封给信陵君的封地价值大约等于十三万个士兵的生命。无论以怎样的标准衡量，这样的封赏都足以说明当时信陵君在邯郸保卫战中起到的关键作用以及他在赵国君臣心目中的地位。身为平原君的小舅子，信陵君很快就听说了赵孝成王要封赏五座城邑给自己的打算。虽然信陵君一直是一位谦虚大度的人，不过在这样空前的荣誉和利益面前，信陵君也把持不住了。信陵君骄傲了（公子闻之，意骄矜而有自功之色），“没有信陵君就没有赵国”，在此之前信陵君对这样的说法只是付之一笑，当他听说五座城邑封赏的故事以后，从内心深处他也接受了这种说法。有一句老话说得好，“无功不受禄”；还有一句老话说得也好，“世上没有免费的午餐”。不过既然自己的确有大恩于赵国，而赵国君臣也的确真心诚意地感激信陵君，信陵君决定心安理得地接受封赏。（**点评：再次证明信陵君心无城府，缺乏自保的生存智慧。**）信陵君还是年轻，他在得意洋洋的时候并没有想到自己如果接受封赏以后魏国君臣和百姓的感受，以及他在赵国政治版图中的平衡问题。不过信陵君手下的食客替他想到了，于是有人向信陵君提意见了：“物有不可忘，或有不可不忘。夫人有德于公子，公子不可忘也；公子有德于人，愿公子忘之也。且矫魏王令，夺晋鄙兵以救赵，于赵则有功矣，于魏则未为忠臣也。公子乃自骄而功之，窃为公子不取也。”（有些事情不能忘记，而有些事情不能不忘记。如果有人对您有恩，你不能忘记；如果公子对别人有恩，我希望您能够忘记。况且假传魏王命令，夺取晋鄙的兵权救赵，这对赵国来说是功劳，但是对于魏国来说就不是忠臣所为。您现在就自己骄傲起来，觉得自己功劳很大，我觉得您不应该这样。）

食客的批评让信陵君无地自容，他为自己面对荣誉和利益而表现出来的浅薄而深深自责。自己虽然为赵国人民做了一点事情，但是怎么能够沾沾自喜、念念不忘呢？这还是那位不顾个人安危、抛开小我荣辱窃符救赵的信陵君吗？况且信陵君虽然建立了解救邯郸的功劳，但是同时也辜负和欺骗了魏王，这对于一贯看重信誉和做人的信陵君来说永远是一个遗憾。另一方面，如果没有晋鄙的牺牲和八万魏国将士的参战，仅凭信陵君自己怎么可能驱逐秦国的虎狼之师呢？谦虚使人进步，骄傲使人落后，信陵君决心继续进步，于是他决定继续发扬自己谦虚的优良传统。

后来赵孝成王派人召信陵君入宫了，信陵君知道赵孝成王要宣布对自己的封赏了，该来的总会来，不该要的一定不能要，信陵君拿定了主意。后来的事实证明不该要的通常也不会来。

当信陵君来到赵孝成王的王宫大殿前的时候，他看见赵孝成王已经站在大殿门口迎接自己了。为了表示对信陵君的感激，赵孝成王请信陵君从西面的台阶走上大殿。在中国先秦时期的传统礼节当中，以左边和西边为尊，信陵君当年亲自接看门大爷侯嬴赴宴的时候就曾经把左边的座位让给侯嬴坐。此时赵孝成王请信陵君从西阶而上的意思非常明白，那就是把信陵君当成赵国最尊贵的VVIP来对待。信陵君知道自己必须谦虚了，于是他坚决推辞并主动从东边的台阶走上了大殿。在后来与赵孝成王的谈话当中，信陵君一再声称自己有负于魏国，而对赵国来说也谈不上有什么功劳。

从后来赵孝成王的反应来看，那位食客对信陵君的批评和信陵君的谦虚是非常明智和知趣的。《史记·魏公子列传》记载："赵王侍酒至暮，口不忍献五城。以公子退让也。"扶栏客认为司马迁的这两句话意味深长，表面上看是说因为信陵君谦退逊让，赵王只好陪着信陵君喝酒，从白天喝到天黑也一直不忍心或者舍不得说出封赏五座城邑给信陵君的事。但是如果一个人要真心感谢报答对自己有恩的人，难道真的会因为恩人的谦退逊让而不提感谢的实质内容吗？信陵君如果真的不要封赏那可以证明信陵君人品高尚，赵孝成王因为信陵君谦虚就不提封赏的事恐怕只能说明赵孝成王不够真诚。事实证明赵孝成王很可能并不是真心要把五座城邑封赏给信陵君。在扶栏客看来，"口不忍献五城"和"以公子退让也"两者根本不存在因果关系，如果公子不退让，赵王即便口忍献五城，恐怕心也会"不忍献五城"。我们知道赵孝成王是一位酷爱占便宜的老板，当年为了上党的十七座城邑，赵孝成王非常积极而坚决地钻进了上党守冯亭设计好的圈套，很难想象这样一位老板能心甘情愿地把五座城邑封赏给信陵君。

此时邯郸之围已解，短期内信陵君对赵孝成王已经不再具有直接的利用价值。而信陵君不仅在江湖上声名显赫，身边还聚集了一批能人异士和亡命之徒，更可怕的是他还是平原君赵胜的亲小舅子。远道而来的信陵君无论从感情上还是从利益上考虑，都不得不和自己的姐夫平原君站在一起，加强平原君在赵国的势力。再看赵孝成王这边，经过长平惨败和邯郸城下的鏖战，赵孝成王在赵国朝野的威望大幅度下降，此时如果真的封给信陵君五座城邑，除了加强相国平原君赵胜的势力和削弱赵国的王权以外，对赵孝成王恐怕毫无益处。但是话又说回来，信陵君为了救援邯郸不仅豁出去了自己的前途，而且落得有家难回的地步，当时信陵君窃符救赵的义举已经天下闻名，如果赵孝成王不表示一下，那么也太不讲究了。于是赵孝成王就想出了这么一招，他通过平原君传话给信陵君，然后广为宣传造势，当赵国封赏信陵君五座城邑的消息四处传开的时候，赵孝成王又以一种非常罕见的低姿态去对待信陵君。以信陵君一贯的谦虚作风来看，赵孝成王料定信陵君面对一国之君的谦卑示好和衷心感谢，一定会推辞谦让，于是赵孝成王正好收回五座城邑的封赏。“不是我不给，是你不要”，赵孝成王的小算盘就是上海人说的“刀切豆腐两面光”。不过事到临头，赵孝成王却实在没有勇气冒险提出封赏五座城邑给信陵君的事。

五座城邑的封地是一笔惊人的资产，如果把五座城邑一年的税收换成钱串起来其长度足够连接邯郸和咸阳，如果把五座城邑一年生产的粮食堆起来足够堆满整个赵国王宫。这样的财富和权力足以让谦虚的人变得不谦虚，理智的人变得不理智，万一信陵君在突然降临的财富和权力面前腐化变质、丧失原则，不是推辞谦让而是愉快地笑纳，那么赵孝成王就没有退路了。身为赵国的最高首长，赵孝成王亲身见证过太多的官吏在巨大的财富和权力面前腐化变质、丧失原则的案例，比如他自己当年就在上党一事上丧失了原则，最后一失足成千古恨，酿成了长平惨败。在占便宜这种事情上连贵为国王的赵孝成王都不能例外，何况是无家可归的信陵君？事实证明赵孝成王的小心眼并不是完全多余的，要不是那位理智的食客犯颜直谏，信陵君其实差一点就丧失原则了。如果信陵君真的接受了五座城邑的封赏，赵孝成王一定会难过得失眠、健忘、力不从心，从此以后信陵君将成为让赵孝成王闹心的难言之隐。如果事情发展到了这一步，已经无法回到魏国的信陵君恐怕在赵国也很难立足了。

信陵君的谦虚让赵孝成王很满意，人生就是一台戏，国王和名臣的人生更是万众瞩目的大戏。如果没有信陵君歪打正着的默契配合，赵孝成王亲自编剧、导演和主演的经典名段“封五城”就无法顺利上演。为了表示对配角信陵君的感谢，赵孝成王最终决定将一个叫作鄗的地方赏给信陵君作为“汤沐邑”。在战国时代，“汤沐邑”和“食邑”是有很大区别的，“汤沐邑”的主人只能享有那个城邑的税收作为自己的固定收入，而“食邑”的主人则可以对那个城邑行使统治权力。说穿了赵孝成王对信陵君的封赏就是给钱不给权，也就是把信陵君这样一位杰出人才养起来给天下人看，以证明赵孝成王可以笼络天下豪杰的领导能力和威望尊严。信陵君本来还要继续推辞，赵孝成王这次却坚决地坚持了，信陵君明白“这次可以真的要”，于是他接收了鄗作为自己的“汤沐邑”，开始了在赵国的新生活。

很快信陵君的谦虚退让在自己的祖国魏国也得到了回报。就在赵孝成王将鄗封赏给信陵君作为“汤沐邑”之后不久，魏王也想通了，他不仅赦免了信陵君的罪过，而且宣布信陵仍然是魏无忌的封地，大梁的大门永远对信陵君敞开。可以想象，如果信陵君心安理得地接收了赵孝成王五座城邑的封赏，不仅会得罪赵孝成王，也一定会让魏王更加难堪。谦虚使人进步说的就是这个意思，人的能力不可能因为谦虚而突飞猛进，但是由于谦虚可以多交朋友少树敌，虽然能力还是那个能力，却可以“海阔凭鱼跃，天高任鸟飞”了。所谓人生的发展空间，大概就是这样拓展的。

“处士”来自江湖

从前面信陵君主动屈身结交看门大爷侯嬴和杀猪大哥朱亥的故事来看，信陵君非常乐意下基层深入群众，在草根阶层中发现人才、培养干部。或许信陵君天生喜欢深入群众、走基层路线，总之，跟随信陵君载入《史记》的四位食客都来自草根市井阶层。除了前面介绍的看门大爷侯嬴和杀猪大哥朱亥，还有两位著名的食客都是在信陵君客居赵国期间被信陵君发现和培养的，这两位著名食客被称为毛公和薛公。侯嬴和朱亥虽然出身草根阶层，但是两人至少还有正当职业，侯嬴在大梁东门看大门，类似于今天的保安；朱亥在农贸市场杀猪卖肉，类似于今天的个体户。虽然从表面来看，两个人的职业技术含量都不太高，但最起码都是合理合法、自食其力。而据《史记》记载，毛公当时在赌场里谋生，大概是看场子的。而跟随信陵君载入《史记》的第四位食客薛公，当时在酒馆里混饭吃，推销酒水。从薛公的职业来看，两千多年前的赵国人跟人之间的关系还是很和谐的，卖酒的不必是女的，卖酒就是卖酒，而不需要搭售其他。那时侯没有职业歧视，一个卖酒水的居然被尊称为薛公，而不是“酒妹”。

就是这样两个长期混迹赌博和娱乐场所的江湖人物居然被称为“处士”（公子闻赵有处士毛公藏于博徒，薛公藏于卖浆家），而不是像侯嬴和朱亥那样被称为隐士。《后汉书·刘宽传》注：“处士，有道义而在家者。”处士即有才德而隐居不仕的人。若要成为处士，必须具备很高的才德才行。《荀子·非十二子》：“古之所谓处士者，德盛者也，能静者也，修正者也，知命者也，箸是者也。”根据有关学者的研究，与隐士不同，处士是与官场绝缘的，一旦做过官或有做官之心的人都很难成为处士。也就是说，虽然侯嬴和朱亥长时间没有得到体制的重视和提拔，但是他们或者本身就是体制的一部分（例如侯嬴本身就是基层小吏），或者内心渴望成为官员，只是没有合适的机会，所以他们只能当隐士。所以当信陵君上门探望他们的时候，虽然他们表现出来了清高，但是并没有回避，事实上他们的清高在某种意义上也是为了加深信陵君对自己的印象。然而毛公和薛公不同，虽然他们没有像样的职业，但是他们从内心就排斥成为体制内的官吏，他们追求的是人格的完全独立和灵魂的绝对自由。拥有如此强大内心的人居然不是作为作家或者艺术家写博客、办展览，而是混迹赌场看场子，栖身酒馆推销酒水，这样的人如同恐龙一样早已绝迹，恐怕只能在古书里才能找到了。

信陵君的独到眼光再次挑战了世俗的传统，毛公和薛公当时的生存状态说客气一点是游走在主流社会和法律的边缘，说通俗一点就是出来混的，从表面来看信陵君结识拉拢这样的人除了发展势力似乎没有其他用处。

据《史记·魏公子列传》记载，毛公和薛公最早听说信陵君要请他们出山的消息，不仅没有积极响应，反而望风而逃。

长期混迹江湖的毛公和薛公或许出于职业习惯而不愿意和“白道上的老大”信陵君纠缠，或许自知身份低微而不愿趋炎附势，总之他们就是躲着信陵君。每当信陵君的豪华车队出现在毛公打工的赌场和薛公卖酒的酒馆的门口，毛公和薛公就会提前消失，留下一群目瞪口呆的赌徒和酒鬼迎接信陵君的到来。按照今天的世俗眼光来看，毛公和薛公对待信陵君的态度不仅不可理喻，简直就是浪费资源，要是放到现在，毛公和薛公工作的赌场和酒馆的大堂恐怕早就贴上了信陵君的亲笔题字以及他们与信陵君亲切握手的大幅照片。凭信陵君的面子，两个人获得赌场和酒馆的干股也不过分。金字招牌的保护伞就在眼前，荣华富贵唾手可得，两个江湖上混的小角色居然逃之夭夭，就凭这种做人的态度还真对得起“处士”的名号。正因为毛公和薛公有着如此曲高和寡的人生追求和审美境界，所以当信陵君带领豪华车队上门拜访的时候他们避而不见。从处士的价值观出发，一个坐着豪华马车的人出现在赌场要和一个小混混交朋友，这对于小混混来说不是荣耀，而是侮辱。

信陵君后来发现了自己豪华车队与两位江湖处士的巨大反差，为了拉近与毛公和薛公的距离，信陵君最后决定抛弃车队和随从，一个人徒步走进了毛公的赌场和薛公的酒馆。

公元前256年初春的一天下午，温暖的阳光洒进了薛公卖酒的酒馆，阳光和酒的味道静谧而祥和，让人无欲无求、昏昏欲睡。当时酒馆里客人不多，薛公面对着初春暖阳席地而坐，面前的酒桌上摆着一碗混浊的酒。对于草根而言，投身江湖只是一种谋生的手段，与经济有关，跟道德无关，此刻薛公的江湖有些寂寞。好在薛公早已适应了这种寂寞，无论眼前是一群吵闹的酒鬼还是一碗混浊的劣酒，处士薛公永远保持着从内到外的平静。

忽然，两个高大的人影挡住了阳光，薛公抬头看见了另一位处士毛公和一位衣着华贵的青年站在了自己面前。毛公和青年同时对薛公微微一笑，薛公知道这个对自己微笑的青年就是信陵君了。

"来了，坐吧。"薛公像招呼老朋友一样请两位客人坐下，然后捧出了一坛好酒和两只空碗。酒逢知己，三人对饮，历史的镜头定格在了那个公元前的下午。"公子闻赵有处士毛公藏于博徒，薛公藏于卖浆家，公子欲见两人，两人自匿不肯见公子。公子闻所在，乃间步往从此两人游，甚欢。"当信陵君徒步来到毛公和薛公面前的时候，混迹江湖的处士才和贵族信陵君终于在人格上达到了平等，在相互尊重的基础上，处士和贵族成为朋友。

攀比的痛苦

信陵君执着的行为感动了毛公和薛公，却刺激了他的姐夫平原君赵胜。我们知道平原君赵胜也是一位爱好招揽天下豪杰的"老大"，但是平原君从来不会主动屈身结交草根隐士，更不会深入江湖接近毛公和薛公这种为上流社会不齿的社会边缘人。现在外来户信陵君这样做了，平原君觉得自己的小舅子坏了规矩，身为姐夫平原君觉得自己有义务提醒和教导小舅子检点自己的行为。不过信陵君毕竟是有身份的贵族，况且又有恩于自己和赵国，平原君实在不好意思当面批评教育自己的小舅子，于是平原君决定利用自己的老婆影响信陵君。在得知信陵君主动结交毛公和薛公的那天晚上，平原君给自己的老婆吹枕头风了，他说："始吾闻夫人弟公子天下无双，今吾闻之，乃妄从博徒、卖浆者游，公子妄人耳。"（最早我听说夫人的弟弟天下无双，今天我听说他与赌徒和卖酒的人一起游玩，信陵君看人不准啊。）（**点评：毛公、薛公长期生活在赵国首都邯郸，而平原君从未重视这两人，信陵君一来立刻将二人奉为上宾，这件事伤害了平原君的自尊心和虚荣心。**）

听到平原君对自己弟弟颇有微词，信陵君的姐姐紧张了。像所有的家长一样，信陵君的姐姐也不希望自己的弟弟和坏孩子玩，虽然和坏孩子玩不一定会变坏，但是既然平原君都这么说了，信陵君的姐姐也开始担心起弟弟的声誉和前途。第二天，信陵君的姐姐就找到自己的弟弟，向信陵君转述了平原君的话，她希望自己的弟弟能听从姐夫的劝告，悬崖勒马、迷途知返。

姐姐的心情可以理解，不过信陵君早已经不是孩子了，他对姐夫平原君的劝告不仅不以为意，而且他对自己姐夫的人品也提出了强烈的质疑和不满。信陵君对姐姐说："始吾闻平原君贤，故负魏王而救赵，以称平原君。平原君之游，徒豪举耳，不求士也。无忌自在大梁时，常闻此两人贤，至赵，恐不得见。以无忌从之游，尚恐其不我欲也，今平原君乃以为羞，其不足从游。"（最初我听说平原君贤德，因此辜负了魏王而救赵，以成全平原君。平原君的社交，只为了显示豪华和场面，并不是为了得到真正的人才。我在大梁的时候，就听说毛公和薛公非常贤能，等我到了赵国，生怕见不到这两位先生。所以我主动和他们交往，唯恐他们不肯答应。现在平原君居然以此为羞耻，这样的人不值得来往。）道不同不相为谋，既然自己和姐夫的人生观和价值观存在如此大的差异，信陵君做出了一副离开赵国的样子。他对姐姐说完这番话就下令门下的食客收拾行李，准备离开邯郸。

信陵君的姐姐没想到自己的弟弟居然对姐夫的教育产生了如此强烈的逆反，眼看小舅子就要和姐夫决裂了，信陵君的姐姐心急如焚，她连忙跑回去把弟弟的话如实转告给了平原君。平原君吓坏了，自从邯郸解围以后信陵君的江湖地位异军突起，实际上早已经超越了姐夫平原君。不过信陵君毕竟是平原君的小舅子，信陵君在赵国受到重视，客观上也巩固了平原君在赵国的地位。但是凡事就怕比较，自从信陵君在邯郸出现，自然就成了平原君的标杆。赵国的人们自然而然地把姐夫平原君和小舅子信陵君进行着全方位的比较，信陵君的谦逊、大度、果断和义气有目共睹，尤其他窃符救赵的壮举更是令人惊艳。相比之下，平原君在长平大战和邯郸之围中的表现就逊色了许多，如果不是信陵君、毛遂和李同等人拼死相助，赵国很有可能就毁在了赵孝成王和平原君的手里。姐夫不如小舅子，这样的比较结果是令人沮丧的，让天下所有的姐夫都难以接受。现在信陵君居然跑到平原君的地盘上来发掘和培养长期被平原君忽略甚至蔑视的毛公和薛公，信陵君的行为进一步刺激了平原君，他借自己的老婆当传声筒去教育信陵君就是想维护自己在赵国江湖上的权威和地位。平原君通过老婆教育信陵君的话听起来好像是为了信陵君的成长和进步，实际上传达的意思无非是要求小舅子和自己保持一致，姐夫看不上的人小舅子就不该如此重视，否则就是不给姐夫面子。不过平原君显然忘记了自己的小舅子信陵君也是一位“老大”，“老大”不会为了姐夫的面子而放弃自己的事业。现在自己的小舅子不仅不给他面子，甚至要和他决裂了。如果信陵君真的因为这个原因离他远去，平原君的江湖地位和品牌价值将遭受沉重的打击。反正信陵君还年轻，对年轻人来说任何经验都不是无意义的，想和坏孩子玩就随他去吧，年轻的时候不和坏孩子玩难道要等到老了再和坏老头玩吗？和谁玩不重要，重要的是不能让小舅子离开自己，否则平原君就很难在江湖上继续混了。

平原君摘掉了代表相国身份的帽子，亲自跑到了信陵君的府上低头认错，诚恳地检讨了自己的错误，恳请信陵君看在赵国百姓和自己姐姐的面子上一定要原谅自己，一定要留下来陪自己度过每个春夏秋冬。

信陵君早就猜到了平原君会这样做。两年前信陵君接到了姐夫的那封来信，为了促使自己出力救赵，姐夫居然语无伦次、非常煽情地猛拍自己的马屁，从那时起信陵君逐渐看透了自己的这位姐夫。后来赵孝成王自编自导了“封五城”，姐夫平原君竟然也帮着赵孝成王一起忽悠自己，信陵君终于想通了：平原君只是自己的姐夫，而不是自己的“老大”。

现在姐夫向小舅子低头认错了，看着自己的姐夫、赵国的现任相国面红耳赤、可怜巴巴地向自己进行深刻的检讨，信陵君感到了前所未有的满足。当小舅子当到了这个份儿上，夫复何求？

信陵君不能和姐夫决裂，他只需要姐夫低头，于是信陵君半推半就答应了姐夫的请求，继续留在邯郸发展自己的事业。江湖地位这玩意儿立竿见影、见血封喉，就在平原君向小舅子认错的同时，他的江湖地位值仿佛电子游戏里遭到必杀技重创的生命值，又如金融危机来临时的股票价格，还如女明星卸妆后的姿色，瞬间跌去了大半。就在平原君登门认错以后不久，平原君门下的一半食客居然都离开了平原君，去投奔这位让姐夫低头的“新锐老大”信陵君。就这样，信陵君再次创造了奇迹，在异国他乡，他招揽的食客规模居然和姐夫平原君不相上下。“平原君门下闻之，半去平原君归公子，天下士复往归公子，公子倾平原君客。”（《史记·魏公子列传》）从姐夫平原君和小舅子信陵君的这次争锋的结果来看，我们可以深刻地理解为什么做人和面子对于中国人如此重要。对于普通人来说，做人和面子就是在社会上的生存资源和发展空间；对于“老大”们来说，做人和面子就是GDP和leadership。

就这样，信陵君在邯郸继续着他的“职业老大”生涯，一住就是十年。

祖国至上

信陵君在赵国生活的十年间发生了很多大事。公元前251年，那位霸道的征服型领袖秦昭王去世了，在他在位的五十五年里秦国奠定了统一六国的军事基础。同年，赵国起用老将廉颇粉碎了燕国相国栗腹策划的趁火打劫，也是在这一年信陵君的姐夫平原君赵胜也死去了。秦昭王死后秦国进入了秦庄襄王的时代，吕不韦任秦国相国，他率领秦军灭掉了东周，周朝彻底灭亡预示着一个全新的时代即将到来。公元前248年（秦庄襄王二年），秦国名将蒙骜率秦军进攻赵国，占领了榆次、狼孟等三十七座城邑。第二年，公元前247年，王龁率领秦军进攻上党诸城，将上党地区全部占领，在这里设置了太原郡。同年，蒙骜率领秦军发动了对魏国的侵略，占领了高都和汲，魏国军队屡战屡败。

魏国的危机让魏王想起了那位让他既恨又爱的弟弟魏无忌，由于国家陷入了巨大的生存危机，魏王决定与弟弟捐弃前嫌。虽然魏王对信陵君怀着复杂的感情，但是信陵君毕竟是当时战国江湖上的一面旗帜，只要他能代表魏国站出来，就有可能稳定人心、争取主动，最后扭转魏国被灭亡的命运。为了魏国也为了自己，魏王派出了使者前往赵国真诚邀请信陵君回去报效祖国。然而随着年龄的增长，信陵君越发体会到自己当年窃符救赵的举动对哥哥魏王的伤害，他实在无法相信魏王真的能原谅自己当年冒犯国王权威的过错。魏王的使者看到直接劝说信陵君很难生效，就想办法发动信陵君门下的食客去说服信陵君回国。承受了巨大压力的信陵君最后对自己的手下放出了狠话：“有敢为魏王使通者，死。”

此时在信陵君手下受到重用的食客大多也是跟随信陵君背叛魏国来到赵国的那批人，他们对魏王能否真的原谅信陵君也是心存疑虑。“皮之不存，毛将安附？”

如果信陵君回到魏国不受重用，甚至遭遇不测，那么追随信陵君多年的这批食客也将面临凶险难测的命运，所以当信陵君放出狠话以后大家真的都闭嘴了。

在信陵君留赵的十年里，秦国先通过蚕食三晋之国（赵、魏、韩），然后逐渐统一天下的形势越来越明显。客观地说，依靠信陵君一个人的影响和力量无法阻挡历史发展的潮流。但是不同的是如果信陵君坐视秦国侵略魏国不顾，信陵君很可能将在有生之年眼睁睁地看着魏国灭亡；而信陵君如果回到魏国并且得到重用将很有可能减缓魏国灭亡的速度——至少在魏无忌活在世上的岁月里，他还是一个有祖国的人。由于内心的恐惧，信陵君和那些从魏国追随他来到邯郸的食客们忽略了这种不同，不过一直保持独立人格的处士毛公和薛公却看到了这种不同，他们向信陵君提出了自己的疑问："公子所以重于赵，名闻诸侯者，徒以有魏也。今秦攻魏，魏急而公子不恤，使秦破大梁而夷先王之宗庙，公子当何面目立天下乎？"（公子之所以得到赵国的重视、名闻诸侯，都是因为魏国的缘故。现在秦国攻打魏国，魏国危急，公子却坐视不救，如果秦国占领了大梁，毁掉了先王的宗庙，那么公子有何面目立于天下呢？）

毛公和薛公的话深深地触动了信陵君，《史记·魏公子列传》记载："语未及卒，公子立变色，告车趣驾归救魏。"（**点评：信陵君终于走了，平原君松了一口气，不过平原君肯定没想到帮自己解决信陵君问题的人居然是自己当年鄙视的江湖处士毛公和薛公。**）

大梁，魏王王宫。

魏王和信陵君，这对分别十年的王室兄弟终于见面了，十年之前他们还是风华正茂的青年，十年之后历经沧桑的他们见面之后感慨万千。两人相拥而泣，场面非常感人。擦干眼泪的魏王越看自己的这位弟弟越可爱，当即任命信陵君为上将军，从此信陵君正式成为魏国的三军总司令，掌握了魏国的兵权。（魏王见公子，相与泣，而以上将军印授公子，公子遂将。）

信陵君当上了魏国的上将军就是秦庄襄王和蒙骜噩梦的开始，此前顺风顺水的征魏战争就像上坡时突然熄火而又手刹失灵的超载卡车一样，在重力的影响下以排山倒海的气势滑了下去。公元前247年（魏安釐王三十三年），信陵君派人向各国诸侯发出了信陵君担任魏国上将军的消息，本来面临破产清算的魏国因为注入了核心资产信陵君而投资价值暴增，各国诸侯不愿意错失这个投资机会，纷纷派兵赶到魏国援助。

除了因为远离秦国而不愿意卷入战争的齐国和燕国继续置身事外，赵、韩、楚、卫都派出了军队，四国援军与魏国军队一起组成了五国联军。在信陵君的统一指挥下，五国联军迅速在黄河以东地区集结部署，与蒙骜率领的秦军展开了决战。虽然当时秦国是第一军事强国，秦国打击任何一个国家都是胜多败少，但是这次战争再次证明了“一根筷子和一把筷子”的道理。蒙骜军团寡不敌众，被五国联军杀得大败而逃。

信陵君率领五国联军继续乘胜追击，一直追到了秦国边境的函谷关，秦军坚守不出，避其锋芒。信陵君在取得了完胜以后收兵回国。

法治精神

打败了蒙骜，五国联军在庆祝胜利后正式解散，其他四国援军陆续回到了各自的国家。信陵君送走了前来助阵的帮手们，决定继续扩大战果，他对管城发动了进攻。管城位于今天的郑州，当时是秦国的领土。信陵君率领的魏国部队在管城遭遇了顽强的抵抗，魏军久攻不下。这时有人向信陵君提供了一个情报：此时奉命镇守管城的主将是安陵人缩高的儿子，信陵君既然打不过儿子，就决定从老爸身上想办法。

安陵是魏国的一个小附属国，当时安陵的诸侯被称为安陵君。信陵君派人向安陵君带去了口信：“君其遣缩高，吾将仕之五大夫，使为持节尉。”（请您送缩高过来，我将任命他为五大夫，让他担任持节军尉。）安陵君当然知道信陵君的真实意图，利用老子来劝降儿子能达到“不战而屈人之兵”的目的，但是这样做对缩高来说却是非常为难的。安陵君觉得这样做很不厚道，于是他想尽量两边都不得罪，安陵君这样回复了信陵君：“安陵，小国也，不能必使其民。使者自请往之。”（安陵是个小国，不能强迫百姓听命。请信陵君的使者自己去请他吧。）然后安陵君派人带路，带着信陵君的使者来到了缩高家，向缩高宣布了信陵君的任命。缩高听到信陵君使者宣布的任命，非常苦恼，缩高是个有原则的人，他不认为自己有义务劝降儿子背叛秦国。于是缩高这样答复信陵君的使者：“君之幸高也，将使高攻管也。夫父攻子守，人之笑也；见臣而下，是背主也。父教子背，亦非君之所喜。敢再拜辞！”（信陵君对缩高太好了，让缩高攻打管城。父亲攻城儿子防守，一定会被天下人耻笑；儿子见到父亲攻城而放弃守城，这是背叛主上的行为。父亲教儿子背叛，也不是信陵君愿意看到的事。所以缩高只好大胆辞谢信陵君的好意了。）

使者只是奉命来请缩高去当官，既然人家不愿意当官，使者也不好强求，只好据实回报信陵君。信陵君非常愤怒，他再次派出使者找到安陵君，对安陵君说："安陵之地，亦犹魏也。今吾攻管不下，则秦兵及我，社稷必危矣。愿君生束缩高而致之！若君弗致，无忌将发十万之师以造安陵之城下。"（安陵这个地方，也就是魏国的领土。现在我攻打管城却无法攻下，那么秦兵攻我，国家社稷就危险了。希望您能活捉缩高把他送来，如果您不把他送来，我将发十万大军来到安陵城下。）信陵君失去了耐心，决定把管城守的老爸抢过来，他认为安陵君有义务帮助自己完成这次为了国家利益的绑架。没想到安陵君不仅没有就范，反而拿出了魏国的宪章跟信陵君据理力争，安陵君说："吾先君成侯受诏襄王以守此城也，手授太府之宪。宪之上篇曰：'臣弑君，子弑父，有常不赦。国虽大赦，降城之子不得与焉。'今缩高辞大位以全父子之义，而君曰'必生致之'，是使我负襄王之诏而废太府之宪也，虽死，终不敢行！"（我的先祖成侯受襄王的诏命镇守安陵，当时襄王亲手把魏国的宪章授给成侯。宪章的上篇说：'臣子杀死君王，儿子杀死父亲，常法不得赦免。即使国家大赦，那些举城投降和逃亡的人不包括在内。'现在缩高辞掉高官之位，以保全父子之义。您反而说'一定要活捉他送来'，这是让我背弃襄王的诏命，违背魏国的宪章，即使我死，也不敢这样做！）从安陵君义正词严的拒绝当中，我们可以发现两千多年前的魏国已经有了宪章精神，魏国的宪章维护的是国家的根本价值观和社会的基本秩序。这种价值观和秩序用孔子的话概括就是"君君，臣臣，父父，子子"，也就是无论是君王还是臣子，无论是父亲还是儿子，都要遵守自己的本分，尽到自己的义务和责任。魏国的宪章不仅严厉地规定了臣子杀死君王、儿子杀死父亲是无法赦免的重罪，而且也规定了没有尽到守城责任的人无法得到赦免。按照魏国的宪章，缩高的做法是值得肯定的，因为如果他接受信陵君的任命，就必然要陷入"子弑父，有常不赦"或者"国虽大赦，降城之子不得与焉"的两难境地。也就是说信陵君的任命就是要让缩高违反魏国的宪章，因此缩高拒绝信陵君的高官厚禄是有法律依据的，是完全符合魏国宪章规定的。虽然当时的信陵君位高权重，在魏国仅次于魏王，不过本着宪法高于一切权力的精神，安陵君坚信信陵君没有权力强迫缩高违反宪章。为了维护魏国宪章的尊严和神圣，安陵君甚至坚决地表态："虽死，终不敢行！"

不过当缩高听说了安陵君的答复以后，却为安陵君担心了，他说："信陵君为人，悍猛而自用，此辞必反为国祸。吾已全己，无违人臣之义矣，岂可使吾君有魏患乎？”（信陵君为人强悍勇猛而刚愎自用，安陵君这样答复信陵君必然招来祸患。我已经保全了自己，不违背作为人臣的道义了，怎么能够使得我的君主遭受魏国的兵祸呢？）

缩高来到了信陵君使者的住处，当着使者的面拔刀自刎了。

这件事搞得信陵君很被动，信陵君的动机本来是爱国的，可是他没想到有时候爱国也会违反宪章。安陵君的话和缩高的死给信陵君上了一堂生动的法治课，信陵君非常惭愧，他亲自穿上孝服悼念缩高，然后住在侧房里反省思过。信陵君还派出使者向安陵君赔礼道歉，使者带去了信陵君的检讨：“无忌，小人也。困于思虑，失言于君，请再拜辞罪！”（无忌是个小人，考虑不够周全，对您说了不该说的话，请接受我再拜谢罪！）

分析缩高的案例，我们可以发现法治进步依赖于三个条件。首先，整个社会必须建立起普遍接受和认可的价值观，这种价值观对于主流社会来说应该是一种信仰，不可妥协，而法律必须维护这种全民接受的价值观；第二，包括政府和社会精英在内的全体公民必须具有高度的法治意识，而不被强权所左右，有时候甚至不惜牺牲自己；第三，拥有立法权和执法权的国家体制必须具有反省精神和自我修正的能力。（**点评：这是中国历史上最早的关于法治精神的记录，太府之宪大概是中国历史上最早的宪法。**）

英雄末路

缩高死了，我们不能因此就认为魏国的法治进步了，因为最终决定这个国家命运的人仍然只有一个，那就是国王。

虽然信陵君没能占领管城，但是信陵君领导的五国联军毕竟杀得秦国名将蒙骜领导的秦军大败而逃。自从信陵君窃符救赵，在邯郸城外打跑了王龁率领的秦军以后的整整十年里，各国诸侯再也没有取得对秦战争的胜利。相隔十年，五国联军在信陵君的领导下再次尝到了战胜秦国的滋味，而十年间两次战胜秦国的辉煌胜利都是在信陵君的积极参与和领导下实现的。凭着不容置疑的实力和业绩，信陵君成为了各国诸侯心目中当之无愧的“秦国克星”。各诸侯国的人才纷纷投奔信陵君，向信陵君进献兵法著作，信陵君组织人整理了各国进献的兵法，后世将这部兵法称为《魏公子兵法》。

信陵君的威望迅速飙升，让秦庄襄王看到了机会，这个机会存在于魏安釐王的内心世界。秦庄襄王派出了间谍，携带着万斤的黄金来到了魏国。他们找到了当初被朱亥杀死的晋鄙的门下食客，提出了替主人报仇同时兼顾发财的建议；秦庄襄王的建议和堆积如山的黄金让晋鄙的食客们再次燃起了对信陵君的仇恨。随着时间的推移，仇恨也许会慢慢淡忘，但是在黄金的激励下原本无冤无仇都可以你死我活，何况是真的有仇呢？于是很快魏王就听到了这样故事："公子亡在外十年矣，今为魏将，诸侯将皆属，诸侯徒闻魏公子，不闻魏王。公子亦欲因此时定南面而王，诸侯畏公子之威，方欲共立之。"（信陵君流亡在外已经十年了，现在成为了上将军，各国诸侯都接受他的统率，各国诸侯只知道信陵君，而不知道魏王。信陵君也想趁机称王，各国诸侯都畏惧信陵君的威望，都想共同拥戴他称王。）世上的人都是"共患难易，同富贵难"，当初魏安釐王就对信陵君非常不放心，所以十年前信陵君在魏国有名无权，长期得不到重用。后来信陵君居然盗取兵符，假传魏安釐王的诏命，成功地杀死晋鄙夺取兵权。虽然邯郸之围解除以后，信陵君主动归还了兵权，但是信陵君的胆大心细和创造奇迹的能力仍然让魏安釐王不寒而栗。十年过去了，形势发生了改变，魏国的主要矛盾是如何抵御秦国的入侵，继续生存下去。因此魏安釐王暂时抛开了对信陵君的猜忌，邀请信陵君回国效力，现在信陵君把蒙骜杀得大败而逃，魏国的生存危机暂时解除了，因此魏国的主要矛盾又再次回到了无能的哥哥国王和超强的弟弟信陵君之间的关系上。

晋鄙的食客散布的是货真价实的谣言，但是信陵君称王的实力也是货真价实的事实，至于他内心是否有这个念头则无法证明。政治强人只能相信实力，不能相信良心，因为良心对于政治来说实在是一种理想主义的装饰品。于是魏王开始对信陵君怀疑了，或者，更准确地说随着蒙骜率领的秦国大军大败而逃，魏王恢复了对信陵君的怀疑。

后来，秦王继续派出间谍跑到信陵君那里祝贺信陵君，追问他是否已经登上了魏国的王位，仿佛全世界人民都热切地盼望着弟弟代替哥哥当国王。同时，有关信陵君谋反称王的各种版本消息如同疑似H1N1流感病例一样不断地出现在大梁的每个角落。此时的魏安釐王不仅是怀疑了，简直就是恐慌了，他下令免去了信陵君上将军职务，让其他亲信接管了兵权。

交出兵权的信陵君知道自己在魏国的政治生命已经走到了尽头，他向哥哥请了病假，干脆不去上班了。

提前退休的信陵君待在家里非常憋屈，很快就感到精神空虚，他邀请宾客彻夜狂欢，加班加点地喝酒，不到四年时间，信陵君终于把自己的生理生命也彻底透支干净。公元前243年，信陵君死去了，同年，那个和信陵君斗了一辈子心眼的哥哥魏安釐王也死去了。

就在信陵君遭到罢免的同一年，陷害信陵君的秦庄襄王也死去了，他的儿子嬴政继位，这就是那位统一天下的千古大帝秦始皇。秦始皇听说信陵君死去，立刻派蒙骜率领秦军再次开始了对魏国的入侵，顺利地占领了酸枣、燕、虚、长平、雍丘、山阳等二十座城邑，在那里设置了东郡并正式纳入秦国的版图。

信陵君死后十八年，秦国灭亡了魏国，俘虏了魏王，大梁遭到了屠城。

信陵君一生传奇而精彩，结局悲愤而苍凉，这样的英雄人物非常适合成为青少年的偶像。据《史记·魏公子列传》记载，汉高祖刘邦年轻的时候非常崇拜信陵君。后来刘邦当上了皇帝，每次路过大梁，都要亲自主持祭祀信陵君。汉高祖十二年，刘邦平定了黥布的叛乱，回长安的时候再次路过大梁。这次汉高祖指定了五户人家为信陵君守陵，世世代代坚持一年四季祭祀信陵君。

遍观《史记》中战国人物的传记，信陵君是唯一获得汉高祖刘邦如此尊崇的战国人物。

后世有很多关于信陵君传奇故事的文学作品，其中最著名的就是李白的《侠客行》：

赵客缦胡缨，吴钩霜雪明。
银鞍照白马，飒沓如流星。
十步杀一人，千里不留行。
事了拂衣去，深藏身与名。
闲过信陵饮，脱剑膝前横。
将炙啖朱亥，持觞劝侯嬴。
三杯吐然诺，五岳倒为轻。
眼花耳热后，意气素霓生。
救赵挥金槌，邯郸先震惊。
千秋二壮士，烜赫大梁城。
纵死侠骨香，不惭世上英。
谁能书阁下，白首太玄经。

扶栏客曰

信陵君英雄气概、一生磊落，在战国人物中堪称上上人品，以其能力和威望，完全可以夺权自立，这也是魏安釐王长期猜忌他的原因。然而，信陵君始终信奉和坚持忠义的做人原则，宁愿抑郁而死，绝不背叛祖国和兄长，这应该是汉高祖刘邦推崇信陵君的最重要原因。汉高祖立国以后，其手下能力威望出众者纷纷谋反（如韩信、彭越、黥布等人），想必刘邦平定黥布叛乱之后站在信陵君坟前一定感慨人心不古。

纵横家

春申君 黄歇

个性关键词：缜密 大胆 贪婪 狂妄

以文止战

春申君姓黄名歇，不过春秋战国时期的楚国王族姓熊，因此春申君并不是楚王家的亲戚，也就是说，他是唯一以非王族身份入选战国四公子的人物。春申君一生中经历过两任楚王——楚顷襄王和楚考烈王，在楚考烈王在位期间担任楚国相国长达二十多年，春申君也是战国四公子当中权位最高且地位最稳固的一位职业政治家。就凭以上两条，春申君黄歇很不简单。

由于没有显赫的贵族家族背景，春申君黄歇不可能拥有像另外三位战国公子那样的高起点，事实上黄歇是一位典型的技术官僚。黄歇年轻的时候不仅博学广闻，而且能言善辩，确切地说，早年的春申君黄歇是一位非常典型的纵横家。《史记·春申君列传》记载："游学博闻，事楚顷襄王。顷襄王以歇为辩，使于秦。"黄歇年轻的时候因为学习好、口才好，从而走上了仕途。后来楚顷襄王发现黄歇的辩才出众，就任命他为出使秦国的使者。

这里我们需要先了解一下楚顷襄王的背景，楚顷襄王名叫熊横，他的老爸就是战国历史上著名的"冤大头"楚怀王。楚怀王理想远大而思维混乱，在天才纵横家张仪坚持不懈的忽悠下，楚怀王从一代霸主一步一步沦落到了无家可归的地步，最后客死他乡。身为这样一位糊涂国王的法定继承人，楚顷襄王的人生注定非常坎坷。战国时期处于弱势地位的诸侯国与相对强势的诸侯国结盟，就像现在的"房奴"向银行申请贷款一样，必须拿出值钱的资产抵押。为了表示足够的诚意，当时诸侯国之间结盟最常用的抵押物就是国王的儿子，其中最常用的就是太子，也就是未来的国王。民主时期青年们就是国家的未来，而专制时期太子就是国家的未来，国王为了争取其他国家的支持，不得不选择用国家的未来和骨肉亲情作为抵押，所以在战国时期的国王和太子都是非常具有挑战性的职业。和很多战国时期的太子一样，熊横当太子的时候也长期担任职业人质，像一件抵押物一样在不同的诸侯之间辗转。

我们知道楚怀王在位期间楚国曾经一度非常强盛，楚怀王本人甚至当过六国抗秦联盟的盟主。楚怀王领导的六国抗秦联盟全盛时期，秦国的扩张战略受到了明显的遏制。要想摆脱这种被动局面首先要破坏以楚国为首的抗秦联盟，这个历史的重任就落在了张仪的身上。经过张仪一系列令人眼花缭乱的忽悠，到公元前304年楚国断绝了与齐国的联盟关系，最终和秦国结盟了。为了表示诚意，楚怀王把太子熊横送到了秦国作为抵押，这位人质太子就是后来的楚顷襄王。两年后，人质太子熊横做了一件惊世骇俗的事情：他杀死了秦国的一个大臣，逃回了楚国。根据《资治通鉴》的记载，当时有一位秦国的大臣不知道因为什么原因和熊横发生了争斗，熊横一不小心就把那位冒犯自己的秦国大臣弄死了。后来秦昭王声称楚国太子熊横杀害的是一位秦国的重臣，不过令人疑惑的是这位重臣在史书上并没有留下名字，可见这种说法也许只是秦昭王夸大其词，目的是讹诈楚国。不管这位被弄死的重臣是否重要，但是他在死前显然不会想到一个抵押物也具有如此致命的杀伤力。也许是熊横在秦国当人质期间受到了太多的压迫，也许是他早就策划好了要逃回楚国，总之从这件事可以看出熊横是一位很有血性和行动能力的太子。

不幸的是熊横回到楚国以后仅仅两年，秦国就发动了侵略楚国的战争，斩杀楚军三万人，占领了襄城。秦楚联盟破裂，楚怀王为了争取齐国的支持，就把太子熊横再次送到齐国当人质。再后来楚怀王被张仪忽悠到了秦国遭到了扣留，楚国大臣就从齐国迎回了太子熊横立为楚王，这就是楚顷襄王。

楚顷襄王登上王位的那一年是公元前299年。虽然随着楚顷襄王上台，秦国失去了利用楚怀王敲诈楚国的筹码，不过在秦国和楚国的对抗当中，秦强楚弱的形势并没有变化。就在楚顷襄王元年，秦国就占领了楚国的十八座城邑，二十一年以后，公元前278年，秦国大良造白起占领了楚国的首都郢都，纵火焚烧了夷陵，秦国在郢都设置了一个郡，命名为南郡。由于这次成功占领楚国首都的远征行动，白起被封为武安君。第二年，白起再次平定了楚国的巫和黔中，设立了黔中郡。紧接着，秦国又对韩国和魏国发动了战争，在公元前276年到公元前273年的三年里，韩国和魏国屡战屡败，最后不得不割让了大片领土与秦国求和。

征服了韩国和魏国，秦昭王计划联合韩国和魏国对老冤家楚国下手了。楚顷襄王非常紧张，他派出了黄歇带队的外交使团，企图以外交手段避免遭到秦国的军事打击。

黄歇明白秦昭王灭亡楚国的野心不是心血来潮，要劝说他放弃这个想法必须依靠严密的逻辑。于是黄歇写了一份劝阻秦国灭亡楚国的报告，呈现给了秦昭王。这篇报告被《史记》抄录了下来，其原文如下：

天下莫强于秦楚。今闻大王欲伐楚，此犹两虎相与斗。两虎相与斗而驽犬受其弊，不如善楚。臣请言其说：臣闻物至则反，冬夏是也；致至则危，累棋是也。今大国之地，遍天下有其二垂，此从生民已来，万乘之地未尝有也。先帝文王、庄王之身，三世不妄接地于齐，以绝从亲之要。今王使盛桥守事于韩，盛桥以其地入秦，是王不用甲，不信威，而得百里之地。王可谓能矣。王又举甲而攻魏，杜大梁之门，举河内，拔燕、酸枣、虚、桃，入邢，魏之兵云翔而不敢捄。王之功亦多矣。王休甲息众，二年而后复之；又并蒲、衍、首、垣，以临仁、平丘，黄、济阳婴城而魏氏服；王又割濮磨之北，注齐秦之要，绝楚赵之脊，天下五合六聚而不敢救。王之威亦单矣。王若能持功守威，绌攻取之心而肥仁义之地，使无后患，三王不足四，五伯不足六也。王若负人徒之众，仗兵革之强，乘毁魏之威，而欲以力臣天下之主，臣恐其有后患也。诗曰："靡不有初，鲜克有终。"易曰："狐涉水，濡其尾。"此言始之易，终之难也。何以知其然也？昔智氏见伐赵之利而不知榆次之祸，吴见伐齐之便而不知干隧之败。此二国者，非无大功也，没利于前而易患于后也。吴之信越也，从而伐齐，既胜齐人于艾陵，还为越王禽三渚之浦。智氏之信韩、魏也，从而伐赵，攻晋阳城，胜有日矣，韩、魏叛之，杀智伯瑶于凿台之下。今王妒楚之不毁也，而忘毁楚之强韩、魏也，臣为王虑而不取也。

诗曰："大武远宅而不涉。"从此观之，楚国，援也；邻国，敌也。诗云："趯趯毚兔，遇犬获之。他人有心，余忖度之。"今王中道而信韩、魏之善王也，此正吴之信越也。臣闻之，敌不可假，时不可失。臣恐韩、魏卑辞除患而实欲欺大国也。何则？王无重世之德于韩、魏，而有累世之怨焉。夫韩、魏父子兄弟接踵而死于秦者将十世矣。本国残，社稷坏，宗庙毁。刳腹绝肠，折颈摺颐，首身分离，暴骸骨于草泽，头颅僵仆，相望于境，父子老弱系脰束手为群虏者相及于路。鬼神孤伤，无所血食。人民不聊生，族类离散，流亡为仆妾者，盈满海内矣。故韩、魏之不亡，秦社稷之忧也，今王资之与攻楚，不亦过乎！

且王攻楚将恶出兵？王将借路于仇雠之韩、魏乎？兵出之日而王忧其不返也，是王以兵资于仇雠之韩、魏也。王若不借路于仇雠之韩、魏，必攻随水右壤。随水右壤，此皆广川大水，山林溪谷，不食之地也，王虽有之，不为得地。是王有毁楚之名而无得地之实也。且王攻楚之日，四国必悉起兵以应王。秦、楚之兵构而不离，魏氏将出而攻留、方与、铚、湖陵、砀、萧、相，故宋必尽。齐人南面攻楚，泗上必举。此皆平原四达，膏腴之地，而使独攻。王破楚以肥韩、魏于中国而劲齐。韩、魏之强，足以校于秦。齐南以泗水为境，东负海，北倚河，而无后患，天下之国莫强于齐、魏，齐、魏得地葆利而详事下吏，一年之后，为帝未能，其于禁王之为帝有余矣。

夫以王壤土之博，人徒之众，兵革之强，壹举事而树怨于楚，迟令韩、魏归帝重于齐，是王失计也。臣为王虑，莫若善楚。秦、楚合而为一以临韩，韩必敛手。王施以东山之险，带以曲河之利，韩必为关内之侯。若是而王以十万戍郑，梁氏寒心，许、鄢陵婴城，而上蔡、召陵不往来也，如此而魏亦关内侯矣。王壹善楚，而关内两万乘之主注地于齐，齐右壤可拱手而取也。王之地一经两海，要约天下，是燕、赵无齐、楚，齐、楚无燕、赵也。然后危动燕、赵，直摇齐、楚，此四国者不待痛而服矣。

黄歇的这篇报告把秦、楚、韩、魏、齐等几个国家之间的多边关系分析得非常透彻，他为一贯奉行单边主义和霸权主义的秦昭王提供了一个全新的视角。当时的韩国和魏国虽然在秦国的强大武力威胁下与秦昭王签订了城下之盟，但是谁都知道这两个国家屈服于秦国只是迫于无奈，它们与秦国的关系并非坚固的攻守同盟。无论从地缘还是从历史恩怨上来看，与秦国矛盾最深、仇恨最大的国家就是韩国和魏国，从地图上看，当时的韩国和魏国与秦国的边境犬牙交错，随着秦国军事力量的崛起，韩国和魏国的领土正在逐步缩小。可以毫不夸张地说，当时的韩国和魏国在生存空间上已经与秦国势不两立、不可调和。后来的历史发展轨迹也的确印证了秦国与韩国和魏国之间你死我活的关系，在秦始皇统一六国的进程中最早被秦国灭掉的国家就是韩国和魏国。因此此时的秦国如果倾举国之力打击楚国，很可能为站在秦国背后暗自发狠的宿敌韩国和魏国提供了绝佳的复仇机会或者占便宜机会，所谓“鹬蚌相争，渔翁得利”。反过来看楚国，这个国家国土辽阔、人口众多，虽然在与秦国争雄的过程中长期处于弱势，但是即便当初白起占领了楚国首都，也并不能一举灭亡这个大国。因此如果秦国发动对楚国的全面战争，绝不可能速战速决，战争一旦陷入胶着和消耗，很可能会使得本来就与其他几个诸侯国严重对立的秦国陷入局面失控的危险。即便最后秦国真的能灭亡楚国，最终最大的受益者也许并不是秦国，而是以逸待劳的其他诸侯国。

黄歇的分析暗合秦国“远交近攻”的战略思想，秦昭王不得不承认黄歇的理由很充分。于是秦昭王不仅放弃了进攻楚国的打算，而且与楚国签订了联盟条约。（点评：黄歇首次亮相，确有真才实学。）

黄歇在战国政治外交舞台上的第一次亮相非常精彩，一篇报告化解了一场战争。黄歇阻止了秦国发动对楚战争，回到楚国复命，而此时按照战国的政治传统需要派一位楚国的王子前往秦国充当人质，以表示楚国与秦国结盟的诚意。那位靠充当职业人质捞取政治资本登上王位的楚顷襄王决定让太子继续自己年轻时候的宿命，他派太子熊完前往秦国作为自己与秦国结盟的抵押。由于黄歇出色地完成了阻止秦国发动战争的外交任务，因此楚顷襄王下令黄歇跟随熊完前往秦国，继续与秦昭王斗智斗勇。

改变命运的一次豪赌

陪人质太子去虎狼之地的秦国，这个任务对黄歇来说既是挑战也是机遇，不过黄歇必须首先面对挑战。太子熊完在黄歇的陪同下来到了秦国，一住就是数年。当人质的日子平淡而无聊，直到有一天从楚国传来楚顷襄王病重的消息。听到这个消息熊完非常着急，自己不仅是楚国的法定太子，而且为了楚国免于遭到秦国的侵略，还委曲求全充当抵押物。现在那个狠心把自己抵押出去的国王老爸病重了，而自己偏偏不在身边，万一楚顷襄王真的死了，而国内又有新的王子冒出来当楚王，熊完岂不是白白在秦国耗费了自己的青春?

为了热切盼望自己回国接班的楚国人民，为了自己提心吊胆的青春不白白虚度，太子熊完必须尽快回到楚国，回到奄奄一息的国王老爸身边。然而此时的太子熊完没有人身自由，准确地说秦国并没有把他当成一个人来看待，而是当成一件抵押物。抵押物当然不能轻易离开，除非债主答应。于是辅佐太子的黄歇想到了当时秦国的相国应侯范雎。熊完和秦相国应侯范雎关系很好。后来有很多人都不喜欢纵横家，认为他们毫无道德底线，朝三暮四，不过纵横家至少有两个明显的长处：第一是广结善缘，第二就是保持理性。因此范雎在熊完滞留咸阳期间非常善待这位未来楚国的主人，同时在对待熊完要不要回国这件事上，范雎心态非常开放，坚持了两个“有利于”的原则，那就是“是否有利于国家，是否有利于自己”。这就是纵横家们的人生态度和思维方式：只谈利益，不谈政治。

所以纵横家黄歇决定和纵横家范雎讲道理，并且从熊完的利用价值来论证促使太子熊完回到楚国对秦国和范雎的巨大好处。黄歇见到应侯范雎，开口就问：

"相国诚善楚太子乎？"（相国真的和楚太子关系友好吗？）应侯范雎回答："然。"（是。）黄歇说："今楚王恐不起疾，秦不如归其太子。太子得立，其事秦必重而德相国无穷，是亲与国而得储万乘也。若不归，则咸阳一布衣耳；楚更立太子，必不事秦。夫失与国而绝万乘之和，非计也。愿相国孰虑之。"（现在楚王的病恐怕好不了了，秦国不如送太子回去，太子回去如果能够即位，他必然会好好对待秦国，永远报答相国您的恩德，这样秦国就得到了万乘之国的支持。如果不送太子回去，他只不过是咸阳的一个布衣百姓罢了。楚国如果另立太子，必然不会善待秦国。这就是失去了与一个万乘之国的友好关系，这样很不明智。请相国认真考虑。）

应侯范雎不得不承认，黄歇的分析非常有道理，于是他把黄歇讲的道理转告给了秦昭王。秦昭王挑不出黄歇的逻辑问题，但是他就是有点不放心，于是他命令让熊完的老师先回到楚国探视楚顷襄王的病情，回来汇报以后再做决定。秦昭王的担心非常合理，如果楚顷襄王真的死了，熊完作为人质的价值将彻底消失。因为在帝王之家，通常只有老爸与儿子之间才存在真正的骨肉亲情，兄弟之间更多的是你死我活的竞争。如果楚顷襄王死后太子熊完不在身边，那么很可能导致其他王子当上国王，一旦出现这种情况，新任楚王很可能根本不在乎自己兄弟的死活，甚至更希望他早点从地球上消失。一个没人在乎死活的人质就像一瓶过期的罐头一样，扔掉了可惜，吃下去搞不好要拉肚子。为了保证秦国的利益，秦昭王必须在楚顷襄王死后争取让熊完当上国王。但是如果楚顷襄王没有死，也就是说熊完暂时还当不上国王，那么他作为人质的价值就仍然可以延续，只要关心太子死活的老国王还在位，这个人质就可以牵制楚国。如果出现后一种情况，秦国放太子熊完回去就是一笔亏本的买卖，所以在做出是否放太子熊完回去的决定之前，必须证实楚顷襄王是否真的病入膏肓，是否真的即将从王位上消失而转入宗庙接受供奉。问题是当时不论是秦昭王还是范雎，对楚顷襄王的病情了解都来自黄歇的描述，然而不幸的是，在战国时期纵横家就像金融危机后的金融家一样，让人难以信任。因此秦昭王不得不对楚顷襄王是否真的即将病死产生了怀疑，为了避免因为信息不对称造成的决策失误，秦昭王决定让熊完的老师回到楚国探视病情。太子老师代替太子回去探病，于情于理都说得过去，更重要的是秦昭王一定会安插自己的亲信随同太子老师一起去楚国。等到太子的老师从楚国探病回来，掌握了准确情报的秦昭王才能做出决策。

然而黄歇不能再等了。

那年头没有飞机和高速铁路，从咸阳到郢都往返怎么都要一个月时间，万一楚顷襄王活不过这一个月而让其他王子捷足先登，或者万一多疑的秦昭王又有了新的想法，那么不仅熊完完了，黄歇也只能跟着一起完了。黄歇知道自己必须替太子下决心，于是黄歇向熊完提出了一个大胆的建议："秦之留太子也，欲以求利也。今太子力未能有以利秦也，歇忧之甚。而阳文君子二人在中，王若卒大命，太子不在，阳文君子必立为后，太子不得奉宗庙矣。不如亡秦，与使者俱出；臣请止，以死当之。"（秦国留下太子，就是想利用太子谋利。现在太子的势力不能为秦国带来好处，我非常忧虑。况且阳文君的两个儿子都在国内，如果大王去世了，太子不在身边，阳文君的儿子必然会被拥立称王，这样您就无法奉祀宗庙了。太子不如从秦国逃走，和使者一起回国；我留在这里，大不了一死承担此事。）

黄歇的这个建议不仅非常大胆而且抓住了问题的重点，在新老国王权力交替的关键时刻，时间就是一切，为了赢得时间必须冒险。听到黄歇提出的这个豁出去自己成全太子的建议，熊完非常感动，正是这一刻的感动成全了春申君一生的荣华富贵。（**点评：独撑危局，胆略过人。**）

于是太子熊完换上了车夫的衣服，装扮成使团的车夫，亲自驾车离开了秦国。我们知道秦昭王一定会在使团中安插自己的亲信，因此熊完能够成功逃脱并不简单，不过因为有纵横家黄歇的参与，这个问题不难解决。

黄歇非常清楚自己的这个建议意味着什么，万一秦昭王情绪失控，自己马上就要人头落地。不过如果秦昭王情绪不失控，那么黄歇就可能通过熊完登上王位而赢得自己成功、辉煌的人生。这就是一场以生命为代价的豪赌，黄歇别无选择，只有默默地等待着属于自己的历史时刻的到来。

自从熊完离开咸阳，黄歇就对外宣称熊完生病了，闭门谢客。由于辅佐楚太子的黄歇仍然保持着正常的工作和生活，所以秦国君臣并没有看出破绽，或者也许有人（比如范雎）看出了破绽，但是出于某种原因不愿意说破。直到黄歇估算着太子熊完已经进入楚国国境，秦国不可能追到太子了，黄歇才走出了熊完在咸阳的居所，面见秦昭王谢罪。

黄歇说："楚太子已归，出远矣。歇当死，愿赐死。"（楚太子已经回国了，已经离开很远了。我的罪过该死，愿意接受赐死。）黄歇对秦昭王说这番话的时候大义凛然、不卑不亢，颇有蔺相如偷运和氏璧归国后在大殿上对峙秦昭王的风采。对于那些身逢乱世的历史人物而言，富贵是不是真的如浮云因人而异，但是生死有时候的确就是一念之差。"老大"情绪失控了，然后又及时恢复了理智，这一天过去了；"老大"情绪失控了，但是没有及时恢复理智，这一辈子就过去了。

据《史记·春申君列传》记载，当时的秦昭王果然非常激动，要不是应侯范雎拦着，差一点就情绪失控了。激动的秦昭王本来非常乐意接受黄歇的建议，亲眼欣赏黄歇在自己面前自尽。有时候像国王这样高端的社会精英在遭到欺骗以后的审美情趣也与市井草民并没有太大的区别，亲眼见证骗子不得好死是全人类遭到欺骗以后的本能反应。不过应侯范雎的一番话让秦昭王的情绪回到了理智的轨道上，范雎说："歇为人臣，出身以徇其主，太子立，必用歇，故不如无罪而归之，以亲楚。"（黄歇身为人臣，挺身而出牺牲自己成全自己的君主，如果太子即位当了楚王，必然会重用黄歇，所以不如赦免他的罪过，让他回国，以建立与楚国之间的友好关系。）

应侯范雎在为黄歇求情，不过他说的却是不容置疑的事实。此时的熊完不仅已经回国了，而且如果不出现意外，也就是说如果其他王子没有足够的实力和魄力加塞儿、插队，熊完应该就是新一任的楚王。黄歇为了成全太子不仅忘我工作而且勇于奉献，熊完一旦当上了楚王，一定会重用这位大智大勇、大忠大义的黄歇。根据在中国普遍适用的人情规律，熊完当上了楚王，黄歇应该就是楚国的第一重臣，新任楚相的位置几乎已经没有悬念。如果仅仅因为无法控制受骗后的愤怒情绪就眼睁睁地看着黄歇在秦昭王和范雎面前自杀，新楚王一定会怨恨秦昭王和范雎，新楚王在咸阳期间与范雎结下的深厚友谊也必然会化为乌有；如果控制好被欺骗后的愤怒情绪，放黄歇回国效力，黄歇和新楚王都会欠下秦昭王和范雎一个大人情，秦王和秦相送给未来楚王和未来楚相的这个人情很可能会促进秦国和楚国的关系翻开新的一页。何去何从，不言自明。

事实摆在眼前，秦昭王只好放黄歇回国，黄歇赌赢了。

事实证明黄歇当初当机立断让太子熊完偷渡回国非常英明，因为直到黄歇虎口脱险回到楚国以后三个月，楚顷襄王就灯枯油尽，驾鹤西去。如果太子熊完留在秦国等待秦昭王做出判断，那么很可能将失去接班即位的先机，让阳文君的儿子有了加塞儿、插队的机会。由于黄歇拼上性命为熊完争取了宝贵的时间，所以当楚顷襄王走到了权力人生的尽头的时候，熊完作为法定接班人早已做好了接过楚王权力的准备。太子熊完顺利即位，他就是楚考烈王，就这样熊完完成了从人质太子到新一代楚王的华丽转身。回顾熊完登上楚王王位的全过程，黄歇堪称楚考烈王的第一功臣。后来黄歇的命运与应侯范雎的预测完全吻合，就在楚考烈王元年，黄歇被任命为楚国相国，并且被封为春申君，得到了淮北地区的十二个县城作为封地。这是一次非常慷慨的封赏，当然楚考烈王的慷慨离不开黄歇在关键时刻的忘我表现。说通俗一点，黄歇的富贵是拿命换回来的，当然从古至今都不乏忘我表现或者拼命表现的人，但是像黄歇这样得到如此丰厚回报的人非常罕见。春申君黄歇的案例告诉我们，在关键时刻一定要能豁出去，几十年如一日的勤勤恳恳固然可贵，但是有一个普遍规律不容忽视，关键时刻的忘我和拼命才能使原本平庸的命运发生根本的改变。从零到一到二一定需要勤勤恳恳地积累，从十到百到万就需要关键时刻的忘我和拼命了。

可怕的预言

可能是因为欠了秦昭王和秦相范雎的人情，也可能是当时的楚国的确失去了争霸的实力，楚考烈王即位以来楚国基本维持了和平的对外政策，特别是在对秦的关系上尤其小心翼翼。在楚考烈王元年，也就是公元前262年，楚国甚至主动向秦国割让了一个州的领土，以换取两国的和平共处。当然，这种慷慨的领土赠予行为也可以理解成是楚国对于当初秦昭王和范雎成全熊完及黄歇君臣的一种知恩图报的答谢。

但是在那个生存环境险恶的时代，秦楚两国要想永远和平相处的确很不现实。终于，这种和平局面被发生在公元前258年的那次决定七国格局命运的大战打破了。公元前258年，由于秦国大军围攻邯郸，楚国不得不半推半就地加入了对秦国的战争。当时为了挽救濒临灭亡的赵国，赵国派出了平原君赵胜率领的求援使团来到楚国请求楚考烈王派兵援助。后来平原君门下最不被看好的食客毛遂在关键时刻挺身而出，以典型的纵横家式的语言深刻地刺激了楚考烈王，最终促成了楚王下决心派兵救赵（参见本书第二部分）。这次率领楚国军团救援邯郸的将军就是春申君黄歇，后来春申君领导的楚国大军与另一路信陵君领导的魏国援军一起，从邯郸的东西两个方向冲击了王龁领导的围城部队。王龁溃不成军，大败而逃，另一位秦军将军郑安平被包围后率领两万秦军将士投降。从春申君率领楚国援军成功救赵的事件来看，可以说明两个问题。首先是春申君虽然靠着文采和辩才走上仕途并且崭露头角，但是黄歇不仅仅是一个纵横家。尽管王龁大军已经是强弩之末，然而春申君能领导大军跨国远征至少说明他具备了基本的带兵打仗的素质。其次是楚王对春申君的倚重和信任是其他楚国大臣无法替代的，虽然春申君可以干一行爱一行，不过他毕竟不是专业军事人才出身。与白起、王龁、廉颇、晋鄙这些人相比，春申君缺乏过硬的军事背景，因此并不是最合适的主帅人选。楚王把春申君放到这个位置上，最关键的理由就是信任，兵权只有交给最信任的人才放心。

事实上，春申君在楚国担任相国的二十多年里，最突出的成就表现在军事方面。具体地说就是春申君主持了对鲁国的战争，并且最终灭掉了鲁国，为楚国扩张了大片领土。公元前255年，春申君率领楚国大军发动了对鲁国的战争，大败鲁军并占领了鲁国。

楚国虽然占领了鲁国，但是并没有在形式上彻底灭亡鲁国，至少保留了鲁国的国君、国号和宗庙。楚国之所以这样做，大概是考虑到了彻底灭亡鲁国对其他国家造成的巨大冲击，以及鲁国原来统治地区的安定。毕竟在战国时期即便灭掉一个小国也并不是小事，对于其他国家的诸侯而言，这是一个明显的称霸信号。比如当年齐湣王就是在灭掉了宋国以后达到了霸主事业的高峰，不过也正是从齐湣王灭掉宋国开始，齐国的张扬和霸道逐渐引起了各国的不安和仇恨，最终燕国在乐毅的领导下抓住机会，联合各国发动了对齐国的战争，不仅占领了齐国的大部分领土，而且差一点就灭掉了那个称霸东方的昔日大国（参见《历史的个性：兵家》之乐毅篇、田单篇）。

春申君灭掉鲁国以后，委任荀况为原来鲁国地区的兰陵令。荀况就是中国儒家历史上有名的荀子，是赫赫有名的大师。任命这样一个儒学大师担任昔日的鲁国地区行政首长，无疑能够达到稳定人心、维持安定团结政治局面的目的。荀子在兰陵令的岗位上究竟做出了哪些贡献，在《史记》中并没有明确记载，不过由于荀子在中国学术界的重要地位，春申君的这次任命也为自己挣足了面子，因此被记入了《史记·春申君列传》。一个是威震诸侯的权相，一个是彪炳史册的儒学大师，春申君和荀况这对职场组合看起来近乎完美，但是这对完美组合最终并没有善始善终。在《战国策》当中有一个《客说春申君》的故事，在这个故事里春申君在用人方面缺少主见的缺陷被暴露得淋漓尽致。荀况本来并不是春申君的嫡系，由于在学术界和社会上的显赫声望被委以重任，他的这次看似空降般的提拔当然引起了某些人的嫉妒。于是春申君门下的某食客就开始向春申君打小报告了，不过荀况这个人既然是儒学大师自然品行端正，打小报告的人一时也找不到荀况贪污腐化的证据，因此干脆指心见性，直接散布荀子威胁论，揭露荀况对春申君构成的政治威胁。小报告食客对春申君说："汤以亳，武王以镐，皆不过百里以有天下。今荀子，天下贤人也，君籍以百里势，臣窃以为不便于君，何如？”（商汤当年凭借着亳的地盘，周武王依靠着镐的领地，都不过百里的土地最后得到了天下。现在的荀子是天下闻名的贤人，您资助他百里土地，我认为这对您不利，该如何是好呢？）在秦始皇之前的春秋战国时代，周天子分封大诸侯，大诸侯下面再分封小诸侯，政治秩序依靠不同层次之间的诸侯从上到下的控制来维持。不过到了后期，有时候小诸侯由于能力出众，往往会出现挑战大诸侯权威，甚至取而代之的现象，例如当年的晋国分裂成赵、韩、魏三国就是一个典型的案例。春申君本来并不是楚国的王族，因为对楚考烈王登上王位做出了突出贡献所以得到了楚国的相位和淮北十二县的封地，成为了楚考烈王手下的小诸侯。随着春申君在楚国的地位逐渐巩固和在政坛的多年经营，后来的春申君虽无楚王之名，却已经有了楚王之实，楚国的军政大权都被春申君牢牢掌握。因此这位小报告食客的挑拨立刻拨动了春申君心里敏感的政治神经，既然自己可以分享楚考烈王的权力，为什么荀子就不能呢？荀子的声望和能力当时用“众望所归”来形容一点都不夸张，从理论上讲，黄歇能完成的事业荀子也能完成。于是春申君恐慌了，他很快派人向荀况传达了免去了荀况兰陵令职务的决定，直接解雇了荀况。

众望所归的人才当然不会失业，荀子很快被赵国聘为上卿，这个职务廉颇、蔺相如和赵奢也担任过，属于赵国领导班子的核心成员。遭到春申君解雇的荀子职业生涯不仅没有走下坡路，反而又上一层楼，官越做越大了。荀子的职场发展动态很快就被消息灵通的春申君门下食客打听到了，于是有人开始反思春申君辞退荀子的决定，并且向春申君提出了质疑：“昔伊尹去夏入殷，殷王而夏亡。管仲去鲁入齐，鲁弱而齐强。夫贤者之所在，其君未尝不尊，国未尝不荣也。今荀子，天下贤人也，君何辞之？”（当年伊尹离开夏进入殷，殷就称王而夏就灭亡了。管仲离开鲁国来到齐国，鲁国就变得衰落而齐国强盛起来。所以贤人在哪里，哪里的国君就能得到尊重，哪里的国家就能兴旺。现在的荀子是天下闻名的贤人，您为什么要辞退他呢？）

两位食客虽然观点截然相反，但是都异口同声地强调了“今荀子，天下贤人也”，相同的事实在不同人的眼里就有不同的解释，可见在对待人才的问题上心态是多么的重要。难得的是春申君对两种截然相反的意见都是从善如流，第二位食客分析的后果非常严重，万一今后楚国真的走向衰落甚至灭亡，春申君岂不是历史的罪人？春申君犯错误快，改正错误也很快，他立刻派人前往赵国想把荀子请回来。

不过荀子是儒家大师不是身份证，丢了以后可以补办，春申君改正错误的行动不仅没有迎来贤人归来，反而自取其辱。荀子谢绝了春申君的邀请，写了一封很哲学也很文学的回信，让春申君的使者带了回去刺激春申君。

荀子在回信当中首先提出了一个颠覆性的观点："疠人怜王，此不恭之语也。虽然，不可不审察也。此为劫弑死亡之主言也。夫人主年少而矜才，无法术以知奸，则大臣主断国私以禁诛于己也，故弑贤长而立幼弱，废正适而立不义。""疠人"就是麻风病人，麻风病在战国时代属于不治之症，其恐怖程度不亚于现在的艾滋病。麻风病人在普通百姓里面都属于令人可怜的弱势群体，但是就是这样的人居然也能可怜君王。这种说法不仅很不恭敬，而且让人匪夷所思。但是荀子认为应该认真思考这句话的道理，因为这句话是针对遭到胁迫、被人杀害的君主说的。年少的君主喜欢表现自己的才能，就没办法了解臣子的奸诈。大臣专权谋私又怕遭到诛杀和惩罚，于是就杀掉贤能年长的王子而拥立年幼软弱的王子，废除嫡传王子而拥立本来没有继承王位资格的人。接着荀子列举了一系列权臣作乱、弑君篡权的典故。这些典故包括楚康王的弟弟熊围趁着探望侄子楚王郏敖病情的时候，用帽带勒死楚王篡位；齐国崔抒杀掉了给自己戴"绿帽子"的齐庄公，拥立齐庄公的弟弟齐景公；赵国的权臣李兑在沙丘谋反，把赵武灵王围困之后饿死；淖齿在齐国专权，抽掉了齐湣王的筋，把齐湣王吊在庙梁上残害致死。荀子认为麻风病人虽然可怜，但是相比以上四位不得好死的君主，其实还是很幸福的。"夫劫弑死亡之主，心之忧劳，形之困苦，必甚于疠矣。"那些遭到劫持、残杀，最终不得好死的君王，他们在精神和肉体上遭受的伤害其实比麻风病人有过之而无不及。正因为如此，所谓麻风病人可怜君王的话并不是疯话，而是在特定条件下的特定结论，至少麻风病人不用担心突然降临的死亡威胁，至少麻风病人能看得清自己人生的结局。

荀子通过麻风病人可怜君王的例子阐述了哲学，然后又做赋一首对春申君展开了文学攻势："宝珍隋珠，不知佩兮。杂布与锦，不知异兮。闾姝子奢，莫知聘兮。嫫母求之，又甚喜兮。以瞽为明，以聋为聪。以是为非，以凶为吉。呜呼上天，易为其同。"荀子对春申君有眼无珠，抛弃自己的做法非常愤怒，在这首赋里面，他展开了一系列的类比。拥有了名贵的珠宝，却不知道佩戴；把锦和布混在一起，却不知道区别。为了宣泄自己的情绪，荀子甚至将男女恋爱关系引用到了春申君的用人不当上。荀子说比如传说中著名的美女闾姝和帅哥子奢，却没有人给他们做媒。后来著名的"女恐龙"嫫母来追求子奢，大家又开始喜欢这位帅哥。在荀子看来自己就是珠宝就是锦绣，春申君却不知道珍惜。现在春申君听说荀子在赵国当了上卿，所以反悔了派人来请荀子回去，这就好比帅哥子奢因为得到了“女恐龙”嫫母的追求而身价倍增。春申君的行为不仅愚蠢，而且荒唐，简直就是把瞎子当成明眼人，把聋子当成耳聪的人。荀子感慨道：哎呀老天，黑白颠倒、是非不明，竟然如此相同。最后荀子引用了《诗经》来警告春申君：“诗曰：‘上天甚神，无自瘵也。’”《诗经》里的这句话就是警告世人上天非常神明，不要自寻灾祸。

荀子不愧是儒学大师，他没有以德报怨，而是以直抱怨，这种做人的态度是儒家创始人孔子大力提倡的。春申君对待“天下贤人”荀子的态度简直像负心汉对待爱情一样不负责任，不仅是始乱终弃，而且弃了之后还想再乱。荀子给春申君的回信不仅毫不客气地指出了春申君的愚蠢，而且暗示了春申君在楚国专权谋私的事实。实际上春申君后来把怀了自己孩子的李园妹妹送给楚考烈王的目的，就是荀子总结的“大臣主断国私以禁诛于己也”，也就是担心自己遭到清算而把自己的儿子瞒天过海过户给楚考烈王成为楚王的继承人，从而可以继续掌控楚国的政权。更令人震惊的是春申君最终的结局和荀子总结的四位“劫弑死亡之主”非常相似，后来在楚考烈王死后，春申君被李园谋杀灭口，也是不得好死。荀子的回信像一个可怕的预言，更像一个宿命的诅咒，把春申君后来的命运预测得清清楚楚，这大概就是传说中的一语成谶。（点评：荀子不仅准确地预言了春申君死于非命的悲剧，还暗示了春申君遭到手下暗算的命运，这难道仅仅是一种巧合？）

变态的审美观预示了衰落的国运

也许因为曾经拼命力挺熊完上位，也许因为对于灭掉鲁国以后的楚国北部边境安全形势非常担心，春申君在灭掉鲁国的第二年，也就是他登上相位的十五年后做了一件令人匪夷所思的事。在这一年春申君要求归还当年封赏给他的位于淮北的十二个县城，同时申请将江东封赏给自己作为交换。春申君提出这种要求非常罕见，国王封赏封地不是单位过年分水果，通常不可能容忍接受分配的人挑肥拣瘦。按照当时在政治秩序和价值观来判断，春申君的这种行为等于是在试探和挑战国王的权威。春申君大概是战国历史上唯一一位提出这种大胆要求的大臣，就凭这个，春申君绝对算得上那个时代拥有最大权势的权臣。更令人惊奇的是，春申君提出这个要求的理由赤裸裸地表现了自己的自私自利，他说："淮北地边齐，其事急，请以为郡便。"当年楚考烈王封赏淮北十二县给春申君的时候，淮北的北面就是鲁国，而鲁国是一个文化大国、军事小国，跟这样的国家为邻就像小朋友和食草动物交朋友一样，即便占不到便宜也不用担心自身的安全。但是随着春申君领导的伐鲁战争彻底胜利和鲁国的彻底灭亡，这种形势发生了根本的变化，鲁国消失后春申君的封地直接与齐国接壤，因此春申君不得不直接面对来自齐国的压力。与鲁国不同，齐国是一个传统军事强国，按照常理判断，楚国灭掉鲁国的行动必然会深深地刺激齐国。如果是在齐湣王和孟尝君的时代，齐国一定不会容忍这种在自己眼睛里插棒槌的公然挑衅，齐湣王时代的齐国很可能不会等到楚国灭亡鲁国，就一定会卷入与楚国的战争。但是楚国灭鲁发生在齐王田建十六年，此时齐国的大权实际上掌握在齐王田建的母亲君王后手里，这位爱好和平的女政治家一直奉行和平发展的国策，对外政策可以用"四不原则"来概括：不开战、不称霸、不结盟、不卷入任何是非（参见《历史的个性：兵家》之田单篇）。在母亲的庇护下，齐王田建在位四十多年齐国都没有卷入战争。也许正因为楚考烈王和春申君摸透了齐国当权者的政策和性格，所以才悍然发动了对鲁国的侵略战争，在齐国的南边灭掉了齐国的邻居。事实证明楚考烈王和春申君对齐国决策者的政策和心理揣摩得非常准确，直到鲁国彻底灭亡齐国也没有派出一兵一卒来帮助这个弱小的邻邦。

爱好和平是一回事，有没有实力打是另一回事，齐国显然具有对楚国开战的实力，一旦两国开战，春申君的封地就是前线。为了保证自己的封地免受战火涂炭，所以春申君要求更换封地，并且明确提出了将江东封赏给自己的要求。

江东不仅远离边境，而且非常富庶，用位于边境前线的淮北换江东，这的确是一笔好买卖。不过对于楚王来说，这样的要求实在有些过分。当初靖郭君田婴和他的儿子孟尝君田文的封地薛城就在齐国和楚国的边境，当时齐王把这个地方封给田婴父子就是想利用他们的势力为自己守好南大门。事实上，孟尝君时代楚国还发动过攻打薛城的战争，并且差一点就吞并了孟尝君的封地。不过孟尝君即使是在自己权力最鼎盛的时候也从未提出过换封地的要求。现在齐国还没有发动对淮北的军事行动，春申君就开始未雨绸缪为自己的小利益打算了，他不仅不打算像孟尝君那样为楚国守好大门，反而想溜之大吉，跑到一个富庶、安全的地方享受自己的腐败生活。无论从国君还是国家的角度来看，春申君的要求不仅无理，简直就是无耻，此时的春申君与十五年前不顾个人安危力挺熊完偷渡回国接任王位的黄歇似乎判若两人。春申君此举的动机耐人寻味，而楚王的反应也同样耐人寻味，他直接批准了春申君的申请，收回了淮北十二县，然后把富庶、安全的江东封给了春申君。

对于春申君此次大胆提出更换封地的动机，在《史记》上并没有交代，但是我们似乎可以从历史和人性的规律中找到答案。作为帮助楚考烈王登上王位的头号功臣，春申君得到了楚考烈王的非常信任和重用，此后的十五年里，春申君稳居相位，在楚国政治舞台上春申君的地位早已根深蒂固。不过权力这东西跟毒品一样不仅很容易成瘾，而且瘾君子不得不通过不断加大剂量来满足失控的毒瘾。春申君不姓熊，他并不是楚王的实在亲戚，因此如果不发生非常的变故，他根本没有机会觊觎楚国的王位。作为一个非王室出身的重臣，春申君其实已经到达了楚国的政治权力顶峰，当时他不仅是相国，而且掌握了楚国的兵权，楚考烈王即位以来的两次重大对外军事行动都是在春申君的主持下完成的。正因为如此，春申君就更需要楚王进一步认同自己的价值，这其实与封地无关，而与春申君的内心需要有关，因此春申君提出了这样不同寻常的无理要求也就不难理解了。这就像独生子女知道父母很爱自己，但是有时候又想确认一下这种爱的底线，因此就会做出一些非常出格的事情来试探和挑战父母的耐心和容忍度。楚考烈王的反应如同那些溺爱孩子的父母一样，似乎毫无原则，不过黄歇毕竟不是楚王的儿子，这样的考验不可能不刺激到楚王的敏感神经。但是当时春申君不仅是楚国的第一功臣、第一重臣，而且刚刚完成灭掉鲁国的壮举，这个辉煌的业绩远远超出了楚怀王时代和楚顷襄王时代的成就。当时的春申君如日中天，在楚国王权和相权的博弈中，明显占到了上风。从大局出发，此时的楚王接受春申君的无理要求也许就是最明智的一种妥协。

楚王的妥协换来了楚国的强盛，“当是时，楚复强”。

随着楚国的强盛，春申君黄歇在战国江湖上也达到了前所未有的地位。“春申君既相楚，是时齐有孟尝君，赵有平原君，魏有信陵君，方争下士，招致宾客，以相倾夺，辅国持权。”倚仗着楚国相国的权势，春申君像其他的三位战国公子一样，大量招揽食客，聚集人才，以巩固自己在楚国“辅国持权”的地位。

有一年赵国相国平原君赵胜派来了使者看望春申君，客人远道而来，热情款待当然少不了，春申君安排平原君使者住进了“上舍”。我们知道在战国时代，像孟尝君、平原君这样的权贵在招揽食客的时候都会把食客分成不同的等级，不同等级的食客住进相应级别的房子，以区别对待。平原君使者住进了春申君的上舍，也就是享受了春申君门下食客最好的待遇。不过平原君派来的使者显然不是省油的灯，他们为了炫耀赵国的雄厚国力和平原君“不差钱”的经济实力，特意在接受春申君接见的时候精心打扮了自己，他们不仅在头上插上了玳瑁的簪子，而且在随身带的宝剑剑鞘上也用珠宝进行了奢侈的装饰。然而当平原君的使者见到春申君的时候，才意识到楚国显然比赵国更富有，与平原君相比春申君才是真正"不差钱"的大款。

当平原君的使者拜见春申君的时候，按照礼节他们需要低头作揖，随着赵国客人们的视线向下移动，他们突然发现了地面上有两排光彩照人的脚，那是陪同春申君接见平原君使者的上等食客的脚。这些脚之所以光彩照人是因为这些脚上穿的鞋子让远道而来的客人非常震惊，因为这些鞋子上都装饰着名贵的珍珠！这里需要注意的是，在中国古代珍珠是不能人工养殖的，要想获得这种大自然的宝贝，就必须从大江或者大海里捕捞。当时没有氧气瓶和潜水装备，因此在捕捞这些珍珠的时候，采珠人必须憋住一口气潜入水底，然后以大海捞针的毅力去寻找和捕捞那些名贵的珍珠。可以想象在当时原始的条件下进行这样的水中作业是多么辛苦和危险，正因为如此，在中国传统的珍珠捕捞业内就有"一颗珍珠一条命"的说法。然而，这样用命换回来的珍珠不仅装饰到了春申君门下的上等食客的鞋上，而且人人都有，这是多么恐怖的奢侈场面！

这场精心策划的斗富比赛以平原君使者的失败而告终，平原君的使者什么也没失去，但是丢了面子，"春申君客三千余人，其上客皆蹑珠履以见赵使，赵使大惭。"

春申君虽然在与平原君的这次斗富中胜利了，不过以朴素的历史发展眼光来看，春申君和平原君无疑都是失败者。平原君使者代表平原君拜访春申君的事件发生在长平大战和邯郸之围之后，也许正是因为春申君率领楚国军队及时救援了赵国，所以平原君才派出使者来对春申君表示问候和感谢。可以想象，当时的赵国刚经历过两次惨绝人寰的恶战，国内精壮男子几乎损失殆尽，国内的经济状况用民不聊生来形容毫不为过。平原君的使者不远千里跑到楚国去见春申君，既没有提出两国继续发展联盟关系对抗秦国的建设性意见，也没有带来发展两国经济的合作项目，而是竭尽全力地去和春申君斗富，平原君及其使者的素质实在令人不敢恭维。再看春申君，身为楚国相国，这位大佬级的人物在当时秦国虎视眈眈的险恶形势下对楚国的命运丝毫没有危机感，反而挥金如土地装饰着自己的门面，同样俗不可耐。当然，装饰门面本身算不上错误，谁都有追求美的权利，何况是贵为楚相的春申君。不过春申君装饰门面的行为实在是令人发指，可以想象一群穿着珍珠鞋的大男人是多么的妖艳，而这种妖艳又是多么的令人绝望和窒息。当然，就像女人也可以强悍一样，男人也可以妖艳，但是不幸的是这样一群妖艳的男人既不是演艺人才，也不是艺术家，而是影响楚国政治决策的楚相智囊团。性格决定命运，审美决定存亡。用中国传统的历史观来评价春申君和平原君的这次恶俗的斗富，可以得出这两个国家早已显露出了亡国之相的结论，所以说该灭亡的一定会灭亡，没有什么值得可惜的。（**点评：在秦国的蚕食侵略之下，六国相继败亡，这与平原君、春申君等人表现出来的骄奢腐化的生活方式不无关系。**）

迁都避祸

楚考烈王二十二年（公元前241年），这一年发生了一件影响春申君命运的大事。在这一年，楚、赵、魏、韩、卫五个国家联合起来组成了抗秦联军，楚王成为了五国联盟的盟主，而春申君黄歇则作为总司令来领导这支五国联军。这次楚王和春申君一反常态，不仅积极组织抗秦，而且还出头当了联盟的领袖，这与当时秦楚关系的微妙变化有直接的关系。此时的秦国早已经不是秦昭王时代的秦国，经过短命的秦孝文王、仁慈的秦庄襄王两代国王，秦国的王位终于传到了雄才大略的秦始皇手里。

从秦始皇的老爸秦庄襄王开始，秦国加快了兼并和统一的步伐，与秦国在东边接壤的三晋之国赵、魏、韩首当其冲。秦庄襄王元年，秦国相国吕不韦领导秦军吞并了东周，然后蒙骜发动了讨伐韩国的战争，很快迫使韩国割让了成皋和荥阳，秦国的领土直接和魏国首都大梁接壤，秦国在蒙骜征服的这片原来韩国的领土上建立了三川郡。秦庄襄王二年，蒙骜率军向赵国的榆次、新城、狼孟等地发起了进攻，占领了赵国的三十七座城邑。秦庄襄王三年，王龁率军占领了韩国的上党，秦国在这里设置了太原郡。同年，蒙骜率领秦军发动了对魏国的侵略，占领了高都和汲。也就是在这一年，信陵君从赵国邯郸回到了魏国，被哥哥魏安釐王拜为上将军。在信陵君的倡议和组织下，楚、赵、魏、韩、卫组成了五国联军，与秦将蒙骜在河外决战，蒙骜大败，信陵君率领联军追击秦国到了函谷关才罢兵。

公元前246年，秦庄襄王去世，其子嬴政登上王位，他就是中国历史上第一位真正意义上的皇帝秦始皇。秦始皇元年，秦国占领了赵国的晋阳；秦始皇三年，蒙骜率领秦军进攻韩国，占领了十三座城邑；秦始皇四年，蒙骜率军占领了魏国的畼、有诡；秦始皇五年，蒙骜率领秦军向魏国酸枣等地发起了攻击，占领二十座城邑，并且在此处设立了东郡。

从秦庄襄王元年到秦始皇五年的七年里，秦国不断蚕食和吞并三晋之国的领土，共占领了韩国、赵国和魏国包括成皋、荥阳、榆次、新城、狼孟、上党、高都、汲、晋阳、畼、有诡和酸枣等地在内的大片领土，并且在这些土地上设置了三川郡、太原郡和东郡等三个行政区。此时的秦国不仅在东边直接和魏国的首都大梁接壤，而且魏国的大片领土已经被秦国占领，其他的地方也危在旦夕。虽然当时秦国还没有把战火烧向楚国，不过毫无疑问，楚考烈王和春申君都已经感受到了来自秦国的生存威胁。如果不遏制秦国咄咄逼人的攻势，那么随着魏国的灭亡和三晋之国的衰落，楚国早晚会成为秦国下一个攻击的目标。事实上，后来随着韩国和魏国的相继灭亡，楚国和赵国也相继灭亡，唇亡齿寒就是当时这几个国家的客观生存状态。因此，楚国不能坐视三晋之国的灭亡而不顾，为了未来楚国的生存安全，楚考烈王和春申君不得不站出来领导抗秦事业了。

就在楚考烈王和春申君号召成立五国抗秦联军的六年之前，信陵君也曾经领导五国联军大败蒙骜领导的秦军主力，迫使秦军向西逃窜，撤回了函谷关。既然有现成的成功案例放在这里，楚考烈王和春申君有理由相信自己也可以再创辉煌。不过后来的事实证明并不是什么人都适合做武林盟主的，信陵君式的慷慨、无畏、义气和号召力无法复制，信陵君式的成功也无法复制。

在春申君的领导下，五国联军一开始获得了小胜，五国联军占领了寿陵。后来春申君继续模仿信陵君，率领五国联军杀到了函谷关下，不过与上次秦军闭关不出、避其锋芒不同，这次秦军主力主动杀出了函谷关，与五国联军在函谷关下展开了决战。毕竟，此时函谷关下的五国联军统帅不是那位人见人爱、谦虚勇猛的信陵君，而是长期养尊处优、生活腐化的春申君。充满小资情调的春申君显然不具备与敌人主力面对面展开生死决战的锐气和霸气，虽然春申君率领五国联军跑到函谷关下早做好了心理准备，一个喜欢珍珠鞋的男人也许能练成绝世武功，但是绝不可能成功地领导一次规模宏大的惨烈决战，这就是性格决定命运。

五国联军在函谷关下陷入了“三个和尚”的窘境，很快就被各个击破，溃不成军。就这样轰轰烈烈的第二次五国抗秦运动顿时土崩瓦解，各国军队作鸟兽散。

春申君灰头土脸地逃回了楚国，这让楚王非常没面子。八年前，当楚国大军在春申君的领导下灭掉鲁国的时候，楚王也曾享受过短暂的称霸感觉，所以当春申君提出更换封地的无理要求的时候，楚考烈王也只好违心地接受。然而，这次春申君领导的五国联军在遭遇秦军主力后的惨败，让楚王对这位长期把持相位的重臣产生了严重的怀疑。鲁国和楚国本来就不是一个重量级的国家，楚国征服鲁国就像一个身材魁梧的成年男人痛打一个未成年的孩子一样，谁都能看出来这种胜利没什么可以值得吹嘘的。不过偏偏春申君就能因此而得意忘形，不仅不能客观地看待当时楚国的真实军事实力，也不能客观地看待自己的贡献和价值。尽管如此，楚考烈王还是迁就着春申君，毕竟没有黄歇当年的舍生忘死，就没有楚考烈王后来的王位。正因为如此，楚王一贯坚持以积极的态度看待春申君，对于春申君的成绩尽量肯定和扩大，而对于春申君的过错尽量忽略和缩小。在春申君当上相国的二十二年里，楚考烈王对待春申君可以说是该给都给了，不该给的也给了。这次春申君领导五国联军的惨败，让楚考烈王发现了过去所谓“楚复强”的自我认识也许只是一个美好的幻觉。与鲁国相比，楚国当然是强者，不过与秦国相比，楚国永远都是弱者。虽然这次在楚王和春申君的精心策划下，楚国联合了其他四个国家组成了多国部队，表面上看起来这支部队气势汹汹、威武雄壮，然而在函谷关下当他们遭遇到秦国主力部队的时候仍然不堪一击。俗话说得好，“兵熊熊一个，将熊熊一窝”，楚王认为春申君作为这次五国联军的统帅，必须为这次失败负起主要的责任。

“楚考烈王以咎春申君，春申君以此益疏。”因为这次惨败，楚考烈王严肃地批评了春申君，从此春申君与楚考烈王的关系开始疏远了。

春申君的人生跌入了低谷，不过幸运的是，就像孟尝君有冯驩、平原君有毛遂一样，春申君也遇到了自己“职业老大”生涯中最重要的食客，他就是朱英。《史记·春申君列传》记载了观津人朱英向春申君提出了他对当时楚国形势的分析：“人皆以楚为强而君用之弱，其于英不然。先君时善秦二十年而不攻楚，何也？秦逾黾隘之塞而攻楚，不便；假道于两周，背韩、魏而攻楚，不可。今则不然，魏旦暮亡，不能爱许、鄢陵，其许魏割以与秦。秦兵去陈百六十里，臣之所观者，见秦、楚之日斗也。”

俗话说得好，“墙倒众人推”，由于领导五国联军在函谷关下被秦军主力杀得大败而逃，春申君遭到了楚考烈王空前的指责和冷遇，当时楚国的政治风向立刻跟上了这种变化，大家纷纷或明或暗地指责春申君无能误国。当初春申君灭掉鲁国的时候，大家都说本来楚国已经有些衰落了，在春申君的领导下楚国成功地走向了复兴，其实那时候楚国未必就真的富强了；后来春申君领导的联军被秦国杀得惨败，大家又在楚考烈王的领导下纷纷指责春申君把一个强大的楚国断送了，仿佛春申君是搞垮楚国的罪魁祸首。其实既然那个曾经在春申君领导下复兴的楚国本来就有些泡沫经济、虚假繁荣，那么现在的这种指责也同样如泡沫一样光怪陆离、荒唐不经。幸运的是春申君门下的食客朱英保持了清醒的认识和独立思考，他认为楚、秦两国的强弱对比不是由个人能力决定的，而主要取决于国家之间的形势大局。在楚顷襄王时代楚国和秦国保持了二十年的和平，并不是因为楚国当时多么强盛，使得秦国不敢侵犯楚国，而是当时从地理形势上看秦国要进攻楚国非常困难。按照当时秦国、楚国和其他周边国家的领土分布来分析，在楚顷襄王时代，秦国要入侵楚国只有两条路可以走，要么通过一个叫作黾的要塞，要么向两周借路，这两条路对于秦国来说都非常危险。先看第一条路，秦军必须通过黾要塞，既然黾被称为要塞，当然是一个易守难攻的险要关口，只要楚军严守这个关口，就可以依靠有利地形重创来犯的秦军。再看借道两周，如果借道两周进攻楚国，那么秦军主力就不得不把后背暴露给对秦国苦大仇深的韩国和魏国，这样的行军路线对于秦军来说实在是缺乏安全感。如果楚国与韩国和魏国达成了某种协议或者默契，那么远征的秦军就可能陷入两线作战、腹背受敌的被动局面。朱英认为正因为当时秦国进攻楚国的两条主要通道都困难重重，因此秦国很难对楚国构成有力的威胁。不过楚考烈王和春申君此时需要面对的形势则截然不同，此时随着秦国四代君王数十年如一日的勤奋蚕食，魏国已经是苟延残喘、无力自保，作为阻挡秦国进攻楚国的屏障，本来属于魏国的许和鄢陵眼看就要成为秦国的领土。丧失了屏障之后，楚国的陈距离秦国领土只有一百六十里的距离，因此在朱英看来楚国很快就要陷入与秦国正面作战的境地，两国之间爆发全面战争已经不可避免。

朱英的分析解释了楚国纠集其他四国组成联军讨伐秦国的原因，但是并没有解释五国联军为什么会惨败。楚国和秦国一定要打，但是这并不能说明楚国打秦国就一定会败，尤其是在拥有了五国联军的优势兵力的基础上，这样的失败仍然让人难以接受。

虽然朱英的慷慨陈词并没有给春申君的失败提供有力的开脱理由，但是春申君仍然从朱英的分析当中受益匪浅，既然楚国惹不起秦国，那不如躲起来。尽管当时春申君因为在函谷关的惨败而遭到了楚王的严厉批评，然而楚王并没有免去春申君的相国职位。当时的春申君虽然承受着巨大的舆论压力，但是他在楚国的政治影响力仍然非常强大。很快春申君说服了楚王做出了一个重大的决策：将楚国从陈迁都到寿春，并将寿春命名为郢。春申君能够顺利说服楚王放弃原来的都城是因为当时的陈就是楚国的首都郢都的所在地，楚王不得不考虑楚国首都的安全。根据朱英的分析，秦国一旦占领魏国的许和鄢陵，则楚国的首都就失去了可以据险坚守的屏障，因此虽然楚王对春申君已经失去了绝对的信任，但是在迁都这件事上楚考烈王仍然接纳了春申君的建议。《史记·六国年表》记载了发生在楚考烈王二十二年楚国迁都的大事件："王东徙寿春，命曰郢。"楚国原来的首都位于今天的湖北境内，紧邻位于今天河南境内的魏国，因此当魏国危在旦夕的时候，楚国的首都就门户大开，无险可守。楚国向东迁都以后，首都就搬到了位于淮河南岸的寿春，寿春地处今天安徽寿县境内，北边靠近当时的齐国，东南方向则贴近春申君的封地、位于江东的吴。远离了包藏虎狼之心的秦国，而与奉行和平发展国策的齐国作邻居，这不仅使得楚国的首都躲开了随时可能爆发的战争灾难，而且也让春申君的封地变成了首都的后院。这真是公私兼顾、深谋远虑的一次迁都，春申君与楚考烈王皆大欢喜。

楚国的迁都换来了暂时的安宁。

阴谋篡国

然而楚国的另一个重大危机很快浮出了水面——楚考烈王在位二十多年，居然一直没有生出来儿子。这意味着如果楚考烈王突然去世由谁来接掌楚国的王位充满了悬念。这对于一个王国来说是非常可怕的，甚至可以说是灾难性的，因为在中国历史上很多王朝和王国都是因为王位合法继承人的缺失而陷入了内乱和灾难。为了消除楚考烈王百年之后的隐患，春申君组织了一场大规模的竞赛活动，竞赛的内容只有一项，那就是为楚王生儿子，竞赛优胜者的奖品自然不用多说，未来的楚王之母就可以说明一切。春申君主持的这次为国王选老婆的活动不能称为选妃也不能称为选美，而应该叫作"生儿子竞赛"，因为这次活动对参赛选手的选拔标准既不是贤惠也不是漂亮，而是"宜子"，也就是适合生儿子。在以春申君为首的楚国群臣的关心和帮助下，楚考烈王白天在朝堂之上和大臣们一起辛勤治国，晚上在后宫和海选出来的"宜子"女选手们一起辛勤"耕耘"。但是令人遗憾的是，春去秋来，楚考烈王的后宫仍然颗粒无收。楚考烈王的案例告诉我们，如果种子出了问题，即便耕牛累得吐血，地里很可能仍然长不出来庄稼。

事实上春申君犯了一个逻辑错误，楚考烈王贵为国王本来就不缺老婆，二十多年仍然生不出儿子，问题百分之百出在楚王熊完的身上。这件事说穿了不是楚王的后宫老婆们不“宜子”，而是楚王自己不“宜子”。

两千多年前的战国时期，中国还没有无孔不入的男科医院和铺天盖地的专治不孕不育的广告，因此楚王生不出儿子来别人只能看着着急，实在是帮不上忙。后来楚王因为自己的原因生不出儿子的秘密成了楚国尽人皆知的秘密，这个在江湖上风传的秘密让很多梦想成为“楚王之母”的“宜子”女选手们很受打击，李园的妹妹就是这样一位梦想破灭的“宜子”女选手。李园本来是赵国人，他有个非常漂亮的妹妹，根据当时的相术判断，李园的这个漂亮妹妹就具备所谓的“宜子”之相。所以当江湖上盛传楚国召集“宜子”妇女进入楚王后宫为楚国孕育未来国王的时候，李园就带着自己的妹妹来到了楚国，凭着妹妹的姿色和“宜子”之相，李园自信自己有机会成为未来的国舅。就在李园妹妹即将自告奋勇报名参加海选的时候，李园突然想通了一个问题，那就是楚王当上国王二十多年以来一直没有儿子恐怕不是女人们的问题，而是他自己的问题。如果事实真的是这样，即使自己的妹妹多么“宜子”恐怕也不可能创造奇迹。如果自己的妹妹不能创造奇迹为楚王生出儿子，那么她的人生价值也就难以体现，最终李园妹妹很可能和许许多多努力为楚王生儿子而失败的女人们一样，逐渐失宠、遭到冷遇，甚至可能连受到宠爱的机会都没有。当时对于这些立志为楚王生儿子的女选手来说，受到国王宠爱的概率比扩招之前的高考升学率还要低，用千军万马过独木桥来形容毫不过分。李园泄气了，看来使用常规的手段李园是不可能当上国舅了。

梦想实现不了，生活还要继续。

为了维持自己和妹妹在楚国的生活，李园在春申君手下找了一份工作，这份工作就是给春申君当食客。从李园顺利应聘春申君食客这件事来看，李园是一个基本素质比较高的人才，至少他的口才和形象得到了春申君的认可。后来的事实证明，李园不仅口才和形象出众，而且他还是一个极具想象力的创新性人才。当初李园带着妹妹不远千里从赵国跑到楚国，目的非常明确，那就是让妹妹嫁给楚王，并且为这个楚国最有权力的男人生个儿子，最终让妹妹成为未来的楚王之母，自己也能成为楚王之舅。现在既然因为楚考烈王自己的难言之隐导致了当初的计划搁浅，那么为什么不能退而求其次，把妹妹嫁给春申君呢？毕竟春申君是除了楚王以外在楚国最有权势的男人，而且春申君还是一个具有正常生育能力的男人。不过春申君当时既不缺老婆，也不缺生儿子的老婆，贵为楚相的春申君当时老婆孩子一大堆。因此李园要把妹妹嫁给春申君不能平铺直叙，首先需要引起春申君的兴趣。

李园开始布局了。

投靠春申君以后不久，李园向春申君提出了请假回老家探亲的休假申请，李园的要求合情合理，春申君批准了他的休假要求，并且约定了李园回来上班的时间。后来李园回来了，不过比当初约定回来上班的时间推迟了很多天，春申君按照惯例询问了李园迟到的原因。

李园编造了一个美丽的谎言，他说："齐王使使求臣之女弟，与其使者饮，故失期。"按照李园的说法，李园回老家探亲的时候，齐王派来了使者向李家提亲想把李园的妹妹娶进齐国的王宫。为了招待齐王的使者，李园和齐王使者喝了大酒，最后喝高了因此不能及时赶回来上班。李园的谎言并不高明，甚至可以说漏洞百出。首先李园家只是平民百姓，又远在距离齐国首都临淄几百里之外的赵国，齐王实在不可能派使者跑到另一个国家去向一个素未谋面的平民女孩求婚；其次，如果齐王真的要娶李园的妹妹，那么凭着妹妹的实力，李园就可以实现自己一贯的国舅梦想，李园怎么可能错过这个天上掉馅饼的好机会，再次回到楚国继续给春申君当食客呢？那不是舍本求末、丢西瓜捡芝麻吗？然而谎言能否成功并不在于说谎者能否把谎言编造得天衣无缝，而在于说谎者能否抓住人心，能否勾起听谎者的欲望或者引起听慌者感情上的反应。李园的谎话虽然经不起推敲，但是却突出了两个重点，那就是美丽姿色和神秘背景。从李园的描述来判断，李园妹妹一定具有非常的美丽姿色，否则远在千里之外的齐王不可能派人跑到赵国去求婚。不仅如此，李园家一定具有某种神秘的关系背景，否则如果齐王真的看上了一个赵国的平民女子根本不用如此隆重地派出使者专门提亲，只要齐王向赵王发一纸外交照会，赵国就该把李园的妹妹送到齐国。毕竟当时的齐国是除了秦国和楚国以外国力最强盛的一个大国，即便李园的妹妹美若天仙，赵王也绝不会因为一个平民女子而得罪齐王，失去这个与强大邻国交好的机会。

根据李园的描述，李园的妹妹是一个稀缺的美女资源，这样的资源足以让春申君产生强烈的好奇。如果李园仅仅说自己的妹妹是个美女，未必会引起春申君的兴趣，贵为楚国相国春申君听过、见过的美女早已不计其数。美女对于春申君而言如同一笔百万财富对于顶级富豪，只不过是一个抽象的数字累加而已。然而仅仅换了一个描述的角度，春申君却对李园的妹妹产生了浓厚的兴趣："齐王梦寐以求的女人到底是什么样子的呢？"春申君的心理反应如今被广泛应用于市场营销和广告宣传，这就是所谓的名人效应。

于是春申君钻进了李园布好的局，他别有用心地问李园："聘入乎？"（已经下聘了吗？）李园心中窃喜，回答："还没有。"春申君色心大动，继续追问："能让我见一下吗？"李园心中狂喜，说："可以。"

既然李园的妹妹还没有正式接受齐王的聘礼，那么这位传说中的美女仍然还是一个未婚女青年，因此春申君就还有追求她的权利。很快春申君见到了李园的妹妹，在李园的精心设计下，这次见面非常"少儿不宜"，李园妹妹极尽其勾人之能事，一对改变历史的男女一拍即合。当时的情景仿佛长平大战：一心想要占领李园妹妹的春申君就像当年一心想要歼灭秦军主力的赵括一样，丝毫没有意识到自己已经落入了敌人的圈套，春申君孤军深入之后很快就被李园妹妹包围控制，失去了战场的主导权。

后来的事实证明李园的妹妹的确是一位"宜子"的美女，因为这次见面之后李园的妹妹很快就"有了"。在前面我们说过李园是一个想象力极其丰富的人，当他听说妹妹怀上了春申君的孩子，马上唤起了那个尘封已久的关于国舅的梦想。于是李园和妹妹经过密谋，策划了一个规模更为宏大的局，这个局的目标不再是春申君，而是整个楚国。"于是李园乃进其女弟，即幸于春申君。知其有身，李园乃与其女弟谋。"

谋定而后动，李园的妹妹在得知自己怀孕以后不久就向春申君提出了一个非常大胆的阴谋建议，这个建议如同她的美色一样非常惊人。李园妹妹说："楚王之贵幸君，虽兄弟不如也。今君相楚二十余年，而王无子，即百岁后将更立兄弟，则楚更立君后，亦各贵其故所亲，君又安得长有宠乎？非徒然也，君贵用事久，多失礼于王兄弟，兄弟诚立，祸且及身，何以保相印江东之封乎？今妾自知有身矣，而人莫知。妾幸君未久，诚以君之重而进妾于楚王，王必幸妾；妾赖天有子男，则是君之子为王也，楚国尽可得，孰与身临不测之罪乎？"

李园妹妹把春申君和楚考烈王以及楚国王室的关系分析得头头是道。春申君和楚考烈王的关系非常亲密，"虽兄弟不如也"，因此春申君在楚国担任相国二十多年，一人之下万人之上的地位无人可以撼动。然而非常遗憾，楚考烈王没有生育能力，靠自己自力更生生不了儿子，这就意味着楚王死后楚国不得不在楚考烈王的兄弟当中挑选接班人作为新一任的楚王。

如果楚考烈王的兄弟当上了楚王，必然会重用自己的亲信，春申君的地位就很难继续维持了。更可怕的是春申君在楚国一直位高权重，难免会失礼于楚考烈王的兄弟们，如果新任楚王从这些人当中产生，春申君不仅官位难保，恐怕还会遭到血腥的清算和报复。李园妹妹分析的危机也是长期以来让春申君寝食难安的心腹大患，正因为如此春申君才不辞辛苦地为楚考烈王搜寻"宜子"的女人们，只有楚考烈王有了自己的儿子，才可能避免这种王权旁落的被动局面。然而楚王自己不争气，再多的“宜子”妇女也是英雄无用武之地。

李园妹妹紧接着提出了那个大胆的阴谋建议。李园妹妹说自己已经怀上了春申君的孩子，但是目前还没有人知道这个秘密。李园妹妹提议春申君把自己献给楚王，以春申君的地位和楚王对他的信任，李园妹妹一定可以获得楚王的宠爱。如果李园妹妹的运气足够好，能够在进宫以后生下一个男孩，那么这个男孩将作为楚考烈王唯一的儿子成为楚国王位的合法继承人，楚王百年以后春申君的儿子就会成为新任楚王。如果这一设想能够顺利实现，那么春申君不仅避免了遭到清算的风险，而且还能窃取整个楚国江山，让自己的后代替代熊姓成为未来的楚国王族。

李园妹妹的分析和建议冷静中透着诡异，智慧中透着杀机，让冷眼旁观的人不寒而栗。然而利令智昏的春申君却对李园妹妹的阴谋计划表示了严重的同意，“春申君大然之”。（**点评：当了解了楚考烈王不能生育的情况之后，春申君已存篡国野心，只是因为其自身并非楚国王族而难度太大，因此李园设计的这个李代桃僵的计划正中春申君下怀，只是当时他没想到自己也是李园的猎物之一。**）

李园妹妹的确是一位不可多得的人才，她不仅拥有美丽的姿色、“宜子”的身体、过人的心理素质和智慧，而且更难得的是她的运气也的确足够好。李园妹妹不仅成功地说服了春申君把自己“过户”给楚王，而且楚王也像李园兄妹设计的那样很快就“幸”了这位二手美女。然后李园妹妹告诉楚王“你要当爸爸了”，楚王高兴得天旋地转，毫不犹豫地接受了这个自己梦寐以求的现实。后来李园的妹妹真的生了一个男孩，所以说这位美女的运气真是足够好，因为在此之前尽管他们的计划进展得非常顺利，但是最终能够成功窃取楚国江山的概率最多也只有百分之五十。

现在李园妹妹终于为楚考烈王生了儿子，摆在李园兄妹面前的最后一个障碍就是春申君了。《史记·春申君列传》记载：“楚王召入幸之，遂生子男，立为太子，以李园女弟为王后。楚王贵李园，园用事。李园既入其女弟，立为王后，子为太子，恐春申君语泄而益骄，阴养死士，欲杀春申君以灭口，而国人颇有知之者。”因为李园妹妹为楚王生了太子，所以李园得到了楚考烈王的重用。李园开始担心春申君作为太子真正的父亲得意忘形，看见那个长得很像自己的楚国太子忍不住笑出来。为了让春申君彻底闭嘴，李园秘密收买培养了大批职业杀手，准备寻找时机干掉春申君。事实上李园的阴谋算不上严密，因为当时“国人颇有知之者”，也就是说，当时在楚国已经有人发现了李园对春申君图谋不轨。

然而对于李园的险恶用心，春申君却一直蒙在鼓里，他只知道自己的女人成了楚考烈王的老婆，自己的儿子将作为楚国王位的合法继承人成为新一代的楚王，而自己将成为“楚王之父”。

毋望之祸

楚考烈王二十五年，到这一年春申君登上楚国的相位也整整二十五年了。在这一年，年老体弱的楚考烈王突然得了重病，眼看就要不行了。春申君门下的著名食客朱英看到了春申君面临的巨大危机，他为春申君提出了一个争取主动的计划。

朱英首先向春申君提出了“毋望”的概念：“世有毋望之福，又有毋望之祸。今君处毋望之世，事毋望之主，安可以无毋望之人乎？”朱英所谓的“毋望”也就是意料不到的意思，他说世上有意料不到的福气，也有意料不到的灾祸。春申君生活在一个生死无常的世道，伺候一位喜怒无常的国王，因此必须要有意料不到的人来帮助。

春申君被朱英绕口令一样的论述搞得有点糊涂，他问：“何谓毋望之福？”朱英回答：“君相楚二十余年矣，虽名相国，实楚王也。今楚王病，旦暮且卒，而君相少主，因而代立当国，如伊尹、周公，王长而反政，不即遂南面称孤而有楚国？此所谓毋望之福也。”在朱英看来春申君担任楚国相国二十多年，名义上是相国实际上掌握的权力和楚王几乎没有区别。现在楚考烈王眼看就要病死，春申君将作为相国辅佐年少的新一代楚王，继续执掌楚国的军政大权，等到楚王成年以后虽然可以重新掌权，但是不会立即称王。这就是意料不到的福气。

春申君又问：“何谓毋望之祸？”

朱英回答：“李园不治国而君之仇也，不为兵而养死士之日久矣，楚王卒，李园必先人据权而杀君以灭口。此所谓毋望之祸也。”当时国舅李园想要抢班夺权的野心已经不是秘密，他不负责军事工作却收买培养了大批杀手，这种反常的行为也早已被朱英发觉。朱英认为李园培养的杀手都是为春申君准备的，他预测一旦楚考烈王去世，李园必然会先入宫，然后杀死春申君灭口，这就是所谓毋望之祸。从朱英认为李园会抢先杀死春申君“灭口”判断，春申君借种给楚王生儿子，然后让自己的儿子鸠占鹊巢、李代桃僵的计划已经不是秘密，至少是朱英已经知道的秘密。由此可见，李园杀死春申君灭口非常必要，只有春申君从地球上消失，这个秘密才能真正成为秘密；那年头没有亲子鉴定，尽管传言难以消灭，但是只要缺少春申君这个重要证人所有的传言都只能是谣言，太子的合法地位才能得到有效的维护。

春申君又问："何谓毋望之人？"

朱英回答："置臣郎中，楚王卒，李园必先入，臣为君杀李园。此所谓毋望之人也。"朱英果然是个人才，他不仅敏锐地洞察到了李园的阴谋，而且他还提出了一个反制李园的计划。朱英建议春申君安排自己担任郎中，守卫在楚王身边，等到楚王去世的时候李园一定会抢先入宫，此时朱英就会跳出来为春申君杀死李园，消灭这个隐患。因此朱英认为自己就是帮助春申君解决危机、渡过难关的"毋望之人"。

然而春申君却不这样认为，他说："足下置之，李园，弱人也，仆又善之，且又何至此！"李园非常善于布局和伪装，他在春申君面前展现的永远是自己软弱的一面，因此在春申君的印象里李园一直都是一个软弱的人。况且自己对待李园一向不薄，朱英说这样一个人居然会置春申君于死地，春申君一百个不信。

春申君错过了扭转命运的最后一次机会，"毋望之人"朱英预料到了春申君即将死于非命，为了避免自己成为春申君的陪葬品，朱英不辞而别，逃离了那个是非之地。

十七天以后，楚考烈王死于宫中。后来故事的发展和朱英预测的一样，李园抢先进入王宫，然后在一个叫作棘门的宫门两边埋伏了杀手，等候春申君出现。直到此刻，春申君还没有意识到逼近的危险，他怀揣着继续辅国执政的宏伟计划来到了棘门，迎接他的是凶狠的杀手和锋利的刀剑。

春申君当场毙命，人头被割了下来，扔到了棘门之外。

李园随后动用了国家机器屠杀了春申君的全家。

至此，以春申君的死亡为标志，李园的惊天阴谋获得了全面胜利。后来楚考烈王的太子、春申君的儿子熊悍被拥立为楚王，这就是楚幽王。这位楚幽王在位十年后死去，根据《史记·楚世家》记载，楚幽王死后其同母的弟弟熊犹被立为新一代楚王，这位楚王被称为楚哀王。这里又出现了一个悬案，既然楚考烈王没有生育能力，而通过春申君黄歇借种生下了楚幽王，那么这位与楚幽王同一个母亲的楚哀王熊犹的父亲又是谁呢？史书上没有交代，我们不便妄加猜测，这只能证明了那个时代的混乱与深刻。

太史公司马迁对春申君有一段评论："吾适楚，观春申君故城，宫室盛矣哉！初，春申君之说秦昭王，及出身遣楚太子归，何其智之明也！后制于李园，旄矣。语曰：‘当断不断，反受其乱。’春申君失朱英之谓邪？”根据司马迁的评论，直到西汉司马迁生活的年代，春申君过去生活的城邑、宫室仍然规模宏大，让实地考察的司马迁非常震撼。总结春申君的一生，可以说是少年英才、晚节不保。在黄歇年轻时，他不仅用一篇文章化解了秦昭王企图对楚国全面开战的危机，后来还成功地策划实施了太子熊完回国登上王位。年轻的黄歇表现出来的大智大勇让太史公司马迁非常赞叹，但是到了后来，这样一位英明的杰出人物居然被李园的阴谋害得死无全尸、全家灭门，实在令人叹息。司马迁认为“当断不断，反受其乱”，说的就是春申君没有接受朱英的建议先下手为强除掉李园。这也是历史留给后人的教训。

扶栏客曰

前期的春申君虽然地位不高，但是为了楚国和太子却不顾个人安危、拼命奋斗，最后不仅险中求胜、转危为安，而且成全了国家和太子；而后期的春申君在获得了首领群臣的权势和富贵之后，却变得患得患失、贪婪愚蠢，不仅耽误国事，而且自己也死于非命。可以说作为相国春申君对于后来楚国的衰落负有不可推卸的责任，或许在获得了仅次于楚王的最高地位之后，春申君失去了积极进取、艰苦奋斗的动力，或许后期的春申君野心膨胀、欲令智昏。总之，没当上相国之前春申君的所思所想、所作所为颇有一代贤相的风骨和风采，而当上了相国的春申君从思想到行为严重不在状态，是一个根本不称职的相国。回顾春申君的一生，他拼死换来的荣华富贵对于他来说正是从卓越到平庸、从英雄到恶俗的转折点。

从古至今，世间何止一个春申君？每个人都向往成功，但是谁能保证自己成功以后不会成为另一个春申君？

五

社会活动家
朱家

个性关键词：宽厚 坚韧 低调 乐于助人 不求回报

侠客的生存土壤

韩非子曾经说过："儒以文乱法，而侠以武犯禁。"在儒学成为社会正统文化之前的中国，特别是在法家盛行的大秦帝国时代，做学问的儒和出来混的侠同样不受统治者欢迎。韩非子把儒和侠相提并论的根本原因在于奉行"朝闻道，夕可死"的儒与轻生重义的侠一样，都是体制外制约中央集权的一种不可忽视的社会力量。如果没有儒的重社稷、轻君王的治国思想，古代的中国可能还会在奴隶社会的野蛮制度下摸索很多年；如果没有侠的乐观主义精神和暴力浪漫主义，古代中国历朝历代的黑暗统治就很难被颠覆，社会各阶层的利益就很难得到统治者的真正重视。

关于"侠"的精神，司马迁有一句话总结得非常经典："今游侠，其行虽不轨于正义，然其言必信，其行必果，已诺必诚，不爱其躯，赴士之厄困，既已存亡死生矣，而不矜其能，羞伐其德，盖亦有足多者焉。"根据司马迁对侠的描述，"侠"的核心价值观可以用十八个字来总结：言必信、行必果、轻生死、赴困厄、不矜能、羞伐德。无论在武侠小说里，还是在正史当中，在中国能做出一番成就的著名人物或多或少地都具备以上的品质。所谓"言必信、行必果"就是说话要算数，说过的就一定要做到，做过的就一定要有结果。这种品行其实与儒家"君子讷于言而敏于行""躬行君子"的价值观高度一致，简单地说就是做人要保持诚信。"轻生死、赴困厄"就是一种在关键时刻挺身而出的英雄主义，例如信陵君在赵国首都邯郸危在旦夕的时候，不惜冒着断送自己前程和生命的危险窃符救赵的义举就是这种精神的最好诠释。"不矜能、羞伐德"就是说虽然为社会做了一些贡献，但是不仅不因此骄傲自满，而且还发自内心地不愿意被人表扬，宁愿默默无闻地做好事。例如信陵君窃符救赵以后不仅不敢以功臣自居，而且谦虚地推辞掉了赵孝成王的封赏就是这种精神的体现。

司马迁对“侠”的总结非常精彩，不过具备了这十八个字的素质还不能称为“侠”，充其量只能算得上英雄人物，因为这十八个字只是“侠”的必要条件，而不是充分条件。要想成为“侠”，除了具备以上十八个字的必要素质，还必须要有面子和声望，也就是拥有强大的社会影响力和号召力，也就是外国人所说的effective leader（有影响力的领导）。虽然“侠”的精神里有“不矜能、羞伐德”的要素，但是要想成为一个社会认可的“侠”不能默默无闻、孤芳自赏。例如《水浒传》里的宋江，在江湖上遇到问题通常不用武力解决，只要亮出自己的招牌，无论是白道还是黑道都要买账，即便是穷凶极恶的山贼土匪，听到“及时雨”三个字也要纳头便拜、口称大哥。不过在司马迁看来，因为政治地位和经济实力的差别，“侠”也存在不同的社会层次。“近世延陵、孟尝、春申、平原、信陵之徒，皆因王者亲属，藉于有土卿相之富厚，招天下贤者，显名诸侯，不可谓不贤者矣。比如顺风而呼，声非加疾，其势激也。”（《史记·游侠列传》）司马迁认为，像战国时期的延陵季子、孟尝君、春申君、平原君、信陵君等人，都是君王的亲属，凭借着强大的政治地位和经济实力，他们招揽天下贤才，成就了一番威震诸侯的事业。这些人虽然也很了不起，但是他们能享有如此崇高的声望离不开他们的地位，这就好比顺风高呼，声音虽然没有提高，却能传得更远。在司马迁看来，与这些显赫的权贵相比，那些出身草根阶层的杰出街头青年，通过自身不懈的努力和修炼，最终形成天下闻名的声望更加难能可贵。“至如闾巷之侠，修行砥名，声施于天下，莫不称贤，是为难耳。”（《史记·游侠列传》）不过令司马迁感到遗憾的是，虽然“侠”和“儒”一样遭到了法家的打压，但是“侠”的社会地位更加充满争议，无论是儒家还是墨家都对“侠”采取了排斥的态度，因此在儒家和墨家的史书典籍里都找不到“侠”的影子。因此到了司马迁生活的时代，秦朝之前的草根侠在史书中已经找不到踪迹，这让充满人文色彩的史学家司马迁感到非常的遗憾。汉朝立国以来，社会上出现了朱家、田仲、王公、剧孟、郭解等一系列出身草根的民间领袖，这些人虽然也有违反法律的行为，但是他们总体上说来还是符合道义的，他们做人非常谦虚廉洁，因此司马迁对这些人总体上还是肯定的，认为他们有值得称道和学习的地方。对于这些与司马迁同时代的草根侠，司马迁的评价有八个字：“名不虚立，士不虚附。”也就是说这些草根侠并不是徒有虚名，当时社会上的杰出人才追随这些草根侠足以说明他们的人格魅力。“至如朋党宗强比周，设财役贫，豪暴侵凌孤弱，恣欲自快，游侠亦丑之。余悲世俗不察其意，而猥以朱家、郭解等令与暴豪之徒同类而共笑之也。”从司马迁的记述中我们不难发现，西汉时期的社会治安环境并不好，当时的社会上有很多豪强存在，这些豪强们拉帮结派，仗势欺人，纵欲胡来。从司马迁对当时豪强的恶行描述来看，当时的豪强类似于现在的黑社会。不过司马迁认为汉朝黑社会的做法不仅与草根侠们格格不入，而且也是草根侠们所不齿的江湖败类。通俗一点说，草根侠并不是黑社会。不过令人遗憾的是，当时社会舆论并没有对草根侠和黑社会加以区别，而是把朱家、郭解等人等同于黑恶势力，这让司马迁感到非常悲哀和遗憾。

低调的江湖老大

朱家是一个与汉高祖同时代的人物，他生活的地区在春秋战国时代属于鲁国，因此当时仍然称为鲁地。我们知道鲁地是以儒家礼教闻名天下的，朱家生活在这样一个具有悠久儒家文化传统的地方居然以“侠”闻名于世，可见朱家是一个非常另类的人物。不过作为一个在圣人故里成长起来的大侠，朱家表现出了一个不同于一般江湖大哥的显著特点，那就是努力抵制暴力。虽然朱家享有大侠的名声，但是纵观其一生，这位鲁地大侠似乎成功地结合了儒的礼和侠的义，一生救人无数而与暴力绝缘。这对于一个出身草根的江湖领袖而言，不能不说是一个奇迹。

据《史记·游侠列传》记载，朱家“所藏活豪士以百数，其余庸人不可胜言”。“藏活”和“豪士”两个词非常重要，“藏活”就是说藏匿起来并且得以存活，而“豪士”就是豪杰人物。朱家生活在秦末汉初，由于连年混战和改朝换代，当时的司法体系和社会秩序遭到了巨大的冲击和破坏，因此当时的社会非常混乱。在这样的乱世当中，自尊心很强的豪杰难免与各种势力结怨，而当时因为私怨而草菅人命的事情非常普遍。在这样的社会背景之下，朱家在江湖上的显赫地位就成了许多遭到追杀和报复的豪杰们的保护伞。当时鲁地的社会青年因为得罪了某种势力而面临死亡威胁的时候就会自然而然地想到朱家。由此可见当时朱家的江湖地位和社会声望是多么的显赫。更加难得的是，这样一位声名显赫的“江湖老大”从来不因为自己为社会做了贡献而骄傲自满，一直保持着谦虚低调的做人态度和廉洁简朴的生活作风。《史记·游侠列传》记载，朱家“然终不伐其能，歆其德，诸所尝施，唯恐见之”。就是说朱家不仅低调谦虚，而且朱家对待接受他恩惠的人从来不以恩人自居，甚至有意识地回避，像躲债一样躲着那些对他充满感激的人们。（**点评：混乱的社会秩序是游侠产生的背景，如果人人都可以在正常社会秩序下获得安全感，就不必追随游侠。**）

朱家不仅勇敢地担当了救人性命的保护伞，而且还救济贫苦，积极投身慈善事业。根据《史记·游侠列传》的记载，朱家的救济是真正的雪中送炭，因为朱家的救济都是从最底层、生活最艰难的草根阶层做起。虽然朱家是当时非常著名的社会活动家和慈善家，但是他自己的生活却非常简朴，甚至可以说非常寒酸。《史记·游侠列传》记载了朱家的经济状况和生活状态：“家无余财，衣不完采，食不重味，乘不过軥牛。”由于把大量的钱财用到了慈善事业上，朱家当时的经济状况不仅谈不上富裕，甚至到了“家无余财”的地步。为了把钱财尽可能地节省下来资助困难群众，朱家省吃俭用，穿的衣服没有一块完整的颜色，吃饭的时候只有一个菜，出门坐的车只是一辆牛车。自古至今，有爱心的人士很多，做慈善的人士也很多，但是宁愿自己艰苦朴素，也要把财产全部奉献出来为社会做贡献的人实在罕见。如果朱家生活在今天，一定可以当选“感动中国”的年度人物和著名慈善家。

成就一位高级干部

朱家一生中最光辉的业绩就是在关键时刻营救了季布将军，并且力挺季布弃暗投明，成就了一位大汉朝的高级干部。

根据《史记·季布列传》记载，季布是楚地人氏，年轻的时候以勇气任侠闻名。后来季布追随项羽起事，被项羽任命为将军。季布这个人军事才能出众，堪称一代名将，在楚汉相争的战争中，率领的军队多次挫败汉高祖刘邦领导的汉军（季布数窘高祖），给汉高祖刘邦留下深刻印象。后来刚愎自用的楚霸王项羽在与汉高祖刘邦的斗争中逐渐走向了失败，主力被韩信设计的十面埋伏彻底消灭，一代英雄楚霸王也在乌江边自刎身亡。项羽死后，刘邦统一了天下。当家作主以后，刘邦开始秋后算账了。因为季布当年在战场上得罪过刘邦，所以汉高祖登基以后马上签发了悬赏通缉令，在全国范围内通缉季布。根据汉高祖签发的通缉令，如果有人抓获季布就可以得到千金的赏赐，要是有人胆敢藏匿季布，就要“罪及三族”。三十年河东，三十年河西，季布当初站错了队，落到这样的下场也不奇怪。有趣的是这位帝国的敌人，后来在朱家的全力帮助下不仅最终逃脱了惩罚，而且摇身一变成功转型成了新政权里的高官。

话说当年季布被汉高祖的通缉令逼得亡命天涯，走投无路，只好逃到了濮阳一位姓周的财主家里。《史记》中并没有交代季布与这位周老板是什么关系，不过可以想象在这样的生死关头，季布能想到周老板，足以证明两人的关系不一般。事实证明这位周老板的确非常讲义气，他不仅没有告发季布，而且还冒着“罪三族”的危险想尽办法保护季布。由于针对季布的通缉令是汉高祖上台以后签发的第一批法律文件，因此引起了当时汉朝司法和执法系统从上到下的高度重视。皇帝的仇人就是帝国的头号敌人，如果连皇帝的仇人都抓不到，相关领导的官位恐怕也保不住了。就这样追捕季布成为了当时帝国的一号督办案件，整个帝国的司法和执法人员都被动员了起来，在全国范围内展开了大排查、大搜捕。

风声越来越紧，周老板的心理压力越来越大。作为季布的至交好友，周老板当然不能在朋友落难的时候落井下石，出卖朋友虽然可以换来自己的安全，但是过不了良心这一关。然而帝国显然不会轻易放过得罪了皇帝的季布，这样追查下去，帝国的侦探们早晚会发现季布的踪迹，到了那个时候不仅季布难逃一死，就连周老板自己的全家也要搭进去当陪葬。陷入两难困境的周老板灵机一动，想到了当时著名的社会活动家和慈善家朱家，只有朱家才有能力保护季布，也只有朱家才有热情和兴趣来完成这个“轻生死、赴困厄”的任务。

于是周老板向季布摊牌了，他说：“汉购将军急，迹且至臣家，将军能听臣，臣敢献计；即不能，愿先自刎。”当时汉朝追捕季布的形势非常紧急，而且似乎很快就要排查到周老板家里。所以周老板想到了一个办法，如果季布愿意接受，周老板才敢提出自己的建议，如果季布不愿意接受周老板的建议，周老板只好自刎了。周老板表达的意思非常明白，如果季布愿意委曲求全，周老板一定鼎力相助；如果季布不愿意，那么周老板只好陪着季布一起死了。季布走投无路的时候来投奔朋友，如果真要是把朋友逼得在自己面前自刎，那么季布以后还怎么在江湖上混呢？周老板表态以后季布已经没有了选择，他必须接受周老板的建议。

后来按照周老板的计划，季布首先改变了自己往日潇洒的将军形象，简而言之就是剪了一个很傻、很朴素的发型，然后换上了普通劳动者的粗布衣服。“人靠衣服马靠鞍”，经过一番精心打扮，一代名将很快就变成了佣工。周老板把改变了形象的季布送上了马车，然后和自己家里几十个年轻的家童一起，送到了鲁地，最后来到了朱家所在的地区奴隶市场贩卖。从《史记》的这段描述来看，汉朝还存在大量的奴隶制社会残余，当时买卖奴隶非常普遍。这就是让周老板难以开口的建议，为了让季布摆脱帝国侦探的追捕，周老板干脆把季布当成奴隶卖掉了，而买家就是在江湖上以“藏活豪士”著称的朱家。这就是周老板难以启齿、以死相逼的原因，季布接受周老板的建议就要完成从将军到奴隶的悲惨转型，这对于习惯了八面威风的将军来说实在是很大的挑战。如果季布是一个把面子看得比生命更加重要的人，周老板的建议只好免谈。幸运的是季布不是那样的人，这就是所谓的“大丈夫能屈能伸”。当然周老板把季布当成奴隶卖掉并不是打算让季布从此变成一个真正的奴隶，因为他知道季布这样的人才到了朱家那里不仅有可能起死回生，而且还能得到真正的尊重，甚至有可能得到再次出人头地的机会。更重要的是随着季布被当成奴隶卖掉，周老板的三族终于保住了，周老板只是卖掉了一个奴隶，而不是藏匿了一个帝国的头号通缉犯。

当朱家接手这群奴隶的时候，他一眼就认出了混在当中的昔日名将季布。季布的眼睛暴露了他的身份，那不是一双奴隶的眼睛，即便此刻他被当成奴隶一样买卖，但是当买家与这双眼睛对视的时候丝毫没有感受到作为主人的优越感。如果一定要说季布是一个奴隶，那么他也是一个很有气质的奴隶。

在此之前，朱家已经了解了周老板出售这批奴隶的真正目的，有爱心并不等于糊涂，著名社会活动家朱家可不是容易让人蒙骗的。朱家首先挑中了季布，朱家不是奴隶主，他是著名的社会活动家和慈善家，所以那天他带走了一个看起来最不像奴隶的奴隶。

朱家把季布带到了自己的农场，并且把季布交给了自己的儿子，他交代儿子：“田事听此奴，必与同食。”季布当年指挥千军万马，如今虽然落魄了，但是他的管理才能不该被埋没。所以朱家决定让季布领导自己的儿子管理农场，主持农场的农业生产工作，为了表示对季布的尊重，朱家安排季布和自己的儿子享受同样的伙食标准。

虽然季布得到了朱家的妥善安置，但是让这样一位曾经叱咤风云的将军当生产队长插队务农实在是浪费人才，在朱家看来人才的浪费是最不能容忍的浪费。于是朱家立刻让手下套好了牛车，然后出了一趟远门。对于牛车来说，这次出行路途实在有些遥远，朱家坐着牛车从今天的山东中部来到了河南洛阳。低调的朱家衣着简朴，路上的行人并不知道这位坐着牛车的中年男人就是江湖上赫赫有名的大侠朱家。

朱家抵达洛阳以后，来到了汝阴侯夏侯婴的府上求见夏侯婴。夏侯婴不仅接见了朱家，而且还热情款待了这位草根大侠，“滕公留朱家饮数日”。（**点评：朱家身为一介布衣为何能让开国元勋夏侯婴如此厚待，《史记》中并没有交代，用笔朦胧却突出了朱家的传奇之处。**）汝阴侯夏侯婴是沛县人，他不仅跟汉高祖刘邦是同乡，而且私交颇深。

夏侯婴追随刘邦参加了反抗秦帝国残暴统治的起义，随着刘邦向着最终的胜利迈进，夏侯婴的地位也稳步提高，被封为昭平侯。刘邦统一天下称帝以后，夏侯婴被任命为太仆。在汉朝建立以后，夏侯婴又屡立奇功，先后在平定陈希和英布的叛乱中“陷阵却敌”，夏侯婴最重要的业绩建立在白登突围的时候。当时汉高祖在白登需要从匈奴的重重包围中冲出来逃命，夏侯婴率领敢死队成功地完成了殿后掩护的任务，立下了临危救主的大功。由于立下了一系列的汗马功劳，夏侯婴最后被封为汝阴侯，享有六千九百户的食邑。

就是这样一位与汉高祖保持特殊关系的帝王密友，就是这样一位功勋卓著的开国元勋，居然可以随时接见草根大侠朱家，而且还热情地留下朱家痛饮数日，朱家当时的活动能力和影响力可见一斑。

不过朱家大老远赶着牛车来找夏侯婴可不是为了喝酒蹭饭，而是肩负着帮助季布改变命运的重要使命。后来朱家在和夏侯婴喝得酒酣耳热的时候，趁机提出了自己的疑问：“季布何大罪，而上求之急也？”（季布犯了什么大罪，皇上这样急迫地追捕他？）夏侯婴说：“布数为项羽窘上，上怨之，故必欲得之。”（季布数次为项羽卖命让皇上受困，皇上怨恨他，所以一定要抓住他。）朱家又问：“君视季布何如人也？”（您看季布是什么样的人呢？）夏侯婴说：“贤人也。”看到夏侯婴肯定了季布的人品和能力，朱家切入了正题，开始了对夏侯婴的游说：“臣各为其主用。季布为项籍用，职耳。项氏臣可尽诛邪？今上始得天下，独以己之私怨求一人，何示天下之不广也！且以季布之贤而汉求之急如此，此不北走胡即南走越耳。夫忌壮士以资敌国，此伍子胥所以鞭荆平王之墓也。君何不从容为上言邪？”这意思是说，臣子各为其主所用。季布当时为项羽所用，这是他的职责所在。项羽的臣子们难道能都杀光吗？现在皇上刚得到天下，仅仅为了个人的私怨而追捕一个人，这不是让人觉得皇上太狭隘了吗？况且以季布的贤能遭到汉朝如此紧急的追捕，他如果不向北边投靠胡人就会向南边投靠南越。把壮士逼得投靠敌国是最忌讳的事情，这就是伍子胥用鞭子抽打楚平王的陵墓的缘故。您为什么不找机会劝告皇上呢？

夏侯婴在汉初诸多名臣名将之中算不上才能最出众的人物，但是毫无疑问他是当时情商最高、最善于处理人际关系的大臣之一。精于人情世故的夏侯婴马上听出了朱家的弦外之音，夏侯婴猜到季布很可能就藏在朱家的家里，否则这位名满江湖的大侠不会大老远跑到洛阳来托自己为季布说好话。不过难得的是，这位汝阴侯非常乐意成全朱家和季布，于是他当场答应为季布向汉高祖求情。

过了不久，夏侯婴就把朱家向自己陈述的道理转达给了汉高祖。刘邦能够战胜项羽夺得天下的确有过人之处，刘邦有一个项羽不具备的优点就是善于反省、勇于改正错误。朱家说的道理非常明白，当时已经拥有天下的汉高祖为了当年的私怨而公开大肆搜捕季布的确很不光彩，让天下人觉得非常小心眼。普通人小心眼可以理解，当了皇帝还小心眼，臣子和老百姓可就没有安全感了。如果一个皇帝不能让臣子和百姓感到安全，那么这个皇帝很难成功。为了江山社稷，汉高祖勇敢地放弃了自己的小心眼。后来汉高祖不仅赦免了季布的罪过，而且公开召见了季布，提拔季布当了郎中。（**点评：朱家之所以能说服汉高祖赦免季布是看透了皇帝的内心需要，伟大的游侠首先是伟大的心理学家。**）

季布发达了，朱家出名了。不过从此以后朱家与季布形同陌路，为了坚持“侠”的“不矜能，羞伐德”的原则，朱家极力回避自己对季布的大恩大德，在朱家后来的岁月当中他坚决谢绝与季布见面。就这样，两位汉朝的名人一个高居庙堂，一个游走江湖，暗自惶惶相惜，最后相忘于江湖。《史记·游侠列传》：“既阴脱季布将军之厄，及布尊贵，终身不见也。”

当时朱家的江湖地位和社会声望达到了有史可查的属于草根侠的第一个顶峰，在函谷关以东的广大地区，江湖上的人物争相与朱家交朋友（自关以东，莫不延颈愿交焉），在当时的江湖上是否认识朱家是衡量一个人江湖地位的硬指标。

扶栏客曰

朱家作为《史记》中第一位游侠，其一生的传奇在司马迁的笔下并没有传统武侠小说里的刀光剑影、江湖险恶，从《史记》中的记载来看，朱家不像一位大侠而更像是一位杰出的社会活动家。不过细想起来，这位大侠如何在民间获得一言九鼎的威望，又如何结交权贵夏侯婴并让夏侯婴情愿听命，为何愿意冒着杀头灭族的危险解救素昧平生的季布，又为何在成就大功后避开晋身权贵阶层的季布不求回报甚至感谢？这一个个问题，如同大片留白，渲染出了一位东方大侠淡泊、神秘的意境。

六 孟尝君

平乱指标

个性关键词：德高望重　轻财重义　好热闹

第二号草根大侠

在汉初的时候，与朱家同时代还有一位著名的草根大侠，名叫田仲。田仲是楚地人氏，与朱家的淡泊平和不同，田仲很喜欢剑术，应该是一位武艺高强的剑客。虽然风格不同，但是田仲却非常崇拜朱家，把朱家当成了自己的偶像。《史记·游侠列传》记载，田仲“父事朱家，自以为行弗及”。尽管田仲对待朱家像孝敬父亲一样尊敬，但是田仲非常有自知之明，他自认为自己和朱家的差距很大，所以他的一生只有向朱家不断地学习，而始终无法超越朱家这个草根大侠的标杆。

田仲死后，在洛阳出了另一位草根大侠剧孟。洛阳位于当年周朝直接控制的地区，与鲁国故地推崇儒家不同，周朝故地的人们热衷于经商赚钱，因此当时在商品经济高度发达的周地以任侠闻名的剧孟也是一个异类。不过令人遗憾的是，剧孟的生平事迹在《史记·游侠列传》中记载得很少，然而从司马迁对剧孟寥寥几笔的描述当中，我们仍然能了解到这位大侠当时的风采。

人心风向标

剧孟的人生亮点出现在吴王刘濞领导的七国之乱时期。

汉朝初定的时候，汉高祖刘邦为了表彰为建立汉朝基业立下大功的功臣们，先后分封了多位功臣为异姓王，也就是刘姓以外的王，例如韩信被封为楚王，彭越被封为梁王，英布被封为淮南王。后来这些封王的功臣纷纷造反，汉高祖成功平叛以后觉得那些跟自己不是一个姓的人很难跟自己一条心，所以还是分封自己家的亲戚放心，于是就立下了规矩："非刘氏不得王。"然而汉高祖的改革并不能彻底消除诸侯王造反的隐患，人的权力欲望是很难止步的，封了王又想当皇上，就像买了公寓又向往别墅一样。

后来在汉景帝时期，吴王刘濞挑动其他六个刘姓诸侯王一起造反了。当时卷入叛乱的七个诸侯王包括吴王、胶西王、胶东王、淄川王、济南王、楚王、赵王，这就是著名的七国之乱。汉朝传到了汉景帝时已经是第四任皇帝，汉初的名将早已凋零殆尽，好在当时出了一位名将周亚夫。周亚夫是绛侯周勃的儿子，因此周亚夫也是将门之后。由于周亚夫治军严明，给汉文帝留下了深刻的印象，因此在汉文帝去世前给接班的汉景帝留下了遗言："即有缓急，周亚夫可任将兵。"（如果出现危机，周亚夫可以当将军来带兵打仗。）

汉景帝三年，七国之乱爆发，汉景帝想起了先帝的遗言，马上任命周亚夫为太尉，统领汉朝兵马平叛。周亚夫统领汉军进军到了黄河以南的时候遇到了剧孟，周亚夫喜出望外，他说："吴楚举大事而不求孟，吾知其无能为已矣。"在周亚夫看来，要想成大事首先要拥有能成大事的人才，这个道理不仅适用于造反，同样也适用于平叛。吴王刘濞等人造反要想成功，必须要争取能成大事的人才，然而名满江湖的大侠剧孟居然被刘濞等人忽略了，由此可见吴王刘濞领导的七国之乱很难成功。在周亚夫眼里，剧孟就是一个预测七国之乱未来走势的指标，如果剧孟站在反叛者的阵营，那么将大大增加平叛的难度；现在剧孟和自己站到了一起，周亚夫对平定七国之乱信心倍增。按照周亚夫的逻辑，剧孟一个人就可以决定一场关乎国家命运的战争成败，因为周亚夫的高度评价，剧孟的作用已经超越了朱家等前辈草根大侠，堪称国宝级的大侠。

后来随着周亚夫平叛的节节胜利，周亚夫拿剧孟当指标的故事在江湖上广为流传。《史记·游侠列传》记载："天下骚动，宰相得之若得一敌国云。"（天下为剧孟加盟平叛阵营而为之轰动，天下风传宰相得到了剧孟就相当于得到了敌国。）拥有了名将周亚夫和大侠剧孟的汉景帝阵营气势如虹，最后七国之乱果然以彻底失败告终。当然周亚夫当初拿剧孟说事，公开预测七国之乱的失败在很大程度上是一种心理战的手段。当时造反的七国兵力雄厚，气势汹汹，锋芒难以阻挡。无论是群臣还是百姓都对国家未来的命运产生了巨大的担忧和怀疑，这时候周亚夫非常智慧地把剧孟神化了以后抬出来，无疑起到了稳定人心、提升士气的作用。但是不可否认，剧孟当时的江湖地位和明星般的人气决定了他具备可以被神化的条件，虽然剧孟只是一介草民，但是他代表了广大人民群众的利益和精神归宿。剧孟投靠汉景帝和周亚夫阵营证明了吴王刘濞他们的反叛不得人心，周亚夫巧妙地利用了剧孟的名气对七国之乱判了死刑。

这位国宝级的大侠剧孟不仅为人处世与朱家相似，而且还拥有一颗年轻的心，他非常喜欢赌博和一些年轻人的游戏。（剧孟行大类朱家，而好博，多少年之戏。）

后来剧孟的母亲去世了，剧孟母亲的葬礼成为了当时江湖上的一件盛事。在剧孟的故乡，人们看到数以千计的马车从四面八方赶来，自发为剧孟的母亲送葬，其场面非常感人，给观众留下了深刻的印象。后来剧孟母亲葬礼的场面被很多电影借鉴，在电影中用齐刷刷、黑压压的送葬队伍作为某些“老大”标榜江湖地位的象征。

剧孟去世的时候，人们发现这位国宝级大侠的经济状况并不富裕（及剧孟死，家无余十金之财），与他的江湖地位和社会声望极不相称。这大概就是判断一个人是黑社会老大还是草根大侠的标志之一，真正的黑社会不可能这么穷，只有那些有理想、有原则的草根大侠才会这样无私地奉献自己的能量，而从不考虑为自己谋私利。

扶栏客曰

剧孟一生的事迹不多，之所以能成为《史记·游侠列传》的二号人物，是因为遇到了急于平定叛乱的周亚夫。当时的汉朝突然遭遇七国之乱，一时之间朝野人心惶惶，朝廷除了军事上的镇压以外，最需要的是安定人心。此时周亚夫遇到了江湖上声名显赫的剧孟，于是就有了一系列的炒作和包装，无非是为了争取舆论上的主动，其实并没有太多的新意。不过不可否认的是剧孟以一介布衣的身份就能成为朝廷安定人心的炒作工具，此人的社会影响力可以想象。这就是所谓的侠，不是因为他很能打，而是因为大家都信任他。

七

失控的江湖 郭解

个性关键词：凶狠　义气　开放　自省　勇于改变

伤痕累累的童年和杀人如麻的少年

自从朱家开创了游侠的先河，“侠”的形象和行为逐渐成为了江湖上的时尚。在汉朝的文景时代，游侠已经不再是凤毛麟角的个别社会人物，而是一批活跃在江湖各条战线上的领军人物。当时除了朱家和剧孟以外，载入《史记·游侠列传》的游侠至少还包括了符离人王孟、济南的瞯氏、生活在陈的周庸等三位著名的江湖领袖。“符离人王孟亦以侠称江淮之间。是时济南瞯氏、陈周庸，亦以豪闻。”不过剧孟以后的江湖有些过度繁荣，难免产生泡沫，最后引起了政府的关注和警觉。“普天之下莫非王土”，这种游侠风起云涌的现象一方面带来了社会不安定因素，另一方面也触动了大一统王朝的敏感神经。最后游侠们的繁荣惊动了长安城里的皇帝，终于引发了景帝时代针对游侠们的“严打”。“景帝闻之，使使尽诛此属。”文景时代的帝王虽然以仁厚著称，然而值得注意的是皇帝的仁厚是为良民、顺民准备的，在针对江湖势力的态度上再仁厚的皇帝也不含糊。镇压是血腥的，不过“严打”后的江湖并不平静，江湖领袖生命力极其顽强，游侠们好像地里的韭菜，割了一茬，很快又长起了一茬。“其后代诸白、梁韩无辟、阳翟薛兄、陕韩孺纷纷复出焉。”很快一批以诸白、梁韩无辟、阳翟薛兄、陕韩孺为代表的江湖领袖又再次冒了出来。

如果把游侠看作一种职业或者社会阶层，那么毫无疑问游侠也像其他的职业和社会阶层一样，其中优秀或者出色的从业者最多只能青史留名，还不足以在太史公的名著里占据大段篇幅，要想在《史记》里留下精彩的故事，就必须从优秀到卓越。

郭解就是朱家、剧孟之后游侠当中划时代的卓越人物，因此他的人生也成了《史记》当中一个很有分量的精彩故事。

郭解，字翁伯，西汉时期轵县人。轵县位于今天的河南省济源境内，因此郭解是那位战国时期著名的职业杀手聂政的老乡。郭解的外公许负是一位当时非常著名的看相大师，“善相人者许负”。然而这位擅长看相的许负相女婿却很失败，当年一时糊涂把自己的女儿嫁给了郭解的父亲，害得女儿很早就成了寡妇。许负的女儿变成了寡妇不是因为郭解的父亲身体不好，而是因为此人天赋异禀，一心梦想成为江湖上人人景仰的大侠，因此积极投身江湖事业。然而历史发展到了郭解父亲的时代，游侠在主流社会的价值观里已经成了“出来混”的代名词。因为郭解的父亲是出来混的，所以他在郭解很小的时候就还了，害得许负的女儿成了寡妇。《史记·游侠列传》记载：“解父以任侠，孝文时诛死。”

失去了父亲的郭解像一头幼小的野生动物一样自由而无助地成长着，血液里的游侠基因让这个孩子拒绝任何欺负和侮辱，于是在斗殴和追赶中郭解度过了自己伤痕累累的童年。也许是从小家境贫寒而营养不良，逐渐长大进入少年时代的郭解并不像典型的江湖人物一样高大威猛，然而这个短小精悍的小小少年却以心狠手辣、杀人如麻著称。少年时代的郭解是一个极端情绪化的危险人物，任何憎恨甚至厌恶情绪都可能导致一次即兴发挥的杀人。两千年前的少年郭解杀人随意而潇洒，只要感觉来了，郭解就会拔出刀来扑上去。郭解杀人的时候果断而坚决，手持一把滴血的利刃，少年郭解锐不可当，很快就在当地的江湖上声名鹊起。总结郭解少年时代的成功秘诀就是两个字：一个是“狠”，另一个就是“快”。当对手还在愤怒的时候，郭解已经动了杀机；当对手在思考怎么动手的时候，郭解的刀已经拔了出来；当对手意识到必须以死相拼的时候，郭解的刀已经坚决地刺了过去；当对手因失血过多而逐渐意识模糊的时候，郭解早已经跑路了。

也许是为了保持清醒，也许根本不需要借酒浇愁或者借酒壮胆，总之郭解还有一个非常另类的特点，那就是珍爱生命，远离酒精。滴酒不沾的郭解保持着非常健康的生活方式。出来混的居然不喝酒，这对于一个江湖人物来说令人难以置信。如果一个小混混这样，必然会遭到同行的嘲笑甚至唾弃；然而对于还未成年就血债累累的郭解来说，这种健康生活习惯却足以令对手胆寒。

郭解不仅远离酒精，而且每天都过得很充实。简而言之，少年时代的郭大侠就是一个标准的恶棍，打架斗殴、杀人越货、挖坟盗墓、铸造假币，卷入了多种违法行当。像所有的江湖人物一样，郭解也很讲义气。不过跟大多数江湖人物不一样的是郭解交朋友的方式既不是喝酒也不是聊天，而是过命。只要他的朋友请他帮忙，郭解一定拿命来拼，因此郭解的朋友们如果不是到了非要杀人的地步不敢惊动这位郭大侠。别的孩子变坏有的是因为年少轻狂，有的是因为误入歧途，然而郭解一生下来就在这条路上了。坚决、勇敢、冷静、迅疾、义气，任何人具备以上品格都极有可能出人头地，少年郭解靠着这些难得的品格在成年之前就已经成名了，然而不幸的是，郭解是恶名远扬。在正常人的眼里，这个孩子恐怕活不长了。（**点评：郭解的青少年时代是一个典型的未成年犯罪分子，司马迁从此处起笔，更凸显了郭解后来的转变不可思议。**）

然而，一个被载入史册的天才绝不可能靠着短暂的折腾就能争取到在历史上令人无法忽视的地位，那些青史留名的天才们都是折腾不死的奇迹。少年郭解就是这样一个奇迹。尽管郭解每天干的都是掉脑袋的勾当，尽管很多黑道上的对手都想置郭解于死地，然而少年郭解就像那个在电视上做直播的逃脱大师一样，总是在濒临死亡的最后一刻，甚至是在已经遭受灭顶之灾以后逃出生天。那些有过与郭解同样经历的黑道人物总是在需要炫耀自己或者需要威胁别人的时候说“我是已经死过一回的人”，郭解这样死过不止一次。年轻的郭解就这样一次一次地死去活来，他就像一条被潮水卷进大海的小船，眼看着距离陆地越来越远，上岸对他来说已经是一个遥远的梦想了。

直到有一天，突然传来了朝廷大赦的消息。得到这个消息的郭解就像当年得知恢复高考消息的老三届一样，人生之路立刻豁然开朗，从此一条崭新的人生道路出现在了郭解的面前。

《史记·游侠列传》：“解为人短小精悍，不饮酒。少时阴贼，慨不快意，身所杀甚众。以躯借交报仇，藏命作奸，剽攻不休，乃铸钱掘冢，固不可胜数。适有天幸，窘急常得脱，若遇赦。”

突然转型

郭解长大了，在迈过青春期的门槛的某一天，内心深处发生了突变。他想通了一件事，从此以后郭解判若两人。郭解想通的事情很多人都想过，剩下没认真想过的很多人也听别人说过，这个问题就是：“人为什么活着？”想通了这个问题以后，那个有仇必报、报则必杀的少年杀手郭解不见了，取而代之的是一个以德服人、温良恭俭的好人郭解。好人郭解不仅以德服人，甚至以德报怨，当年郭解出来混的时候得罪的人不少，所以对于群众的不理解甚至怨恨，郭解不仅默默承受，而且更加努力地做好人好事，争取改变当年的不良形象。当然郭解的目标不是当一个简单的好人，而是一代大侠，虽然行为转型，不过郭解的内心渴望并没有发生实质性的变化。早年的杀戮与后来的行善一样，都是为了争取别人对自己的重视和尊重，这对于一个从小就失去父亲的孩子来说无比重要，是任何东西都无法替代的人生目标。（**点评：杀人放火以后突然顿悟了？《水浒传》里的鲁智深或许就是郭解的境界。**）

不过大侠郭解也有情绪失控的时候。每当郭解情绪失控，他就仿佛回到了那个快意恩仇、杀人如麻的年代。郭解发怒的时候凶恶无比，让人们不由得想起了那个昔日杀气腾腾的少年杀手。为了避免重蹈覆辙，郭解尽量控制自己的情绪，努力保持着好人的心态和习惯。然而，少年时代的传奇经历和成年以后的传奇转变使得郭解无可争议地成为了当地少年的偶像。为了向这位成功转型的江湖王者致敬，那些得罪郭解的人们成了少年“古惑仔”们的打击对象。针对郭解仇人的报复很多都是暗中进行的，甚至连郭解本人都不知情，不过这时的郭解对报复已经不感兴趣，他正在成为大侠的路上投入地行走着，无心留恋沿途的风景。

《史记·游侠列传》：“及解年长，更折节为俭，以德报怨，厚施而薄望。然其自喜为侠益甚。既已振人之命，不矜其功，其阴贼著于心，卒发于睚眦如故云。而少年慕其行，亦辄为报仇，不使知也。”

郭解虽然滴酒不沾，然而郭解的外甥却酷爱饮酒。一般人喝酒勇猛都是“我干了你随意”，郭解的外甥喝酒勇猛，“不管我干不干你都必须干了”。如果那个和郭解外甥碰杯的人拒绝“一口闷”，郭解外甥就会强行灌酒。郭解外甥的行为虽然很不文明，但是却非常有中国特色，直到今天在很多酒桌上仍然能见到郭解外甥的遗风。不过在郭解生活的那个年代，中国人除了好酒以外也非常有血性，郭解外甥那天就遇到了一个这样有血性的人。那位血性人那天拒绝干杯，于是郭解外甥就一把搂住那人的肩膀，一手抓起酒杯，企图强灌。当郭解外甥手中的酒杯空了一半的时候，突然感到肚子上一凉，以后又是一热，当他低头看的时候发现一把刀柄正在自己的肚子上晃动。郭解外甥一声大叫，倒在了地上，酒和血混在一起洒了一地，混乱、血腥而肮脏，一条鲜活的生命就这样荒唐地终结了。那个怒杀郭解外甥的杀手如同少年郭解一样，下手快、跑得也快，当酒桌上的众人乱成一团的时候，那位杀手已经消失了。如果不是那把插在郭解外甥肚子上仍然颤动的刀柄，人们甚至不敢相信那个杀手真的存在过。毕竟他杀死的是郭解的外甥，在旁人看来这种行为无异于自杀。

郭解听到外甥的噩耗以后沉默不语，郭解知道是自己的名声害死了外甥。就像信用卡不加节制地透支可能导致破产一样，名声和面子过度透支也会造成命运破产。郭解的外甥透支了郭解的面子，却忽视了别人的面子，终于导致了这个年轻人的英年早逝。尽管郭解家有出来混的传统，然而白发人送黑发人仍然是一个巨大悲剧，郭解的姐姐难以接受这个悲惨的事实，她想既然人家都说郭解的外甥不能惹，那么现在郭解的外甥被人杀了，郭解似乎也到了做些什么的时候了。

郭解的姐姐放出话来："以翁伯之义，人杀吾子，贼不得。"（以郭解的义气，人家杀了我的儿子，却抓不到凶手。）从家庭影响和教育的角度，郭解的外甥死于非命，他的母亲，也就是郭解的姐姐负有不可推卸的责任。自己的孩子在外面掐着别人的脖子灌酒，这位妈妈不闻不问，现在自己的儿子死了，她却想起了郭解在江湖上的名声。仿佛弟弟的名声就是为了给儿子报仇用的，如果儿子不惹点麻烦出来就浪费了弟弟在江湖上的地位。

为了向郭解示威，郭解的姐姐拒绝埋葬儿子的尸体，而是把儿子的尸体摆放在郭解每天经过的一条大路的路口——她要让弟弟每天都看到自己的名声是怎么害死外甥的。自己的实在亲戚死于非命，郭解当然不可能置身事外，很快郭解在江湖上的眼线就找到了那个杀死郭解外甥的杀手。这位杀手自从杀死郭解外甥逃亡以后，就陷入了后悔和恐惧当中：后悔那天的一时冲动，恐惧郭解无孔不入的江湖势力。其实这位杀手只是不喜欢喝酒，与郭解的外甥并没有深仇大恨，那天的杀人事件纯属偶然。郭解也不喜欢喝酒，可是他不想喝就没人敢硬灌他。同样是人，同样敢于杀人，同样杀过人，一个是名满江湖的老大，一个则是亡命天涯的逃犯，这就是差距。正因为有这样的差距存在，郭解不喝酒那就是个性。

像许多亡命天涯的逃犯一样，那位杀人犯见到郭解的兄弟的时候不仅没有害怕，反而有一种如释重负、拨云见日的轻松。在那个法制不健全的时代，触犯了国家法律或许还有机会侥幸逃脱，但是得罪了大侠郭解则无路可逃。所以那位杀人犯非常配合地跟着郭解的小兄弟回来向郭解"自首"，既然逃跑和回避不能解决问题，那么自首或许还有立功赎罪的机会。不过当那位杀手见到了传说中的郭解的时候，已经四肢冰凉、心如死灰，他觉得郭解不可能原谅自己，传说这个恶毒的小个子杀人的时候斩钉截铁、毫不犹豫，何况现在面对的是杀死自己亲外甥的仇人。

郭解见到了那位敢在老虎嘴上拔须的杀手，他不仅没有生气，反而向杀手承认了错误，郭解说："公杀之固当，吾儿不直。"（您杀了他是正当的，是我的孩子做得不对。）郭解承认了错误就让那位杀手离开了，那位杀手当时的感觉就是站在奈何桥上跳起来一个后空翻又回来了。

经过调查研究，郭解对外甥的死因已经下了结论：咎由自取。释放了杀死外甥的凶手，郭解派人到路口把外甥抬起来装进了棺材，然后找了块坟地埋葬了。郭解得罪了姐姐，却换来了江湖上的人心，大家都说郭解做事公道，因此江湖上投奔郭解的人更多了。《史记·游侠列传》：“诸公闻之，皆多解之义，益附焉。”（**点评：江湖上的名声来之不易，没有公平心就不可能赢得天下的人心，郭解具有高度的政治智慧。**）

虽然郭解赢得了江湖上的大多数支持，但那并不代表全部，有人爱、有人恨，有人崇拜、有人鄙视的人生才够精彩。百步之内必有芳草，十室之邑必有俊杰，后来郭解终于发现了一个不仅不敬畏他，甚至鄙视他的人。《史记·游侠列传》记载：“解出入，人皆避之。”扶栏客认为司马迁的这句话至少说明郭解并不是人见人爱的“喜洋洋”，一个曾经血债累累、如今仍然呼风唤雨的江湖老大，无论怎样慈眉善目都不可能让守法良民敢于亲近。事实上，当时郭解的乡亲们对待郭解的态度大概就是敬而远之，虽然郭解拥有一种让人感到神秘的驾驭江湖的能力，不过郭解的能力对于专心过小日子的百姓来说除了观赏和娱乐以外，似乎没有多少实际的意义。于是每当郭解出门或者回家的时候，乡亲们都躲着他，生怕这位大侠心血来潮也会对自己不利。

不过郭解却发现有一人每次见到他的时候既不回避，也不行礼，而是大大咧咧地坐在地上，恶狠狠地瞪着自己。如果少年时代的郭解遇到对自己如此无礼的人，那么这个人很快就会变成死人。不过此时的郭解不仅已经成熟，而且早已成名。郭解奇怪了，他派人去打听这个人的名字，想知道这个人为什么这样对待自己。郭解没有动怒，跟着郭解混的小弟们却受不了了，他们跟着郭解混一直想找机会表现，现在机会来了小弟们怎能不热血沸腾。于是有人自告奋勇当杀手去杀了那个坐在地上看郭解的人，听到有人愿意为了自己的面子去杀了那个人，郭解突然想通了那个人的动机。谁火掐谁、谁火灭谁，不仅是知识分子江湖的普遍规律，同样适用于游侠和流氓的江湖。一个与郭解毫无关系的无名之辈见到郭解不仅不回避、不行礼，反而怒目而视，这个人如果不是想自杀就是想引起注意。郭解生活的时代没有人寿保险，因此自杀对于他来说没有任何好处，剩下最合理的解释就是引起注意了。一个人通过这种危险的方式引起注意，如果不是成名心切加上脑子进水，就是真的身怀绝技。

对于这种狂妄的挑战者，坚决打压不仅有失风度，而且很不安全，“长江后浪推前浪”是自然规律，被“后浪”推着走的“前浪”是借力打力、乾坤挪移，还是螳臂当车、倒行逆施，全看“前浪”的智慧了。郭解年轻的时候也是通过成功挑战了很多权威才逐渐成名的，谁又能保证坐在郭解面前的这个人不是第二个郭解呢？不战而屈人之兵，善之善者也，郭解决心收服此人。

于是郭解阻止了那个请愿为自己杀人的小弟，他说：“居邑屋至不见敬，是吾德不修也，彼何罪！”（我住在乡里，人家却不尊敬我，这说明我的修养不够，他有什么罪过呢！）

对于已经名满江湖的郭解来说，要想杀死一个人很容易，要想感动一个人也很容易，郭解选择了后者。于是郭解找到了当地的尉史，然后托尉史照顾那个公开鄙视自己的人，他说：“是人，吾所急也，至践更时脱之。”（那个人是我特别关心的人，轮到他服劳役的时候请您免了他的劳役。）我们知道在中国古代老百姓必须服劳役，无论是国家还是地方，所有的帝国工程和公共设施建设，例如皇帝陵墓、长城、水利、道路，都是靠老百姓服劳役来解决劳动力问题的。尉史正是当时负责安排分配劳役的地方干部，郭解发话了，尉史不敢不办，于是那个鄙视郭解的人多次躲过了劳役。后来那个人再也不能心安理得地享受这个待遇了，自己上面又没有人“罩着”，居然能享受这样的特权，他不仅奇怪而且开始严重地不安。于是那个人自己跑到尉史那里询问原因，尉史就说是郭解托自己照顾他。那个鄙视郭解的人突然感到非常惭愧和非常失败，自己鄙视郭解无非是为了引起重视，不过郭解重视他的方式超出了他的想象。

后来那些自告奋勇企图帮助郭解的谋杀志愿者们，见到了那个曾经鄙视郭解的小子光着膀子向郭解请罪。这个场面给郭解的小弟们留下深刻印象，终生难忘，从此以后他们对郭解的崇拜更是一发不可收拾。《史记·游侠列传》：“少年闻之，愈益慕解之行。”

要调解，找郭解

如果说言情小说的主线就是很多人纠缠在一起爱来爱去，那么江湖小说的主线就是很多人纠缠在一起恨来恨去。郭解的人生显然是一部江湖小说。如果每一次爱情都会有结果，那么地球上早就人满为患；反之，如果每一次仇恨都会导致杀人，那么地球上早就荒无人烟了。为了阻止人类因为放纵仇恨而自我毁灭，郭解当时的一项重要社会责任就是化解江湖仇恨，让世界充满爱。

《史记·游侠列传》当中记载了大侠郭解的一次经典的江湖调解案例，堪称江湖调解的典范。当时在洛阳有两伙人结了仇，至于原因太史公没有说明，大概当时行走江湖结怨结仇就像现在行走江湖喝酒唱歌一样非常普遍，所以江湖人物结仇也就没什么值得解释的。总之当时两伙人剑拔弩张，形势非常紧张，大汉朝建国以来洛阳一次规模空前的街头巷战仿佛一触即发。地方上的社会名流和大佬们纷纷出面调解，希望双方以大局为重，共同维持洛阳的治安环境。大佬们调解了十几次，酒喝了不少，双方不仅没有和解，反而在各界大佬的不断调解下越喝越high，斗志昂扬。于是终于有人向郭解求救了，郭解听说了这件事，决定试一试，不过洛阳不是自己的地盘，所以郭解决定低调介入调解。在一天夜里，郭解亲自来到了洛阳，秘密约见了双方代表。郭解对双方说了些什么司马迁并没有说明，不过后来奇迹就出现了，本来你死我活、势不两立的双方代表非常勉强地达成了和解协议。双方的弟兄们放下了刀枪，端起了酒杯，一场看似不可避免的江湖战争就这样被郭解三言两语平息了。

洛阳结仇的双方问题解决了，不过郭解的问题却出现了，在别人的地盘上指手画脚、调解争端就像未经允许躺在别人的床上睡觉一样，搞不好又会引发另一种怨恨，甚至是仇恨。而且当时的情况更加复杂，当地的大佬们调解了十几次都毫无建树，郭解出马一言而决，这个差距太伤自尊了，也太让人伤心和绝望了，足以让任何江湖大佬心痛欲裂、醋海波澜。郭解决不允许自己在抚平一个江湖裂痕的同时又制造一个新的裂痕，他决定把面子原封不动地都留给当地的大佬们，自己挥一挥手，不带走一片云彩。最后郭解离开的时候对双方代表这样交代："吾闻洛阳诸公在此间，多不听者。今子幸而听解，解奈何乃从他县夺人邑中贤大夫权乎？"（我听说洛阳诸公为你们调解，你们都不肯接受。如今非常幸运，你们听从了我的调解，但是郭解怎能从别的县跑来争夺人家城中贤豪大夫们的调解权呢？）郭解深刻检讨了自己的过失，然后趁着夜色离开了洛阳，临走前他告诉双方代表："且无用，待我去，令洛阳豪居其间，乃听之。"（先不要和解，等我走了以后，请洛阳的豪杰从中调解，然后你们再和解。）

郭解走了。盘踞在洛阳城的仇恨烟消云散，洛阳的大佬们脸上放光彩，一段江湖传奇流传了下来。郭解的这次调解之所以成为传奇被载入《史记》，是因为郭解调解成功的理由语焉不详，而其中逻辑看起来很不合理。当然，只有不合理的事情才能被称为传奇。当时的两派人马势不两立，放出狠话来要"死磕"到底，当地的大佬们纷纷出面调解，但是双方就是不给面子，一定要你死我活、不共戴天。在当地的大佬们看来，在当地的百姓看来，在所有旁观者看来，这是一场不可避免的江湖战争，明智的做法就是躲得远远的，越远越好。

不过在郭解的眼里，事实却是另一个版本。郭解在仇恨和杀戮中一路血雨腥风地走来，少年时代刀光剑影的经历让他对仇恨和仇杀有了深刻的认识。在郭解看来，真正的仇杀就像战争一样，通常都会突然而意外地发生。如果要杀死一个人报仇，一把刀和一个亡命少年足矣，手起刀落，以一个不可化解的仇恨终结另一个不可化解的仇恨，这才是真正的仇恨和杀戮。而洛阳的故事看起来不像战争而更像一场戏，锣鼓敲得震天响，台下看戏的人伸长了脖子，主角迈着台步走出来，见面了并不开打，而是唱半天文戏。郭解打架是为了要命，洛阳人打架是为了要脸，也就是面子。洛阳两派人呐喊了半天就是等着有人来看热闹、有人来劝架，这样才能挣足面子，不幸的是后来洛阳的大佬们来劝架也是为了面子，所以调解很难达成。

洛阳的这次江湖调解，从经济学的角度分析其实是一场交易行为。结仇双方当然可以不用调解，甚至不用到处宣传恐怖气氛就直接开战，不过这样做成本太高、风险太大，死人不可避免。从朱家到郭解，此时的大汉朝也从汉高祖时代发展到了汉武帝时代，国家承平已久，连出来混的也逐渐认识到了生命的可贵。从文帝时代开始，帝国就对游侠们开始了“严打”，如果真的出现大规模群体暴力事件，甚至闹出人命，帝国一定不会放过挑起争端的双方老大。因此尽管声势造得很足，但是谁也不敢第一个开战，通过不断更新的恐吓和渲染，以最小的代价争取最大面子和利益才是洛阳两派势力的目的。由于双方要的东西都一样，因此很难妥协，当地的大佬们介入之后，形势更加复杂，因为当地大佬们要的也是面子。面子不是金子，很难估价、很难分割也很难分配。所以洛阳当地的大佬们并没有促使交易的达成，反而增加了交易的难度，甚至提高了交易成本。这时候卷入这场仇杀或者说交易的双方非常着急，面子作为交易物与有形交易物的最大区别在于很难退而求其次。比如买房子，买不起大的可以退而求其次买小的，但是面子，尤其是江湖仇杀中的面子如果得不到大的就什么都得不到。陷入僵局的双方知道必须有个了结，要么放弃面子，要么咬牙开战，否则连孩子也能看透两派势力的真实底细了。喊打喊杀了半天，怎样在既不丢面子又不死人的前提条件下收场是个大问题。郭解的出现，让陷入僵局的双方松了一口气。郭解不要面子，至少他要的面子不是洛阳人要的那种面子，吹牛耍横、混吃混喝，从来不是郭解的人生追求。这位大侠在少年时代就杀人如麻，对他来说杀人的经历已经不是吹牛的资本，而只是维持江湖地位的一个朦胧传说。因为郭解要的东西不一样，所以他的出现促使了交易成功——交易要想成功的前提条件是交易各方追求的东西要有差别。

两派人马口口声声要杀人、砍人，不断地放狠话，可是他们谁也不敢自己拔刀拼命；郭解谦虚谨慎、以德服人，可是这位大侠不仅在未成年的时候就已经杀人如麻，而且在江湖上还有一大批愿意随时为他杀人拼命的年轻志愿者。郭解的亡命经历和江湖地位为这场难以达成的交易设定了边界，无边界的沟通或许很有效，而无边界的交易却很无效，因为人的欲望总是无限的。更加难得的是这位大侠不仅不争面子，而且还生怕抢了别人的风头，他不仅不分享作为调解人的面子，而且把自己的面子带给了卷入争端的双方。此时停战和解，不仅在当地挣足了面子，而且也给了郭解面子，通过各种渠道的江湖传说，郭解的面子将进一步放大两派势力的面子。就这样不打不杀，不动用暴力手段，两派江湖势力的江湖地位和面子居然稳步增长，这就好比不烧煤、不烧油、不污染也可以带动GDP增长一样，实在是节能环保的可持续发展之路。虽然郭解极力保持低调，把当时的面子都留给了洛阳当地的大佬们，但是他却挣到了更大的面子，否则两千年后我们不可能从《史记》上看到这个精彩的江湖调解案例，而洛阳的大佬们虽然在当时非常幸运地捡到了郭解留下的面子，但是却连名字都没留下来。（**点评：破山中贼易，破心中贼难，郭解堪比王阳明。**）

虽然郭解在江湖上呼风唤雨，但是他对待帝国政府还是非常恭敬和谦虚的，“解执恭敬，不敢乘车入其县廷”。每次到县政府办事，郭解都把车远远地停好，然后自己徒步进入县政府办事。这虽然是个细节小事，却足以说明郭解谦虚的美德以及尊重国家法规的精神。由于郭解名满天下的社会影响力和江湖地位，这位大侠经常被慕名而来的社会各界人士请求办事，具体办什么事司马迁又是语焉不详，不过可以想象大概也是类似于江湖调解之类的事情。郭解为人诚恳，对于群众提出的要求，郭解能办到的办，办不到的也要想办法让各方满意。郭解为人办事的时候总是工作在前享受在后，只有大家都满意了以后，郭解才会接受请托的人的酒饭。我们知道无论古今，凡是在江湖上混的，大多都是先吃饭再办事，也有很多是吃了饭也不办事，而郭大侠是办完事才吃饭，这样的社会活动家怎能不赢得社会各界群众的爱戴和拥护。当时江湖上盛传着这样一句话：“要调解，找郭解。”

于是社会名流和江湖大佬们都对郭解非常尊重，都愿意为郭解帮忙。由于郭解讲义气、名气大，所以很多江湖上的豪杰纷纷投奔郭解，虽然郭解豪爽慷慨，但是郭解毕竟不是孟尝君，作为一介布衣大量收养食客显然存在很大的经济困难。这一切被广大群众看在眼里，于是大家纷纷主动找到郭解，请求帮助郭解收养投奔他的食客。当时在夜里来到郭解家里的同乡少年和附近县城的豪杰乡绅络绎不绝，常常有十几辆马车停在郭解家门外，大家晚上来拜访郭解都是请求郭解把自己的食客分出来，由这些热心群众代养。

《史记·游侠列传》："之旁郡国，为人请求事，事可出，出之；不可者，各厌其意，然后乃敢尝酒食。诸公以故严重之，争为用。邑中少年及旁近县贤豪，夜半过门常十余车，请得解客舍养之。"

弄巧成拙

元朔二年（公元前127年），这一年在汉帝国的历史上发生了两次重大的移民事件：第一次移民事件是朝廷劝募了十万百姓移民到朔方（今天的宁夏、内蒙古河套地区）；第二次移民事件就是迁徙了国内的豪杰和家财三百万以上的人到茂陵。这两次规模宏大的移民事件都与那位看了乐毅《报燕惠王书》而潸然泪下的主父偃有关。移民朔方的理由是巩固边防，移民茂陵的理由是维护治安。之前，匈奴入侵上谷和渔阳，杀死劫掠官吏百姓一千多人，朝廷任命卫青和李息率领汉军从云中到陇西一线出击，大败匈奴的楼烦王和白羊王，夺取了黄河南岸，即今天河套一带的大片土地。大战胜利以后，汉武帝采纳了主父偃的提议，效仿前朝的蒙恬，在河套地区建立朔方郡，并且派苏建率领十万人在那里筑城巩固边防。这年夏天，汉帝国劝募了十万百姓迁移到了新筑成的朔方城，拉开了汉朝"西部大开发"的序幕。

"茂陵初立，天下豪杰，并兼之家，乱众之民，皆可徙茂陵，内实京师，外销奸猾，此所谓不诛而害除。"（茂陵刚刚建立，天下豪杰和杰出人物，以及富有的大家族，还有煽动百姓作乱的人，都可以迁徙到茂陵，这样对内可以充实京师，对外可以消灭奸恶狡猾的人，这就是所谓不杀人而消除祸害。）主父偃的建议正中汉武帝的下怀，凡是雄才大略的皇帝都不能容忍自己的统治下出现大批有出息、有志气、有势力、有财富的子民，因为当年的汉高祖刘邦即便算不上这样的"四有布衣"，却一样趁势而起，夺取了天下。汉武帝死后葬于茂陵。为了保持皇家陵墓的排场和豪华，中国古代历朝历代都有在皇帝在位的时候就开始修建陵墓的传统。在汉武帝即位的第二年，也就是建元二年，汉帝国就开始为这位年轻皇帝修建陵墓。从建元二年到元朔二年，过去了十二年，茂陵终于建成了。此时的汉武帝还相当的年轻（汉武帝在位五十四年），不过一想到自己百年以后将在帝国最杰出和最有钱的人们的陪伴下长眠于茂陵，年轻的汉武帝当时心花怒放，于是他马上下诏书命令执行主父偃提出的方案。

根据当时汉帝国的政策，布衣百姓家产三百万以上的人都必须举家移民到茂陵居住。如果按照这个标准，郭解显然不够资格。游侠不是大款，出来混靠的是面子不是钱，按照财产衡量，郭解根本达不到移民的标准，然而出乎意料的是郭解仍然上了移民的名单。显然汉帝国并不是把郭解当作有钱人移民，而是把他当作“天下豪杰”或者“乱众之民”，因此郭解当时的处境其实已经相当的微妙甚至危险。不过作为一个在江湖的血雨腥风中成长起来的老大，郭解显然对政治缺乏敏锐性，他不仅不能正确地将帝国把自己列入移民名单看作是一次改造和挽救自己的机会，反而错误地判断了形势。为了免于离开自己的家乡，郭解最后不得不动用了自己“上面”的人。郭解上面的人就是卫青。此时的卫青正在自己的仕途上激流勇进，他不仅是帝国最出色的将军，而且也是汉武帝最信任的亲戚和大臣。我们还知道卫青是一个低调廉洁的人，他一生旗帜鲜明地反对大臣拉帮结党，加上郭解并不富裕的经济实力，因此我们有理由相信郭解和卫青的关系并不是通常意义上的权钱交易。然而卫青还是在郭解最需要帮助的时候帮着郭解说话了，他向汉武帝进谏：“郭解家贫不中徙。”（郭解家贫困，不够迁徙的标准。）或许这是汉武帝第一次听到郭解的名字，不过从这一刻起，这个人在皇帝的心中留下了难以遗忘的印象。汉武帝说：“布衣权至使将军为言，此其家不贫。”（身为布衣百姓能让将军为他说话，可见这家人并不贫困。）（**点评：郭解找卫青求情，本来是为了免于迁徙，然而因为卫青如日中天的权势和汉武帝多疑雄霸的个性，最终却弄巧成拙，导致了郭解的人生以悲剧收场，这或许是一种宿命。**）

卫青和汉武帝对郭解的认识其实都没有错，卫青说的“郭解家贫”是指郭解家的有形资产，毫无疑问，这位名满江湖的大侠名下的财产肯定不到三百万；汉武帝说“此其家不贫”是指郭解的无形资产或者品牌价值，一个家产不到三百万的穷人居然能让权倾当朝的卫将军冒着和皇帝唱反调的风险为他说话，这样的穷人怎能不引起一代雄主的高度警惕。

在卫青帮郭解求情这件事上，最值得深思和玩味的就是两人的关系。卫青其实和郭解一样，一贯保持了低调廉洁的作风，不同的是两个人一个居于庙堂，一个放浪江湖。然而，这两个地位悬殊的人是怎么认识，又是怎么建立关系的，在史册中难以找到答案。或许我们可以从汉武帝时期名臣名将和杰出人物的命运中找到一些蛛丝马迹，汉武帝时代不仅郭解等出来混的最后下场悲惨，就是连卫青、霍去病、李广、公孙敖、公孙贺、主父偃等名将名臣多半也是结局血腥而凄惨，他们要么自己死于非命，要么自己的后代亲人遭到灭门屠杀，总之在汉武帝时代“当官的”跟“出来混的”最终的结局几乎没什么区别，当官的甚至更惨。对于这些风光一时的名臣名将而言，不要说荣华富贵无法世代相传，就连普通百姓重视的传宗接代也是奢望，以上诸位名臣名将，三代以后除了李广因为孙子李陵投降匈奴得以延续香火，其他人都绝后断了香火。也许正因为如此，结交一个郭解这样的朋友才更有价值，生活在一个朝不保夕的时代谁都希望结交一个过命朋友，而郭解就是这样一位肯舍命替朋友出头的大侠。

非常不幸，郭解遇到的是百年难遇的一代雄主汉武帝，卫青的这次求情不仅没有为他争取到免于迁徙的照顾，反而坚定了汉武帝打压他的决心。郭解只好踏上了离开故乡的路，此事在当时的江湖上非常轰动，当地乡绅富户纷纷出资赞助郭解，很快这位家产不足三百万的大侠就得到了上千万的资助，可见汉武帝对郭解的财富判断并不是毫无根据。

失控的江湖

后来郭解的亲人和追随者终于找到了将郭解列入移民黑名单的幕后黑手。当时在轵县有一位名叫杨季主的人，他的儿子当时在轵县当县掾，也就是县里的官吏，就是这位官吏老乡极力推荐郭解移民茂陵。就在郭解离开轵县之后不久，轵县发生了一件恐怖的血案，杨季主的儿子，那位极力推荐郭解的县掾，被人砍掉了脑袋。江湖上风传做下这件惊天血案的凶手就是郭解的侄子。

从此杨郭两家结下了解不开的血海深仇。

郭解来到了茂陵，茂陵靠近汉帝国的首都长安。从轵县来到了大城市，郭解的江湖能量得到了又一次的升级和释放。当时关中江湖上的名人豪杰，已经把结交郭解当成了一个混江湖的常规。自从郭解来到茂陵，关中一代出来混的如果不认识郭解，出门都不好意思跟人打招呼。虽然来到了大城市，不过大侠郭解仍然保持着他从少年时代就形成的健康生活习惯，拒绝饮酒，而且出门也不骑马，一副低调老实、逆来顺受的良民形象。然而尽管此时的郭解对江湖可能已经产生了倦意，但是郭解一手缔造的江湖却仍然为了他的面子和曾经的梦想在高效运转。郭解离开轵县以后，他的江湖已经失控。就在郭解的侄子杀死杨季主的儿子以后不久，那位倒霉的杨季主也死于非命。这种案件根本不用调查，所有的线索和动机都指向了郭解和他领导的江湖势力。

杨季主的家族不甘心就此冤沉大海，于是开始了艰难而危险的“上访”。当时杨季主家族的“上访代表”来到了长安准备告御状，然而这位“上访代表”并没有见到青天大老爷，后来他的尸体在宫门附近被发现。郭解集团无视王法国律，顶风作案对杨季主一家采取了一系列血腥的报复和打压，这在雄才大略的汉武帝看来就是对帝国尊严的疯狂挑战。于是，汉武帝亲自下令逮捕郭解，立即立案调查。为了活命，郭解不得不开始跑路。对于跑路，郭解并不陌生，在郭解的青少年时代，跑路和杀人一样都是生活的一部分，然而这次却是郭解最被动的跑路。本来已经上了岸的郭解被身后失控的江湖巨浪卷了回去，继续挣扎着随波逐流。郭解跑路前先是把自己的母亲安置在夏阳，然后一个人独自向临晋方向逃窜。

郭解来到临晋却无法出关，当时郭解已经成为了帝国通缉的重犯，如果没有掩护和伪装，郭解过关多半都要束手就擒。作为一位成名已久的江湖传奇人物，郭解当然不能轻易束手就擒，于是他找到了一位名叫籍少公的人，请求籍少公帮助他出关。这位籍少公不仅答应了郭解的请求，而且真的冒着窝藏朝廷重犯的罪名把郭解送出了关。令人惊叹的是这位籍少公与郭解素昧平生，在郭解来到临晋之前两人不仅毫无交情，而且连面都没见过。可以想象籍少公顶着与郭解同罪的风险送一个第一次见面的人出关，足以说明郭解在江湖上的地位和名声以及自身的个人魅力，绝不是虚无缥缈的传说，而籍少公也只是当时江湖上千千万万仰慕郭解的郭解“粉丝”之一。

离开了临晋，郭解来到了太原，郭解在逃亡的路上不仅没有隐藏自己的踪迹，反而一路上向留宿他的人家公开表露自己的身份。令人再次惊奇的是，这些为郭解提供了临时旅馆和食宿的人家竟然没有一个去主动报案，他们一边热情周到地搞好接待工作，一边兴奋地把郭解的光临当作一段值得纪念和炫耀的传奇经历珍藏在记忆当中。尽管群众基础扎实的郭解暂时顺利地逃过了帝国的追捕，然而郭解一路上公开身份的做法仍然让人费解，如果不是找死，恐怕就是郭解维持一代游侠领袖尊严和体面的本能反应。不过在帝国政府看来，这种自尊的表现无疑又是一种对帝国的猖狂挑战。（*点评：从郭解在一路逃亡中群众对他的反应来看，郭解在人民群众中受到的爱戴和崇拜甚至超过了汉武帝。凭此一项，郭解必*

死无疑。）

后来帝国的侦探们一路追踪着郭解的踪迹找到了临晋的籍少公，这位郭解的铁杆“粉丝”最后竟然以自杀来面对帝国司法系统的调查。籍少公死了，追踪郭解的线索断了。不过这样一位让皇帝惦记的重犯要想逍遥法外注定非常困难，过了很久，郭解终于被捕了。针对郭解案件的专案组立即成立，帝国启动了针对郭解的司法调查行动。不过令人遗憾的是专案组查来查去却发现郭解虽然的确杀过很多人，但是那些案件都发生在大赦之前，也就是说郭解犯下的重罪早就因为大赦而一笔勾销了。

为了深挖郭解的案件，专案组来到郭解的家乡轵县。谁也没想到专案组的到来不仅没能有效制止犯罪，反而引发了又一件恶性虐杀案件。当时专案组为了充分掌握郭解在家乡的所作所为，所以采取了访谈的方式，访谈的对象既包括轵县的社会各界人士，也包括了和郭解曾经亲密接触的人，例如当年投奔郭解的食客。在一次访谈当中，郭解的食客用极其文学的手法表扬和赞美了郭解。没想到郭解食客的赞美却引起了一位在场儒生的不满，这位儒生说：“郭解专以奸犯公法，何谓贤？”（郭解专门做违法的勾当，怎么能称得上是贤人呢？）不管郭解是不是贤人，郭解食客和儒生的观点和说法都只是一家之言。然而江湖的一家之言却容不下儒家的一家之言，当天夜里那位大胆批评郭解的儒生死于非命，更恐怖的是他的舌头也被人割掉了，这种恐怖得令人发指的行为显然是在暗示儒生说了不该说的话。

由于儒生被谋杀的动机和线索都指向了郭解，因此郭解再次遭到了调查。然而，最后的证据和调查都表明，郭解不仅没有指使这次谋杀，而且他也不知道是谁做下了这件恐怖的血案。后来儒生被杀的案子成了无头案，杀人凶手始终都没有落网。专案组经过反复的调查，最终不得不做出了一个艰难的结论：郭解无罪。

当郭解的判决报告递交到汉武帝的面前，这位对郭解难以释怀的帝王决定在朝堂之上与群臣公开讨论对郭解的审判问题。既然所有的证据和调查都不能证明郭解有罪，而郭解犯下的证据确凿的罪行都发生在大赦之前，那么就该对这位大侠宣布无罪释放。放还是不放，这在法治社会也许不是问题，但是在人治社会却是一个问题，这时御史大夫公孙弘站了出来，代表帝国对郭解判处了死刑：“解布衣为任侠行权，以睚眦杀人，解虽弗知，此罪甚于解杀之。当大逆无道。”（郭解以布衣百姓的身份却扮演大侠的角色，他玩弄权术，因为小事就杀人，虽然郭解并不知道这件事，但是他的罪过却比他自己杀人更大，这是大逆无道的罪过。）

郭解就这样被失控的江湖玩死了，他的家族也遭到了与汉武帝时代名臣名将一样规格的灭门屠杀（遂族郭解翁伯）。

郭解被镇压以后，汉朝的江湖并不平静，游侠们前仆后继，队伍进一步壮大。《史记·游侠列传》记载："自是之后，为侠者极众。"就像动画片里的人物一定会分为好人和坏人一样，在司马迁看来当时的游侠也分为两种：好游侠和坏游侠。司马迁认为关中长安樊仲子、槐里赵王孙、长陵高公子、西河郭公仲、太原卤公孺、临淮儿长卿、东阳田君孺等人都是好游侠，理由是这些人"虽为侠而逡逡有退让君子之风"，也就是说这些人虽然混江湖却很懂礼貌，谦虚退让，有君子之风。而北道姚氏、西道诸杜、南道仇景、东道赵他与羽公子、南阳赵调等，在司马迁看来都是"盗跖居民间者耳"，也就是混迹在民间的强盗。司马迁对于这类坏游侠是非常不屑的，认为他们违背朱家等游侠前辈的精神和理想，"乃乡者朱家之羞也"。还是那句话，在太史公看来，真正的游侠不是黑社会。

虽然朱家、剧孟和郭解都只是布衣草民，但是从他们身上却能看到草根杰出人物在大时代背景下的人性光彩和历史宿命。

如果说朱家和剧孟像是具有强大社会影响力的社会名流或者慈善家，那么郭解则更像一位典型的中国式江湖老大。朱家和剧孟的人生没有污点，只有好人好事，而郭解的人生却是一个浪子回头却无法上岸，最后被江湖的后浪拍死在沙滩上的悲剧。朱家和剧孟的人生是一段完美的江湖传奇，郭解的人生是一个真实的江湖故事。从朱家到郭解，江湖的主题发生了深刻的变化，朱家的时代战乱不断、人命如草芥，改朝换代的时代大背景下，个人非常渺小和脆弱，因此朱家的江湖是豪杰们的避难所，是草民们的救助站。郭解的时代，国家已经强盛到了一个可以任由皇帝肆意折腾的程度，盛世的经济基础加上帝王的雄才大略，个人的价值和个性得以张扬，因此郭解的江湖是个人英雄主义表现的舞台，是街头青年们的精神家园。朱家时代的国家百废待兴，那个时代的政治关键词是疗伤、愈合和恢复，因此属于草民的江湖主题就是生存、尊严和发展；郭解时代的国家百兴待废，那个时代的政治关键词是征服、创造和奇迹，因此属于草民的江湖主题就是自我实现、自我超越和自我毁灭。在郭解的人生故事里，暴力与义气、面子与道德、宽恕与报复、政治与经济纠缠不清，人性的光荣与梦想、狂妄与凶残、自制与放纵挣扎斗争，因此郭解的江湖才是典型的现实主义中国江湖。朱家的江湖如交响乐，中规中矩而气势宏大；郭解的江湖如摇滚乐，热血沸腾而声嘶力竭。从朱家发展到郭解，游侠的江湖不再与暴力绝缘，"侠"的浪漫一旦被狂热的暴力裹挟，失控不可避免。

直到今天，在香港黑帮电影和涉黑题材文学作品中的江湖老大身上，还能或多或少地看到郭解的影子。这就像提起虎将，人们会想到张飞、赵子龙；提起美女，人们会想到貂蝉、杨贵妃；提起江湖老大，人们应该首先想到郭解。

扶栏客曰

郭解是一个可怜的孤儿，是一个天才的少年罪犯，是一位深受群众爱戴的民间领袖，是凭借一己之力在《史记》里留下了大段文字的草根，这或许是司马迁浓墨重彩书写郭解的原因。从郭解身上我们能看到来自最底层社会的巨大的创造力和破坏力，这种力量时而野蛮，时而高冷，失控时令人胆寒，自律时让人敬畏。我们可以不喜欢这种力量，但是却不能忽略，即便是贵为帝王都不敢小觑这种力量。

八

绑架改变历史
曹沫

个性关键词：耿直　冷静　胆大　勇猛

幸运地遇到一位好老板

曹沫是一个大力士，生活在春秋时代的鲁国。曹沫不仅力气大，胆子也大，更难得的是他的运气也出奇的好。曹沫生活的时代正值鲁庄公在鲁国掌权。鲁庄公是一位崇拜力量的老板，非常喜欢力气大、胆子也大的英雄好汉。在中国的历史上有才的人大多生不逢时，比如某人武艺高强很可能恰恰遇到一个酷爱文艺的君主，而某人文采出众则很可能遇到的是崇尚暴力的老板，像曹沫这样生逢其时、得遇明主的人才非常罕见。幸运的曹沫被力量主义者鲁庄公提拔当了鲁国的将军，全面主持鲁国的国防军事工作。然而，战争不是举重比赛，力量型选手曹沫似乎很难适应这种竞赛的规律。曹沫当了将军以后领导鲁国军队屡战屡败，在抵抗齐国入侵的战争中三战皆北。战争当然不是比赛，因为战争失败的后果要比输掉任何比赛都严重得多。曹沫领导下的鲁国军队，连续失败不仅连累鲁国丧失了大片领土，而且严重地挫伤了鲁国军民的自信心。最后连崇拜力量的鲁庄公都怕了，鲁国在抗齐战争中付出的成本已经超越了鲁庄公内心的止损点，为了尽快终结已经出现了严重亏损的抗齐战争，鲁庄公主动提出了割地求和的建议。如果换一个人当鲁国的大老板，曹沫必须下课，甚至要下狱，身为鲁国将军领导鲁军屡战屡败，害得国家割地求和，这事只要认真问责起来曹沫难辞其咎。但是出人意料的是，鲁庄公不仅没有追究曹沫的责任，甚至没有将曹沫免职。曹沫屡战屡败却仍然留在鲁国将军的位置上继续为鲁国人民服务，这事看起来有点奇怪。如果故事到此为止，鲁庄公很可能会被后人当作冤大头老板的典型代表，而曹沫也将成为胸大脑小、有勇无谋的代名词。不过故事还要继续发展下去，事实证明，真正的勇士只要一息尚存，就绝不会放弃反败为胜、扭转命运的机会。

《史记·刺客列传》：“曹沫者，鲁人也，以勇力事鲁庄公。庄公好力。曹沫为鲁将，与齐战，三败北。鲁庄公惧，乃献遂邑之地以和。犹复以为将。”

曹沫领导鲁军与齐国作战的时候，齐国的大王正是著名的春秋五霸第一霸的齐桓公，而齐国相国正是著名的天才治国大师管仲。在齐桓公和管仲的领导下，齐国当时正在迅速崛起，渐渐露出了峥嵘的称霸气象。了解了这样的时代背景，或许我们可以对曹沫的失败有一个比较客观的认识。齐桓公上台以后重用管仲推行了一系列改革，齐国国力日益强盛。在春秋战国时期崛起必然要称霸，这是那个时代普遍的政治和军事规律。从齐桓公二年开始，齐国开始了系列军事征服行动，在那一年，齐国讨伐并灭掉了一个叫作郯的小国。齐桓公五年，齐国发动了对鲁国的侵略战争，以勇力著称的曹沫就这样被齐桓公的称霸战争推上了历史舞台。本来鲁国与齐国相比就相对弱小，况且当时的齐国遇到了齐桓公和管仲这对中国历史上罕见的明君名相组合，因此鲁国的失败也不难理解。即使曹沫不当鲁国的将军，换个人来干也未必能战胜齐国，因为这是历史的大趋势，不是个人的能力可以扭转的。当然，如果换个人来当鲁国将军，可能就没有后来的精彩故事了。（点评：齐强鲁弱是当时的大背景。无论是领土面积，还是经济实力和军队战斗力，齐国都更强大，因此曹沫领导的鲁国军队战败是情理之中的事。）

一次名垂青史的绑架

公元前681年，这一年是鲁庄公十三年、齐桓公五年，为了达成停战和平协议，鲁庄公主动提出了割让遂邑给齐国以换来和平停战的建议。听说有便宜可以占，齐桓公欣然接受了鲁庄公的建议，为了签订两国和平协议，鲁庄公与齐桓公相约在一个叫作柯（今山东阳谷县东北五十里阿城镇）的地方见面会谈。鲁庄公和齐桓公见面的当天，按照事先制定好的仪式流程，鲁庄公与齐桓公一起走上一座神坛（高台），然后一起对天盟誓，订立两国和平协议。这种仪式本来是当时非常普遍和流行的外事活动形式，不仅毫无新意，而且毫无悬念，强大的一方将在老天爷的见证下非常神圣地占便宜，弱小的一方将作为祭品神圣地任人宰割。

当齐桓公怀着神圣的占便宜的喜悦心情登上神坛，准备例行公事的时候，突然隐约中感到一个人影迅速地出现在了自己的背后。齐桓公正要回头，却感到脖子侧面一凉，一把锋利的青铜匕首霸道地贴在了一代霸主脖子的大动脉上。

锋利的刀子在曹沫手中，奔腾的血液在刀子下的大动脉里流淌。

此刻，历史的画面仿佛进入了慢镜头，齐桓公身后的武士呆若木鸡，齐桓公旁边的鲁庄公目光炯炯。天地虽大，不过两人而已；强弱贵贱，只存在于刀锋之间。遭到暴力胁迫的齐桓公需要一个理由，他问曹沫："子将何欲？"（你想怎么样？）曹沫回答："齐强鲁弱，而大国侵鲁亦甚矣。今鲁城坏即压齐境，君其图之？"（齐国强而鲁国弱，作为一个大国，齐国侵犯鲁国实在太过分了。现在鲁国已经快被齐国毁掉了，您说该怎么办呢？）

齐桓公终于相信了，这就是传说中的绑票。无论是国王还是草民，任何人当刀子架在脖子上的时候，都比站在神坛上更加严肃和诚恳。为了让曹沫的刀子远离自己的脖子，齐桓公提出了富有诚意的解决方案，"桓公乃许尽归鲁之侵地"，也就是齐桓公答应曹沫归还侵略鲁国的土地。

当齐桓公站在神圣的神坛上庄严地宣布了自己的承诺，曹沫的刀子便离开了齐桓公的脖子。当啷一声，曹沫的匕首扔到了地上，曹沫像什么事都没发生一样，从容地走下神坛。只见走下神坛的曹沫在神坛下面鲁国群臣的位置上站好，然后继续抬头仰望着神坛上的大王们，一脸的崇敬和严肃。齐桓公站在神坛上俯视着曹沫的眼睛，发现那双眼睛单纯而认真，如果不是前面发生的绑架事件，齐桓公一定会有高高在上的优越感。（**点评：得到承诺后曹沫立刻放开了齐桓公，仿佛曹沫丝毫没有担心齐桓公可能会失信。从这种行为来看似乎曹沫是一位单纯而耿直的刺客，又或许曹沫早就猜到了一心要在诸侯当中树立威信的齐桓公不敢在当众承诺后公然反悔。**）

然而，此时的齐桓公很受伤。当刀子架在脖子上的时候齐桓公并没有这种感觉，而当他确信自己已经安全的时候，受伤的心突然像扔进沸腾油锅里的臭豆腐一样，一边愤怒地冒着泡，一边将浓烈的气息迅速蔓延。齐桓公反悔了。齐国对鲁国发动的虽然是侵略战争，然而那些土地却是将士们用鲜血和生命换来的，现在一把刀子就抵消了无数条人命换来的土地，对于鲁国来说，这也太容易了。如果曹沫的方式总能成功，那么军队和将军的作用将不再重要，各国诸侯都会培养一批武艺高强的高手从事专业绑架活动。在齐桓公等大国领袖看来，同样动用暴力资源，凭借国力的战争较量就是光明正大，而出其不意绑架勒索就是不劳而获。齐桓公决定与曹沫的不劳而获、投机取巧进行坚决的斗争。

走下神坛的齐桓公开始反悔，暴力胁迫下做出的承诺和签订的协议可以无效，这是基本的法律原理。不过管仲却站出来阻止了齐桓公，他对齐桓公提出了更高的要求，成全了曹沫。管仲说："不可。夫贪小利以自快，弃信于诸侯，失天下之援，不如与之。”（不能反悔。贪图小利而为自己打算，却失信于诸侯，这样会失去天下的支持，不如给他们。）

根据《史记·齐太公世家》记载，齐桓公五年齐国发动对鲁国的战争的时候，齐桓公在管仲的辅佐下已经开始准备称霸。实现称霸的目标有两种途径：一是以力服人；二是以德服人。齐桓公作为春秋五霸第一人显然希望能够兼容并蓄，双管齐下。随着齐国的强盛和崛起，齐桓公以力服人的实力已经不容置疑，然而以德服人却从来都是说起来容易做起来难。曹沫绑架齐桓公要求归还被侵占的土地，齐桓公在这一事件中感受到了侮辱和不舍，而管仲却在这一事件中发现了以德服人的机会。齐桓公想要反悔的打算是大多数人遭遇相同情况的普遍反应，而大多数人不可能以德服人，正因为如此齐桓公只要克服了大多数人的庸俗欲望，放弃对曹沫的仇恨和占不到便宜的懊悔，就可以抓住以德服人的机会。齐鲁停战会盟在当时绝对是各国诸侯关注的头条新闻，在会盟中曹沫绑架齐桓公要求归还土地必然是头条中的头条，风口浪尖上的齐桓公如果事后履行承诺，一定会出乎大多数人的意料，从而给天下人留下无法忘记的深刻印象。这就是危机公关，这就是转危为机，这就是坏事变好事，管仲不愧是王霸之材。

齐桓公也不愧是春秋五霸之首，放弃已经到手的便宜是世界上最难做出的决定。为了以德服人的战略目标，胸怀大志的齐桓公还是咬牙从了管仲，“于是桓公乃遂割鲁侵地，曹沫三战所亡地尽复予鲁”。

不过齐桓公履行承诺的行为很快就得到了回报：“诸侯闻之，皆信齐而欲附焉。七年，诸侯会桓公于甄，而桓公于是始霸焉。”由于在曹沫绑票事件中处置得当，齐桓公很快就在春秋诸侯的圈子里赢得了诚信的名声，大家纷纷表示拥护齐桓公，愿意接受齐桓公的领导，两年后各国诸侯在甄会盟，在这次盛会上齐桓公成为当时领导诸侯们的霸主之一。

曹沫绑架齐桓公的行为在当时来看，不仅非常简单，而且非常鲁莽，但是谁也想不到这次看似有勇无谋的冒险行动不仅为鲁国争取到了失去的国土，而且也成全了一代霸主齐桓公的称霸事业，这就是双赢的局面。

身为鲁国将军，曹沫不是作为一代名将，而是作为一位著名的刺客被载入《史记》。这个人注定要创造奇迹。曹沫的故事告诉我们，成功的人生或许不必过分追求完美，一个人只要把自己的特长发挥到极致就有可能拥有属于自己的独特人生成就。以勇力著称的曹沫在屡次军事失败以后，既没有企图通过加强军事理论学习来提高自己的军事指挥水平，也没有自暴自弃、怀疑自己的智商，而是在一个恰当的场合，抓住了一次恰当的机会，以视死如归的决心果断出手，最终凭个人的力量改变了国家的命运和历史，赢得了一场通常需要千万人牺牲生命才有可能获得的胜利。曹沫还是一样的曹沫，勇力还是一样的勇力，在战场上接连失败的曹沫和在神坛上成功劫持齐桓公的曹沫没有任何区别，不同的只是相同的人出现在了不同的场合，做了不同的事。曹沫注定是一位伟大的刺客，而不是伟大的将军。

性格决定命运没错，然而性格没有好坏，命运有成败。以合适的方式配合合适的性格去争取合适的命运，就可以尽量接近成功的命运，这就是曹沫的经验。

扶栏客曰

曹沫能通过孤注一掷的绑架要挟扭转败局、恢复失地，除了他的冷静和勇猛以外，更重要的是齐桓公为了称霸不能失信于诸侯。因此无论是战场上的将军还是阴谋中的刺客，要想成功都必须掌握对手的底线和心理。

九

杀手经济学

专诸

个性关键词：冷静　决绝　机智　责任感强

复仇与野心

刺客的历史在曹沫之后非常寂寞，在曹沫把刀子架在齐桓公脖子上以后一百八十七年，也就是在公元前515年才出现了另一位与曹沫相提并论的著名刺客——专诸。而在这一百六十七年当中，齐桓公、晋文公、秦穆公、宋襄公、楚庄王等春秋五霸相继崛起、各领风骚，由此可见在历史上优秀刺客实际上是一种比优秀君王更加稀缺的人力资源，毕竟前者要用自己的命来拼，而后者只需要拿别人的命来拼。

专诸是吴国堂邑人，堂邑据说就在今天的无锡。专诸是《史记》五大刺客中唯一一位原籍在南方的杀手。

值得注意的是专诸走上历史舞台与另一位春秋时期的著名人物伍子胥有关。伍子胥名叫伍员，他的家族本来是楚国的名门望族。据《史记·伍子胥列传》记载，伍子胥的先祖伍举是春秋五霸之一楚庄王时代的楚国大臣。在楚庄王在位期间，伍举经常直言进谏，深得楚庄王的信任和重用。由于老祖宗伍举在楚国历史上的出色表现，伍子胥家族在楚国很受重视，世代为官。继承了家族的荣耀和地位，伍子胥的父亲伍奢在楚平王时代被封为太子太傅，负责教导王国未来的接班人、楚太子熊建。伍子胥的父亲伍奢不仅继承了家族的荣耀和地位，也继承了伍举刚直不阿的个性。后来因为一个“绝美”的女人，楚平王和太子熊建父子反目，伍奢没有见风使舵紧跟楚平王，而是坚定地站到了太子熊建一边。最终这位刚直不阿的老人不仅死于非命，而且连累长子伍尚也成了陪葬品，次子伍子胥躲过了追杀一路逃到了吴国。伍子胥来到吴国的时候，吴王僚刚刚掌权，公子光是当时的吴国将军，掌握着吴国的兵权。伍子胥来到吴国以后结识了公子光，并由公子光介绍给了吴王僚。

后来，楚国和吴国边境的养蚕妇女因为争夺桑叶资源而引发了民间的冲突，随着两国军队的介入，这场民间冲突升级成了一场战争（参见《历史的个性：兵家》孙武篇）。再后来公子光率领吴国军队主动出击，占领了楚国的边境城邑钟离和居巢。其实楚国本来也是一个大国，居然被吴国军队打得大败，可见当时在楚平王的领导下这个国家已经大不如从前。看到吴国对自己的仇家楚国下手并且取得了胜利，伍子胥非常兴奋，于是他向吴王僚建议乘胜灭楚："楚可破也，愿复遣公子光。"（楚国可以灭掉，请再派公子光出征讨伐楚国。）不过此时公子光对于灭楚的兴趣不大，他的眼睛始终没有离开吴王僚屁股下的王位，所以公子光明确反对乘胜灭楚，而且他还透彻地分析了伍子胥的动机："彼伍胥父兄为戮于楚，而劝王伐楚者，欲以自报其雠耳。伐楚未可破也。"（伍子胥的父亲和兄长都被楚国杀害了，他劝大王讨伐楚国是为了报自己的私仇。讨伐楚国不可能灭掉楚国。）

伍子胥是何等聪明的人物，他顺着公子光的眼神望去看见了吴王的宝座，伍子胥立即读懂了公子光的心。于是伍子胥把金牌杀手专诸推荐给了公子光，领导需要什么伍子胥就提供什么。"伍胥知公子光有内志，欲杀王而自立，未可说以外事，乃进专诸于公子光。"（《史记·伍子胥列传》）

公子光是吴王寿梦的孙子，他的父亲是吴王寿梦的长子诸樊。吴王寿梦有四个儿子，老大诸樊、老二余祭、老三余昧、老四季札。这四兄弟里面老四季札声望最高，他不仅品学兼优，而且深受吴王寿梦喜爱，吴王寿梦生前就曾经要把老四季札立为吴国的太子，作为吴王接班人来培养。季札是一位谦虚淡泊的君子，从内心深处非常不喜欢当吴王，于是他坚决反对父亲废长立幼，硬生生地把许多人梦想的王位推了出去。更加罕见的是诸樊、余祭、余昧、季札兄弟四人非常和睦友爱，属于中国历史上极其罕见的模范帝王家庭，其他三位哥哥不仅没有因此嫉妒弟弟，而且更加坚定了要把王位传给弟弟的想法。后来吴王寿梦去世，老大诸樊被立为吴王，这位大哥并没有忘记父亲生前要立四弟当吴王的遗愿，于是再次要让位给老四季札。季札原则性非常强，再次坚定地推辞，为了表明自己的决心，甚至离开王宫跑到乡下去种田，宁愿当农民也不愿当国王。后来大哥诸樊为了实现父亲的遗愿，就想了一个办法，他跟其他兄弟三人约定自己去世后由二弟余祭继位，二弟余祭之后由三弟余昧接任吴王，而余昧之后就要传位给四弟季札。这样经过三位哥哥的传递，最终吴王的王冠就会戴到四弟季札的头上，这样也就算是实现了父王寿梦的遗志，兄弟四人也就尽到了孝道。客观地说，老大诸樊设计的这个类似4×100米接力赛式的王位权力交接路线存在很大的不确定性，因为如果四兄弟的死亡次序稍有颠倒这个接力就失去了可操作性，更危险的是其中只要有一位兄弟存有私心，就可能倚仗吴王的权势把王位传给自己的儿子。纵观中国历史，在帝位或者王位面前，帝王及其潜在接班人心存私心是最容易让人理解的普遍规律。但是更加令人惊奇的是，三位哥哥不仅先于季札依此死去，而且还非常守信地遵守了当初的约定。先是诸樊死后传位给余祭，余祭又先于二位弟弟去世，于是按照约定老三余眛继承了王位。余眛当上吴王刚两年也去世了，按顺序终于轮到老四季札了。没想到费尽周折的王位接力终于众望所归地传到季札的时候，这位清高的王位继承人仍然没有改变初衷，他说“这不是我想要的生活”，于是逃离了吴国，永远放弃了吴国的王位继承权。大臣们于是只好拥立前任吴王、老三余眛的儿子僚继承了王位，这似乎也是非常合理合法的解决办法。三哥余眛已经遵守约定传位给了弟弟季札，弟弟季札不仅不接受而且还离家出走了，那么大臣们也只好拥立哥哥余眛的儿子了，否则吴国将陷入非常危险的王位空白期。

让所有的人没想到的是当年发扬风格一心要把王位让给弟弟季札的大哥诸樊却生了一个野心勃勃的儿子公子光，这位公子光变“要我当吴王”为“我要当吴王”，他最大的人生梦想就是当上吴王。为了顺利实现“我要当吴王”的梦想，公子光为自己创造了一套理论“吾父兄弟四人，当传至季子，季子即不受国，光父先立，即不传季子，光当立。”按照公子光的理论父辈的王位接力既然因为四叔季札的弃权退赛而不能继续，就应该在下一代继续这个游戏才公平，作为长子长孙，公子光认为自己才最有资格接过上一辈的王位接力棒，而不是由三叔的儿子僚加塞儿、插队直接登上王位。

公子光有了目标，有了理论，缺的就是工具和方法。当专诸跟随着伍子胥出现在公子光面前的时候，公子光眼前一亮，这位下定决心当吴王的“老大”终于找到登上王位的工具和方法。公子光如获至宝，立刻下令专诸享受最高的食客待遇，“光既得专诸，善客待之”（《史记·刺客列传》）。当时公子光虽然掌握了吴国的兵权，但是他在吴国还不能为所欲为。吴王僚及其亲信也掌握着一定的兵权，在这种情况下发动政变仍然存在很大的风险，所以公子光虽然得到金牌杀手专诸却也不敢贸然下手，他在默默地等待着一个机会。

杀人的厨子

公子光率领吴军占领楚国边境的钟离和居巢之后的第三年，伍子胥的仇人楚平王死了，楚平王的小儿子熊轸即位，王号楚昭王。吴王僚是一个很有理想和抱负的君主，他认为在楚国新任国王刚上台的时候是征讨楚国的最佳时机，于是吴王僚派出了他的两位弟弟盖余和属庸率领吴军包围了楚国的之灊，然后又派出了自己的四叔——那位以清高著称的季札，前往晋国，以观察各国诸侯对吴国征讨楚国的反应。吴王僚讨伐楚国当然不是为了给伍子胥报仇，而是认为楚平王死后楚国政局不稳，正是趁火打劫、占便宜的好机会。吴王僚的安排也非常周到，既有军事打击，又有外交努力，但是吴王僚显然没有对一直在他背后窥探王位的公子光引起足够的重视。如果吴王僚组织的这次对楚国的突然袭击能够速战速决也不会给公子光太多的机会，不过非常巧合的是盖余和属庸率领的吴国远征军被楚国军队抄了后路，断绝了回国的退路，就这样盖余和属庸领导的远征军变成了一支深入敌境的孤军。前方的战报传来，吴王僚万分懊恼，而公子光满心喜悦。盖余和属庸是吴王僚的亲弟弟，他们带去远征楚国的军队正是吴王僚的嫡系部队，这支部队被楚军包围了以后，吴国国内就再也没有和公子光抗衡的军队了。

公子光找来了专诸，向专诸提出了自己的希望：“此时不可失，不求何获！且光真王嗣，当立，季子虽来，不吾废也。”（这个机会不能失去，不争取就没有收获。况且我是真正的王族，本来就该立我当吴王，即使季札回来，也不会废掉我。）

自古以来，有做官的就有抬轿的，有和牌的就有点炮的，有当王的就有当枪的，公子光要当吴王就必须有人被他当枪使。这个人就是专诸。专诸似乎对自己被人当枪使的命运并不反对：“王僚可杀也。母老子弱，而两弟将兵伐楚，楚绝其后。方今吴外困于楚，而内空无骨鲠之臣，是无如我何。”（吴王僚可以杀掉，其母亲年老了，孩子还很小，两个弟弟跟随吴军讨伐楚国，楚军断了他们的后路。现在吴国在外被楚国围困，国内也没有刚直的忠臣，他们又能奈我何呢。）（点评：专诸的一番分析已经将吴国当时的形势和刺杀吴王僚以后的情况进行了清晰和冷静的预判，也将自己的要求提了出来，从这一段话可见专诸牺牲自己充当刺客并非一时冲动，而是深思熟虑的结果。）

公子光非常动情地表态："光之身，子之身也。"人活在世上难免要被人当枪使，不过被人当枪使的风险等级和获得的回报不同，春秋战国时期没有远距离杀伤目标的狙击步枪，那时候要刺杀一个人最有把握的方式就是面对面把刀子捅进对方的身体。毫无疑问，以这种操作方式刺杀一位国王，最终的结果只能是同归于尽。因此古时候的刺杀不仅需要强悍的武功，还需要视死如归的勇气，在幕后主谋的眼里杀手就像一次性筷子，在完成使命的同时生命也一起终结。专诸知道公子光交给他的是玩儿命的任务，答应了公子光就几乎等于放弃了生命，公子光做出了非常江湖的表态，这大概也是中国历史上老板对员工的表态当中最简练和最感人的一次："光之身，子之身也。"既然专诸豁出去了自己的身体和生命替公子光拼命，那么公子光就承诺以自己的身体和生命替专诸履行一切义务。（点评：寥寥数语，一桩杀人害命的生意就此成交。）

公元前515年，这一年是楚昭王元年，吴王僚十二年。那是一个春天，在那个月的丙子日，公子光准备好了谋杀堂兄弟所需要的一切，这一天他向吴王僚发出邀请，请吴王僚来自己家里赴宴喝酒。为了干掉自己的堂兄弟，公子光在家里的地道里藏匿了大批的披甲武士，只等公子光一声令下，武士们就会被放出来灭掉吴王僚，然后支持公子光夺取政权。不过吴王僚显然对自己的这位堂兄弟并不十分放心，那天吴王僚虽然接受了公子光的邀请前来赴宴，不过他也带来了大队的警卫部队。从王宫到公子光的家，路两边站满了手持长剑的武士，两边的人剑拔弩张、暗藏杀机。《史记·刺客列传》："王僚使兵陈自宫至光之家，门户阶陛左右，皆王僚之亲戚也。夹立侍，皆持长铍。"在这样的形势下，如果公子光仍然按照原计划命令藏于地道的武士冲出来砍人，那么下面发生的就不再是刺杀，而是大规模械斗，公子光训练的杀手团能否打得过吴王僚的警卫团很难预测。在这种形势失控的局面下想要杀死吴王僚、发动政变将变得非常困难。于是公子光决定启动第二号方案，第二号方案不需要大批杀手，只需要一个主角，那就是专诸。

拿定了主意的公子光继续不动声色地劝酒、喝酒，后来当喝酒气氛逐渐进入高潮的时候，公子光声称自己的腿病又犯了，请求暂时离开一下，此时菜还没有上齐，就这样吴王僚继续坐在公子光家里的大堂上等待陆续出现的美食或者命运。公子光离开以后不久，吴王僚看见一位厨子端着一个大盘走了上来，大盘子里是一条烹制鲜美的大鱼。吴王僚甚至没有认真地看那个厨子一眼就饶有兴趣地举起了筷子，这时吴王僚看到了令他震惊的一幕，只见那位厨子突然把手伸进了大鱼的肚子，厨子的行为很不卫生也很不礼貌，吴王僚猛地意识到了什么，他下意识地抬头向门口自己的警卫们望去。不过一切都已经来不及了，只见厨子从鱼肚子里掏出来一把锋利的匕首，然后就插进了吴王僚的肚子里。两秒钟之前藏在鱼肚子里热乎乎的刀子此刻插进了吴王僚热乎乎的内脏，吴王僚大叫一声，当场毙命。吴王僚带来的警卫们听到吴王僚的挣扎反应了过来，他们扑上去围着厨子将手中的长剑刺了出去，厨子随即倒地毙命。这位厨子就是《史记·刺客列传》中的第二号人物专诸。专诸兑现了自己的承诺，与吴王僚同归于尽了，公子光指挥着藏在地道里的杀手们冲了出来围攻吴王僚的警卫团，眼看老板死于非命，众位警卫群龙无首、乱作一团，很快就被公子光的杀手们杀得七零八落。公子光率领着大批杀手，踏着政敌的鲜血，一路走向了吴王僚的王宫，从此以后，公子光变成了这里的主人，他将被称为吴王阖闾。上台的吴王阖闾封专诸的儿子为上卿。上卿是王国中第一等的重要大臣，这就是所谓的“光之身，子之身”的回报。《史记·刺客列传》：“公子光出其伏甲以攻王僚之徒，尽灭之，遂自立为王，是为阖闾。阖闾乃封专诸之子以为上卿。”

“生命差价”和“交易机会”：杀手的经济问题

如果把战争和谋杀活动当成一种投资活动，那么专诸的这次谋杀无疑称得上史上回报率最高的一次谋杀。根据血酬定律理论，我们不妨把专诸刺杀吴王僚的行动看作一次为了获得血酬回报而采取的暴力活动，至少专诸背后的主谋公子光的目的很明确，那就是通过谋杀堂兄弟来实现自己当上吴王的梦想。因此我们可以把专诸刺杀吴王僚的回报称为血酬回报，按照吴思先生的理论，生命是有价格的，尤其对于专诸这种豁出性命去达到目的的人来说更是如此。专诸付出了自己的生命，为自己的老板公子光争取到了吴王的宝座，为自己的儿子争取到了上卿的工作岗位，也为自己的家族争取到了衣食无忧的生活和尊崇荣耀的社会地位。当然，从某种意义上来说，生命无价也是真理，毕竟生命对于任何人来说都只有一次。也许正因为如此，用杀手专诸的一条命去换吴王僚的一条命才能获得超乎寻常的血酬回报，或者也可以称为血酬溢价。专诸的生命与吴王僚的生命对于他们自己来说或许同样宝贵，但是对于他们生存的世界来说却存在着巨大的生命差价。正因为生命差价的普遍存在，所以这世上只有大批侍卫舍生忘死保护国王，而不会出现大批国王舍生忘死保护侍卫，这种现象用象棋术语叫作“丢卒保车”

或者“丢车保帅”。同样是宝贵的生命，但是在历史的现实当中的确存在大量“丢车保帅”现象，其中的奥秘就是生命差价的存在。世界上存在差价的有形或者无形资产数不胜数，只有通过交易才能获得这部分差价的收益。由于公子光的野心和机缘巧合，专诸争取到了这个千载难逢的交易机会，获得了史上最高的血酬回报或者血酬溢价。然而，在漫漫历史长河当中无数的人们在战争或者内乱中死去，他们中的绝大多数既不能实现自己老板的理想，也不能为自己的家人争取到任何利益，比如那些跟随吴王僚去公子光家赴宴最后被公子光的地道杀手杀死的警卫们。这是因为死于战乱的大多数并没有找到存在生命差价的兑换对象，也没有找到可以实现生命差价收益的交易机会。同样的死，或轻于鸿毛，或重于泰山，牺牲存在巨大差距的关键原因有两个：首先要看是否存在生命差价；其次就是能否得到交易机会。

公子光的承诺“光之身，子之身也”，是对专诸死后顺利获得血酬回报的一种保证，但是需要注意的是这是一种经过文学包装后的保证。如果公子光的身体真的能等同于杀手专诸的身体，那么公子光就没必要让专诸当杀手，作为吴国的将军和吴王僚的堂兄弟，公子光有更多的机会近距离接近吴王僚。不过我们也并不能因此指责公子光的虚伪，毕竟专诸死后公子光（当时的公子光已经是吴王阖闾了）提拔他的儿子当上了吴国的上卿。在这里公子光说的“光之身，子之身也”里的“光之身”指的是政治生命，因此专诸的儿子可以在专诸死后当上吴国的上卿；而公子光说的“子之身”指的是生理生命，因此专诸必须替公子光去干那件不得好死的勾当。这就是千百年来中国传统社会当中人们崇拜和向往权力的奥秘之一，有了权力就有了政治生命，而政治生命在一个缺乏民主和法治的专制社会里存在很大的溢价空间，甚至在某种程度上等同于普通人的生理生命。（**点评：从经济学角度分析一场中国历史上著名的谋杀案，生命虽然无价却一样可以交易。**）

与那些为吴王僚陪葬的警卫们相比，与那些历史上千千万万死于战乱的普通人相比，专诸是幸运的，毕竟他的死亡换来了实实在在的回报。所以只要这个世界上还存在巨大的生命差价，比如类似于国王的生命与杀手的生命之间存在的巨大差价，这个世界就还会存在杀手和为了获得血酬回报或者血酬溢价而进行的谋杀。

这就是人类社会当中杀手存在的经济基础。

扶栏客曰

在扶栏客看来专诸是史上血酬回报率最高的一位刺客，专诸刺吴王僚可以作为一个典型的定价与交易案例进入经济学教科书，从这个案例我们可以发现生命之所以无价是因为没有人愿意用同样无价的生命去为另一个生命定价，一旦这种平衡被打破，生命同样是有价的，至少一个国王的生命定价高于一个出身平民的刺客。

十

豫让

国士遇我，我以国士报之

个性关键词：执着　忠义　顽强　坚毅

恐怖的酒器

《史记·刺客列传》记载："其后七十余年而晋有豫让之事。"也就是说，在专诸死后七十多年，曹沫绑架齐桓公以后二百三十年，又出现了第三位著名刺客豫让。不过，这种说法不够准确。根据《春秋左传》的记载，专诸刺杀吴王僚发生在公元前515年，而豫让为智伯报仇刺杀赵襄子发生在赵、韩、魏三家分晋之后，根据《资治通鉴》的研究成果，三家分晋发生在公元前403年，因此我们可以判断，专诸刺杀吴王僚以后又过了至少112年，也就是曹沫绑架齐桓公以后279年才出现了豫让刺杀赵襄子的事件。

豫让是晋国人毕阳的孙子。这位毕阳是晋国的义士，因此豫让成长在一个具有优秀忠义传统的家庭里。这里我们首先介绍一下当时晋国的政治形势。范氏、中行氏、智氏和后来三家分晋的赵氏、韩氏和魏氏在当时的晋国号称六卿。六卿当时在晋国权势很大，晋国的国王实际上已经被六卿架空，晋国各地的行政和军事权力基本上都掌握在六卿手里。虽然春秋战国时期的政治环境非常混乱，不过像晋国这样最后王权旁落，被大臣瓜分领土的案例仅此一例。晋国六卿的崛起除了他们拥有兵权以外，也与晋国王室的内斗有直接关系。晋顷公十二年，晋国的宗室大臣祁傒孙和叔向子得罪了晋顷公，六卿发现了削弱宗室、壮大自己的机会，于是他们联手整倒了祁傒孙和叔向子，并且对那些与两位王室大臣有牵连的其他王室成员进行了清洗。后来六卿把原来属于祁傒孙和叔向子的封地分成了十个县，然后分封六卿的儿子们为各县的大夫，这些地方的实际控制权落到了六卿手里。从此以后，六卿的势力愈发强大，而晋国国王的权力日渐削弱。

在前面孟尝君的篇章里，我们介绍过周朝创立的封建分封制度，通过天子－诸侯－卿大夫－士的层层分封，将土地分成最小的单位（通常为一百亩）租给平民耕种，然后士－卿大夫－诸侯再按照十分之一的比例层层向上交纳收成。由于诸侯通过大夫对整个国家进行政治、军事和经济的全方位统治，因此诸侯直接控制的基层士族和平民非常有限，一旦出现诸侯的能力弱于卿大夫，而卿大夫又滋生政治野心的情况，最终必然导致尾大不掉、大权旁落，甚至有可能被大夫取而代之。“六卿分晋”是一个影响中国历史发生重大转折的标志性事件，通过这次事件周武王创立的封建分封制的弊端充分暴露出来，从而促使法家提倡的中央集权、郡县制的治国体系逐步被诸侯重视，最终通过秦始皇吞并六国得以实现，而中国也从此走进了大一统的中央集权国家时代。

豫让生活的年代正值晋国的智氏、范氏、中行氏、赵氏、魏氏和韩氏等六卿逐步崛起：一方面六卿非常默契地形成了压制晋国诸侯的共谋关系；另一方面为了争夺权力和领土，六卿之间的明争暗斗也日益激烈。生活在这样混乱而动荡的年代，豫让的命运非常坎坷。最早他投靠了范氏和中行氏，范氏和中行氏就被智伯灭了；后来他投靠了智伯，智伯又被赵氏、魏氏和韩氏联手灭了。我们知道春秋战国时代是一个混乱而深刻的时代，诸侯之间的相互吞并如同今天的企业之间的兼并重组一样非常普遍。本来智伯被赵、韩、魏三家吞并与当年范氏和中行氏被智伯吞并没有本质上的区别，都是春秋战国时代弱肉强食的政治生态的一部分。身为打工者的豫让只需要继续改换门庭打工就可以了，毕竟称王称霸永远轮不到豫让这样的小人物，无论谁当老板，他得到的只是一个饭碗。事实上豫让以前也是这么做的，范氏和中行氏被智伯灭了，豫让直接就到智伯那里报到上班了，丝毫没有道德和心理上的负担。然而由于智伯在做人方面的出色表现，豫让这次却一反常态，他不打算继续跳槽、打工混饭，而是决定不惜一死为智伯报仇。

这位智伯是一位霸道凶狠的“老大”，当初在他权势鼎盛的时候，晋国的政策都由他一个人说了算，其他大臣对于智伯都是敢怒不敢言。晋出公十七年，智伯与赵氏、韩氏和魏氏一起联合瓜分了范氏和中行氏的土地，晋出公对于智伯等人目无君主的霸道终于忍无可忍，于是他向齐国和鲁国求援，请求两国派兵讨伐晋国的四位权臣。智伯等四卿非常害怕，于是他们先下手为强，向晋出公下手了。突然遭遇政变的晋出公仓皇出逃，一路向齐国逃去，非常不幸，在逃亡的路上这位倒霉的诸侯死掉了。智伯拥立了晋昭公的曾孙为晋国的诸侯，他就是晋哀公。从此智伯的势力达到了顶点：“当是时，晋国政皆决于智伯，晋哀公不得有所制。智伯遂有范、中行地，最强。”（《史记·晋世家》）智伯为了进一步扩张自己的势力，在吞并了范氏和中行氏以后，他依次向韩氏、魏氏和赵氏索要土地。韩氏和魏氏迫于智伯的淫威，只好割让了土地送给了智伯，不过赵氏却坚决不从。因此智伯联合了韩氏和魏氏一起发兵讨伐赵氏。在赵襄子的领导下，赵氏集团秘密与韩氏集团和魏氏集团形成了联盟，最后一举灭掉了智伯领导的智氏集团。为了抒发自己报仇雪恨后的喜悦心情，赵氏的“老大”赵襄子找来能工巧匠，把智伯的脑袋砍下来做成了一件工艺品——赵襄子把智伯的头颅刷上油漆做成了一把酒壶。

忠臣不朽

当赵襄子手里端着那把恐怖的酒壶把玩的时候，智伯的余党豫让逃进了深山。当他听说自己老板的脑袋已经变成了一件工艺品的时候，豫让发誓要为智伯报仇：“嗟乎！士为知己者死，女为悦己者容。今智伯知我，我必为报仇而死，以报智伯，则吾魂魄不愧矣。”刺客豫让留下了一句被后人反复引用的名言：“士为知己者死，女为悦己者容。”我们从豫让的誓言当中可以了解到这位霸道的智伯对豫让是有知遇之恩的，豫让在智伯那里得到过前所未有、终生难忘的重视和尊重。虽然在此之前豫让曾经给范氏和中行氏打过工，不过那只是一份谋生的工作，只有到了智伯这里，豫让才获得了真正的尊重和理解。《战国策·赵策一》记载：“晋毕阳之孙豫让，始事范、中行氏而不说（悦），去而就智伯，智伯宠之。”《战国策》的记载和《史记》的记载有一些出入，按照《战国策》的说法，豫让是因为给范氏和中行氏打工的时候不开心才主动投奔了智伯，而智伯对待豫让则不是一般的好，“宠之”也就是言听计从、完全信任。现在智伯死了，豫让也不想活了。（**点评：智伯是怎样将一个混饭的打工仔改造成为一个不怕死的偏执狂的？这也是司马迁的留白手法，豫让在投奔智伯前后的巨大反差凸显了传奇。**）

于是豫让隐姓埋名，自称自己是一名接受劳动改造的犯人，混进了赵襄子家里劳动改造。当时赵襄子的家里正在搞装修，为了能有机会接近并成功地刺杀赵襄子，豫让混到了负责粉刷厕所的人们当中，一边装修一边等待那个杀人的机会。就这样豫让开始了在赵襄子家厕所里的潜伏，为了抓住稍纵即逝的杀人机会，豫让随身带着一把锋利的匕首——那是留给上厕所的赵襄子用的。

经过多年的血腥斗争和残酷淘汰，晋国的六卿此时只剩下了三家，长期血雨腥风的环境造就了赵襄子敏感、多疑的性格。那天轮到豫让值班装修赵襄子的专用厕所，也就是在那天豫让终于等到来上厕所的赵襄子。当赵襄子走进厕所准备放松一下的时候，他居然感受到了传说中的杀气，这杀气来得太突然，当时赵襄子的心脏在杀气的突袭下"突、突、突"一阵狂跳。如果这不是传说中的心脏病，那就一定是传说中的杀气，然而政治强人赵襄子拥有一颗强壮的心脏，他知道危险就在附近。赵襄子大叫一声，喊来了门口的卫士们，然后就把粉刷工豫让按住搜查，一把锋利的匕首呈现在了赵襄子的面前。（**点评：在自己家里上厕所都如此敏感，赵襄子非常人也，或许正因为这样赵襄子才在残酷的政治斗争中生存了下来。**）豫让是个非常爽快的人，在赵襄子的审问之下他毫不隐瞒自己的目的："欲为智伯报仇！"本来故事发展到这一步就应该结束了，智伯死后，赵襄子就是晋国最炙手可热的权臣，豫让刺杀赵襄子失败后被活捉，于情于理都必死无疑。赵襄子的卫士们异口同声地提议判处豫让死刑，立即执行。但是谁也没想到赵襄子并不想就这样结束这个具有现实教育意义的故事。生活在那个礼崩乐坏、动荡纷乱的时代，身为"职业老大"的赵襄子非常渴望得到手下忠诚而坚定的追随。现在标杆性的忠臣就站在他面前，而自己的手下却情不自禁地想要杀死这个注定会感动晋国的模范忠臣，这无异于焚琴烹鹤，实在是大煞风景。赵襄子坚决地阻止了手下举起的屠刀，然后即兴发表了一段引导舆论导向的演讲。这段演讲言简意赅、意味深长："彼义人也，吾谨避之耳。且智伯亡无后，而其臣欲为报仇，此天下之贤人也。"智伯死后连脑袋都被制作成了工艺品，赵襄子当然不会给智伯的后代留下活路。在中国的历史上，像智伯这样的政治牛人一旦在政治和军事的斗争中彻底失败，其家族和后代就等于被判处了死刑。正因为如此，豫让为智伯报仇的行为才令人感动，如果说专诸刺杀吴王僚的行为是史上血酬回报率最高的一次政治谋杀，那么豫让在厕所里潜伏企图刺杀赵襄子则是史上血酬回报率最低的一次复仇谋杀，或者，更准确地说豫让刺杀赵襄子根本不可能得到回报，因为可能回报他的人早就死光了。豫让刺杀赵襄子，无论最终成功与否，豫让都只有死路一条，而豫让死后其家族和后人不仅不可能得到回报，甚至很可能遭到血腥的屠杀。因此，如果一定要量化豫让刺杀赵襄子之后可能得到的血酬回报，那么这个回报一定是负数。豫让刺杀赵襄子必然得到负回报的结局是包括他自己在内的所有的人都心知肚明的，明知必死而为之，明知牺牲而为之，明知毫无回报而为之，明知牵连家人而为之，只为那曾经尊重和重用过自己的老板。这就是豫让，单纯而执着的豫让，这样的人不仅在今天的社会上绝迹，即使在豫让死后的两千年里也非常罕见。这样的模范形象绝不能破坏，赵襄子下定决心让豫让活下来帮自己教育手下，他希望一个想杀死自己的豫让活下去，千万个忠于自己的豫让站起来。于是赵襄子在把豫让定性为义人和贤人以后，就下令放走了豫让。（**点评：赵襄子眼光长远、睿智过人，作为赵国的创始人的确非同凡响。**）豫让走后赵襄子提高了自己的警卫等级。

自残毁容

离开了赵襄子的厕所以后，豫让并没有放弃刺杀赵襄子的计划，敌人赵襄子对豫让的肯定和赞扬更加坚定了他将谋杀进行到底的决心。但是，由于豫让已经败露了行迹，毫无疑问今后豫让刺杀赵襄子的行动将变得更加困难。那年头还没有鬼斧神工的整容手术，为了迷惑敌人，继续潜伏，豫让一咬牙一狠心，给自己设计了一个非常恐怖的造型。《史记·刺客列传》记载："豫让又漆身为厉，吞炭为哑，使形状不可知，行乞于市。"为了避免赵襄子的爪牙注意到自己，豫让决定彻底改变自己的形象，他决定先从改造皮肤开始。豫让改造皮肤的过程非常痛苦，他用漆涂抹了自己的身体。春秋战国时期没有油漆，那时候的漆都是植物涂料，这种植物漆虽然不含甲醛，但是仍然有毒，与皮肤接触后容易产生脓疮。豫让用一种环保的植物漆污染了自己的皮肤，让自己的身上长满了脓疮。就这样，没有人再愿意仔细观察豫让了，当人们看到这个皮肤溃烂的人出现在面前都会不由自主地躲避。皮肤改造了以后，豫让决定继续改造自己的声音，只要开口说话，豫让仍然可能暴露自己的身份。于是豫让找来了木炭，硬生生地吞了下去，经过痛苦的挣扎，豫让的嗓子彻底嘶哑了。改造完了自己的形象和声音，豫让开始在街上游荡，以乞讨为生。

豫让在街上游荡着、乞讨着、等待着，豫让知道有一天权倾一国的赵襄子一定会从自己游荡的大街上走过。当那一天来临，要么乞丐豫让与诸侯赵襄子同归于尽，要么乞丐豫让根本没有机会接近诸侯赵襄子，那么他就会作飞蛾扑火状化作灰烬，这就是豫让的命运。豫让痛苦而坚决地游走着、乞讨着，默默地等待着他的命运。那一天，豫让还没有等来赵襄子，却等来了自己的朋友。虽然此时的豫让已经面目全非、惨不忍睹，不过朋友仍然从豫让的背影和走路的样子依稀找到了昔日豫让的风采，他追过来问豫让："汝非豫让邪？"豫让答道："我是也。”朋友哭了，他说：“以子之才，委质而臣事襄子，襄子必近幸子。近幸子，乃为所欲，顾不易邪？何乃残身苦形，欲以求报襄子，不亦难乎！”在豫让的朋友眼里豫让是一个很有才的人，否则霸道的智伯也不会如此看重豫让。因此豫让的朋友认为豫让既然想刺杀赵襄子报仇，那不如来个“无间道”、假投降，以豫让的才能，他只要投奔赵襄子，赵襄子一定不会拒绝。这样豫让就可以在赵襄子的身边潜伏下来当卧底，然后再找机会下手复仇，这样的复仇计划无疑要容易很多，如果豫让采取这种复仇方式至少不必这样糟蹋自己。我们不得不承认，在当时的世界上真正理解豫让价值的人除了死去的智伯，就是杀死智伯的赵襄子。

豫让说：“既已委质臣事人，而求杀之，是怀二心以事其君也。且吾所为者极难耳！然所以为此者，将以愧天下后世之为人臣怀二心以事其君者也。”（**点评：扶栏客认为豫让的这段表白似乎是后人出于宣扬自己的价值观的需要加进去的，因为这段表白的中心思想与统治者极力推崇的忠君价值观高度吻合。**）豫让当然可以投靠赵襄子，然后再找机会下手复仇，不过豫让既然能进入《史记·刺客列传》自然有过人之处，豫让最大的特点就是他有一套自己的价值观和世界观，这也正是赵襄子舍不得杀他的原因。豫让认为投降了赵襄子又心怀叵测地谋杀赵襄子，是典型的二心。豫让是一个很专一的人，他最不能容忍的就是这个“二”字。豫让说了，自己之所以这样痛苦地改造自己的形象，就是为了教育后人，让后人不再对自己的老板怀有二心。豫让的理论与赵襄子的需要不谋而合，可见赵襄子留下一个对自己生命构成重大威胁的隐患是非常英明的。所以说要想当一位有魅力的“老大”，有时候就必须主动冒险，这不仅能增强领导的人格魅力，更重要的是增强了组织的凝聚力。

豫让终于等到了那一天，那一天豫让死了，死得感天动地、名垂青史。

国士遇我，我以国士报之

赵襄子终于来了，那天他骑着一匹马从一座桥上走过。马是跟随自己多年的马，桥是那匹马走过了无数遍的桥。然而当赵襄子骑着马站在那座桥上的时候，那匹马却惊了，它突然瞪着惊恐的大眼睛，站起来挥舞着两只前蹄大声嘶鸣，仿佛在桥的那一边有一头猛兽迎面扑来。要不是赵襄子骑术过硬，差一点被那匹突然“站”起来的马掀了下来。桥的那边没有猛兽，而是一座集市，人声鼎沸、欢乐祥和。赵襄子知道这一定又是传说中的杀气了，当赵襄子想到杀气的时候，豫让的名字在第一时间跳进了他的脑海，赵襄子大叫：“此必是豫让也。”（点评：又一次有如神助般地发现了危险，赵襄子莫非有第六感？赵襄子作为赵国的实际创始人确实有很多过人之处，而这种描写或许也是中国历史上惯用的文学手法，用来渲染杰出人物的传奇色彩。）跟随赵襄子的侍卫们立即四处散开搜查，很快就在桥下发现了已经面目全非的豫让。

豫让选择刺杀赵襄子的作案地点正是闹市，而作案时间正是一天当中集市上最热闹的时候，所以当残疾乞丐豫让被赵襄子的手下活捉的时候，闻讯从集市上赶来看热闹的人们把赵襄子和豫让围得水泄不通。赵襄子发现了四周汇集起来的人潮人海，而此刻人潮人海正在迷茫而兴奋地涌动着，赵襄子突然意识到这不仅是一个教育手下的好机会，也是一个教育群众的好机会。于是赵襄子以一种启发式问话的方式开始了对豫让的公开审问：“子不尝事范、中行氏乎？智伯尽灭之，而子不为报仇，而反委质臣于智伯。智伯亦已死矣，而子独何以为之报仇之深也？”赵襄子显然认真研究了豫让的“简历”，凡是知道豫让经历的人都会产生与赵襄子相同的疑问，当年豫让也曾经给范氏和中行氏打工，智伯把他们灭了以后，豫让不仅不帮他们报仇反而跳槽投靠了智伯。现在智伯死了，豫让却非要不惜一死为智伯报仇，同样都是老板，同样都给了豫让饭碗，豫让为何这样厚此薄彼，让人难以理解。豫让一边听着赵襄子的质问，一边四处张望，他也发现周围的人潮人海，于是豫让也决定抓住这个机会教育群众。

豫让大义凛然地提出了自己的观点：“臣事范、中行氏，范、中行氏皆众人遇我，我故众人报之。至于智伯，国士遇我，我故国士报之。”豫让的回答告诉我们，这个世界上不仅不同的打工者之间存在巨大的差距，而且不同的老板之间也存在巨大的差距，老板要想让打工者把工作当事业，就首先要把自己的工作当事业。而对于老板来说，最重要、最基本的工作就是经营好自己的团队，利用好自己团队里的人力资源。范氏和中行氏对待豫让的态度与对待其他打工者没有区别，他们对于类似豫让这样的以混饭吃为使命的打工者不抱有过高的期望，因此豫让也就像其他的打工者一样，把在范氏和中行氏手下的工作当成了混饭吃的一个饭碗。所以当范氏和中行氏被智伯灭掉以后，对于豫让来说只不过损失了一个曾经的谋生饭碗，饭碗虽然砸了，生活还要继续，于是豫让就跳槽到了智伯那里继续打工混饭。然而，由于智伯对待豫让的态度与范氏和中行氏存在天壤之别，因此豫让也发生了脱胎换骨的变化。从此以后豫让对工作和人生的态度发生了彻底的转变。霸道的智伯对待豫让的态度非常罕见，足以令人震惊，所谓“国士遇我”，表面上看就是把豫让当成了国家级的人才来对待，而在中国的传统文化当中，“国士”这两个字具有很深的含义。我们知道萧何向汉王推荐韩信的时候曾经称赞韩信“国士无双”；司马迁替李陵主持公道的时候也曾经夸奖李陵有“国士之风”。后来韩信和李陵都成了帝国钦定的叛徒，一个死于非命，一个流落匈奴。可见“国士”这两个字绝大多数人是生受不起的，幸运或者不幸的是，智伯对待豫让也采用了“国标”，即以“国士”的标准对待豫让。智伯以“国标”对待豫让说明了两个问题，首先豫让是有真本事的真汉子，他的身上一定存在某种令智伯折服的品质和素质，否则飞扬跋扈的智伯不可能对其以国士待之；其次是如果智伯没有看走眼，那么豫让一定要肝脑涂地以报智伯的“国标”之恩了。非常不幸，后来曾经以“国标”对待豫让的智伯被赵襄子阴谋杀害了，而且脑袋还变成了赵襄子的酒壶。就凭“国士”这两个字，豫让就必须和赵襄子不共戴天。

“众人遇我，我故以众人报之；国士遇我，我故以国士报之。”豫让提出了一个职场中的老板和打工者之间怎样产生互动，并最终一起提高对共同事业的认同的原理。豫让的观点与乐毅曾经提出的“善始者不必善终”的观点（参见《历史的个性：兵家》乐毅篇）一样，都是中国式的职场理论。直到今天，豫让和乐毅提出的理论依然适用。自从秦始皇建立了大一统的王朝之后，历代统治者逐步强化了臣子对皇帝的义务，而有意无意地忽略和淡化了皇帝对臣子的义务。因此豫让和乐毅的理论无法成为中国传统文化中的主流价值观，不过，豫让和乐毅的理论强调的是一种平等的职场关系，老板希望员工忠诚和奉献，就必须首先对员工尊重和信任。所谓的“国标”，除了优厚的待遇，更重要的就是对待专业人士的尊重和信任。当然，并不是每个被老板尊重和信任过的人都有“国士”的能力，这考验老板的眼力。不过有一点可以肯定，那就是从来没有以国士来信任和尊重过任何人的老板不可能成为一个伟大的老板。

豫让的回答感动了天、感动了地，感动了围观的群众，也感动了赵襄子。赵襄子知道“国士”豫让是准备进祠堂接受香火祭祀了，只要他不死就会一直对赵襄子追杀下去，直到有一天进入祠堂。赵襄子看着四周被豫让教育得非常激动的群众，知道到了让豫让彻底闭嘴的时候了，赵襄子哭了：“嗟乎豫子！子之为智伯，名既成矣，而寡人赦子，亦已足矣。子其自为计，寡人不复释子！”赵襄子明白今天在闹市上的豫让与自己的对话很快就会传遍天下，豫让以国士报答智伯的故事很快就会家喻户晓。在赵襄子看来，豫让已经成就了忠义的名声，不过既然赵襄子已经赦免过豫让，现在豫让又再次谋划刺杀自己，这次赵襄子不打算继续赦免豫让了。豫让帮助赵襄子教育了手下和群众，然而被豫让感动和教育了的群众也让赵襄子感到了不安。在赵襄子眼里，豫让发表完那个著名的“国士遇我，我故国士报之”的观点以后，他的历史使命就已经完成了。赵襄子觉得豫让可以死了，让豫让在闹市上死去既能成全豫让的忠义名声，又能进一步加强对手下和群众的教育，这实在是一种双赢的死法。为了成全赵襄子自己的名声，赵襄子决定促使豫让在此时此地自杀，然后赵襄子痛哭以后对其风光大葬。

豫让的想法与赵襄子不谋而合，不过他提出了进一步强化教育群众的建议：“臣闻明主不掩人之美，而忠臣有死名之义。前君已宽赦臣，天下莫不称君之贤。今日之事，臣固伏诛，然愿请君之衣而击之，焉以致报仇之意，则虽死不恨。非所敢望也，敢布腹心！”进入生命的倒计时，豫让对赵襄子开诚布公地提出了请求，他承认自己是为了成就“死名之义”，也希望赵襄子能“不掩人之美”。豫让夸奖了赵襄子先前赦免自己的行为，然后向赵襄子提出借他的衣服砍几刀的要求，豫让知道这样的要求是非常过分，他也不敢奢望赵襄子能够答应。但是这是豫让临死前最后的要求，他必须说出来。赵襄子听到豫让的建议以后非常惊喜，他没想到豫让临死前还能想到以如此生动的方式来强化对群众的教育，赵襄子愉快地脱下了自己的外套，让手下人拿给了豫让。豫让拔出了宝剑，挥剑向赵襄子的衣服砍去，他一边砍一边仰天大喊：“吾可以下报智伯矣！”

豫让砍烂了赵襄子的衣服，然后在众目睽睽之下横剑自刎了。豫让死后，果然有效地教育了广大群众：“死之日，赵国志士闻之，皆为涕泣。”（《史记·刺客列传》）

扶栏客曰

如果没有智伯，赵襄子其实是一位非常优秀的老板，豫让投靠赵襄子不仅可以保全富贵，而且很可能得到赵襄子的重用成就一番事业。只因为智伯曾经以国士之礼厚待过豫让，豫让必须与赵襄子不共戴天，这就是豫让感动中国两千多年的理由，“国士遇我，我以国士报之”。

十二

独行杀手 聂政

个性关键词：孤傲 强悍 决绝 冷静

爱生活爱家庭，这个杀手不太冷

《史记·刺客列传》记载：“聂政者，轵深井里人。”聂政是郭解的老乡，也是轵地（今河南省济源境内）人氏，深井相当于轵县的一个乡。聂政一生中最重要的业绩就是成功刺杀了韩国的相国侠累。《史记·刺客列传》记载豫让刺杀赵襄子未遂事件“其后四十余年而轵有聂政之事”。但是根据《资治通鉴》的研究成果，三家分晋、豫让刺杀赵襄子发生在公元前403年，而聂政刺杀侠累发生在公元前397年，因此实际上在豫让死后六年就出现了第四位著名杀手聂政的事迹。

与前三位刺客不同，聂政一出场就身负命案，因此虽然按照时间顺序，聂政在《史记·刺客列传》中排第四，但是如果按照杀伤力排名他很可能排在前面。“杀人避仇，与母、姊如齐，以屠为事。”从《史记》的这句话来看，聂政是当时的一个杀人流窜犯，因为在老家背负命案，所以带着母亲和姐姐逃到了齐国，以屠宰业谋生。聂政不仅成功地杀了人，而且成功地逃脱了惩罚，甚至带着自己的老母亲和姐姐一起逃亡，最后来到了齐国依靠屠宰的手艺养家糊口。通常杀人在逃都非常仓促，像聂政这样从容地带着老母和姐姐一起逃命的杀人犯在古今中外的犯罪史上都非常罕见。我们可以发现三个问题，首先是聂政武艺高强且心理素质过硬，不仅可以从容杀人还可以从容逃走；其次是聂政非常孝顺和顾家，即使是逃命也不会扔下老母和姐姐；第三是聂政有一门屠宰的好手艺，因此走到哪里都可以安身立命。

在那个分裂动荡的年代，像聂政这样杀人后亡命天涯的人绝非个案，那年头杀人以后跑路如同今天欠钱以后跑路一样普遍。如果没有韩国的两个大人物之间的恩怨，小人物聂政很可能会一直守着自己的屠宰摊位，过着平静而幸福的小日子，终老市井。因为一个大人物对另一个大人物的刻骨仇恨，小人物聂政最后死得很惨。

两个大人物之间的仇恨

据《战国策·韩策二》当中《韩傀相韩》的记载，当初侠累（侠累在《战国策》中被称为韩傀）和严仲子（严遂，字仲子）都是韩国的重臣，侠累是韩国的相国，而严仲子也颇受当时韩国的诸侯韩列侯的器重。本来一个老板同时故意重用两个甚至两个以上的员工也是职场上的常态，没有竞争就没有公平，老板当然也有追求公平的权利。不过问题是韩列侯在引入竞争机制的同时没有把握好尺度，侠累和严仲子争风吃醋逐渐升级，最后终于闹出了大事。从古至今，争风吃醋这种事情大同小异，不论是因为男女感情争风吃醋还是因为权力斗争争风吃醋，最常见的手段无非就是互相诋毁和谩骂。为了争取韩列侯对自己给予绝对信任，同时又能有效打击竞争对手，严仲子甚至当面指责侠累的过失。身为韩国的相国侠累实在不能接受严仲子这种无情的批判，于是他在朝堂之上对严仲子公开斥责。严仲子是一个不能吃亏的人，听到侠累呵斥他，严仲子立即拔出剑来，企图当场砍死韩国的相国。韩国的政坛真是热闹，庙堂之上不仅唇枪舌剑，甚至刀光剑影。不过事情发展到这一步就很难收场了，手持利剑的严仲子被大殿上的群臣和卫士按住，制止了他企图激情杀人的过激行为。

回到家里，恢复了理智的严仲子越想越怕，自己虽然是韩列侯信任的大臣，但是侠累毕竟是韩国的相国。如果竞争仅仅停留在互相告状和拆台的层面上，严仲子或许还有胜算，但是竞争一旦发展到了你死我活的暴力层面，从掌握的资源进行比较，严仲子凶多吉少。（**点评：从严仲子与侠累结仇的过程来看，严仲子完全是心胸狭窄、刻毒凶暴，落得一个亡命天涯的结果也是咎由自取。**）

严仲子跑路了，就像聂政杀人以后跑路一样，虽然他没有杀人，但是因为他暴露了对韩国相国侠累的杀机，所以他必须跑路。我们知道严仲子是一个报复心很强的人，随着他在逃亡路上的颠沛流离，严仲子对侠累的仇恨也像雨后春笋一样迅速拔节长大。为了报复逼得自己有家难回、报国无门的侠累，严仲子一路上搜寻着武林高手或者职业杀手，当然严仲子访寻高手并不是为了学成绝世武功，而是期待某一天借助高手或者杀手的手将侠累的脑袋砍下来以安慰自己因为亡命天涯而备受摧残的肉体和心灵。不过从严仲子与侠累结仇的过程来看，其实两个人之间并不存在深仇大恨，政敌之间互相攻击本来就是政治生态的普遍规律，何况严仲子并没有遭到侠累实质性的伤害。后来严仲子害怕遭到侠累的报复才亡命天涯，但是从相关的史料来看侠累既没有派人追杀，也没有报复和迫害严仲子的家人。因此仅仅从两个人过去的关系似乎找不到严仲子必须杀死侠累的理由，严仲子与侠累的关系与其说是仇恨，不如说是形势。侠累是韩国的相国，只要他的权势和地位不发生改变，严重得罪了他的严仲子就很难在韩国获得发展空间，甚至侠累根本就不会在韩国给严仲子留下存在的空间。侠累和严仲子，当时如同两只争夺王位的雄狮，严仲子就是那只暂时处于下风并且远离狮群的那只雄狮。然而严仲子在离开狮群后找不到自己的位置，因此他决定回到原来的那个狮群，为了达到这个目的，侠累必须死。

后来严仲子来到了齐国，在江湖上听说了聂政的事迹（“至齐，齐人或言聂政勇敢士也，避仇隐于屠者之间。”）。（**点评：人怕出名猪怕壮，身逢乱世，以勇敢闻名于世恐怕不是好事。**）从《史记》的记载来看，当时聂政在齐国的名气很大，在民间几乎是有口皆碑，因此严仲子才能很迅速、很轻松地听说聂政的英勇事迹。以今天的普遍规律来看，聂政身为一个杀人在逃犯，本来应该保持低调谦虚，尽量做好保密工作，但是聂政生活的那个时代显然存在着与今天不同的规则和文化。在聂政生活的战国时代，聂政犯案的地方，也就是聂政的家乡轵当时属于魏国，因此聂政逃到齐国以后其实已经脱离了魏国的司法管辖范围。在那个纷乱动荡的年月，曾经杀过人的经历在案发地就是罪过，在案发地以外就是名气，这种经历经过精心包装甚至可以变成护身符和个人品牌。聂政有意或者无意地利用了自己曾经的犯罪经历，在齐国形成了有利于自己发展的个人品牌。虽然“杀人犯”三个字在今天听来很不好听，不过在聂政生活的年代至少能给聂政带来两个明显的好处，那就是安全感和知名度。首先是安全感，那个年头的社会秩序就是孔子形容的“礼崩乐坏”，身为外来户的聂政来到齐国从事进入门槛很低的屠宰行业，如果没有特殊的背景很容易遭到排挤和欺压，而当人们知道聂政曾经杀过人的背景以后显然会更加慎重和礼貌地对待他；其次是知名度，聂政从事的屠宰行业是当时商业活动中的一个重要环节，“杀过人的聂政杀的猪或者狗”与普通人杀的猪或者狗相比显然更容易被消费者记住。更重要的是在那个人命如草芥的时代，杀过人的经历或许并不是一段可耻的经历，也许正好相反，杀人经历在那个“不为刀俎，便为鱼肉”的时代其实是一种令人佩服甚至仰慕的资本。

总之，严仲子听说了聂政的事迹就像鲨鱼闻到了血腥，兴奋得无法入睡。

侠累不是平民百姓而是韩国的相国，想要干掉这样一位受到高级别警卫标准保护的高官，绝不是随便找一个胆子大一点的人就可以胜任的，因此物色刺杀侠累的人选必须具备两个条件：那就是过人的武艺和惊人的胆色。聂政杀了人还能带着老母和姐姐从容地逃亡，足以证明聂政就是艺高胆大的合适人选。为了让现在已经改行杀猪杀狗的聂政帮助自己杀人，严仲子一路打听着找到了聂政的家，并且数次亲自登门邀请聂政，后来他还自备酒食请聂政的母亲吃饭，一定要向这位英雄的母亲致敬。聂政虽然在江湖上有些名气，但是毕竟是一个屠夫，严仲子虽然在逃亡，但是他毕竟出身富贵。因此严仲子的行为非常反常，这让聂政感到很疑惑，后来当严仲子拿出一大堆黄金并且声称要送给聂政的妈妈作为礼物的时候，着实把心理素质过硬的聂政吓了一大跳。《史记·刺客列传》记载："严仲子至门请，数反，然后具酒自畅聂政母前。酒酣，严仲子奉黄金百溢，前为聂政母寿。""溢"是通假字，同"镒"，是古代的重量单位，1溢为24两。因此严仲子送给聂政妈妈的百溢黄金相当于2400两黄金，金价按照每克200元人民币计算，这份礼物大概相当于2400万元人民币的价值。

屠宰个体户聂政看到百溢黄金摆在了眼前，他知道要出大事了。如果在今天一个社会地位与聂政相当的人要想得到2400万元，唯一可行又合法的手段可能就是买彩票了，然而要获得这样一笔巨款即使是中双色球的大奖也必须连续中两次。这样一笔巨款显然不可能白来，然而此时历经江湖风浪的聂政刚过上平静的生活，身边还有老母需要照顾，因此从聂政的内心出发他非常本能地抵制可能发生的大事。于是聂政非常坚决地推辞了这笔送上门的财富，然而严仲子却坚持要把这笔横财送给聂政，两边就这样你来我往做太极推手状推来推去。今天我们在饭馆吃饭的时候也经常会看到这种景象，那是两个人在争着买单，而当时聂政和严仲子是在比拼内力，努力把价值2400万元的"巨款"推出去。聂政看到严仲子毫不退缩，一定要把钱硬塞给自己，于是他向严仲子表明了自己的态度："臣幸有老母，家贫，客游以为狗屠，可以旦夕得甘毳以养亲。亲供养备，不敢当仲子之赐。"聂政当然了解自己的价值，除了替人当枪使去杀人，聂政实在想不出自己身上还有什么可以开发的资源值得严仲子一次拿出2400万现金当作定金。当时聂政的生活虽然艰苦，但是屠宰的生意足以维持一家温饱。当每天集市收摊，聂政就买一些松软甘甜的食物拿回来孝敬老母，一家人虽不富裕却也其乐融融。"拿人钱财，与人消灾"是古今通行的规矩，由于高堂老母需要聂政养老送终，聂政不可能给严仲子任何承诺，不能替严仲子消灾的聂政也绝不能接受严仲子送来的价值2400万元的厚礼——这就是聂政的逻辑和做人原则。

严仲子看到聂政如此负责，更加坚定了他把这笔巨款塞给聂政的决心，严仲子说：“臣有仇，而行游诸侯众矣；然至齐，窃闻足下义甚高，故进百金者，将用为大人粗粝之费，得以交足下之欢，岂敢以有求望邪！”明人不说暗话，严仲子说明了自己跟人结仇以后四处漂泊的事实，然后严仲子又高度赞扬了聂政讲义气，因此自己送给聂政这笔巨款是为了帮助聂政为母亲养老。而帮助聂政为其母亲养老的目的是和聂政培养感情交朋友，对于交朋友以后的结果，严仲子声称自己不敢奢望。如果总结严仲子的这段话，关键词有四个“有仇”“高义”“百金”“以交足下”，至于后面对聂政没有奢望的话都是客气话，完全可以忽略不计。严仲子“有仇”是真的，因此他需要有“高义”的人挺身而出。而关于聂政的“高义”大概是指他杀人以后带着老母和姐姐逃亡的事，这能说明聂政是个对家庭很有责任心的孝顺孩子，对家庭负责的人应该是一个值得托付大事的人，这就是严仲子所谓的“高义”。为了结交聂政，严仲子显然做足了功课，他认真分析研究了聂政当时的生活状态，屠宰个体户的生活当然是非常辛苦的，为了挣钱为自己的老母亲养老，聂政不得不起早贪黑，每天白刀子进去红刀子出来地辛苦劳作。所以严仲子决定直接把这笔巨款送给聂政的母亲，有了这笔巨款聂政的母亲就可以衣食无忧地安度晚年了。解决了聂政的后顾之忧，聂政就可以和严仲子交朋友了，拿了严仲子的钱又和严仲子交了朋友，无论从责任还是从感情上来讲，聂政都必须为严仲子报仇了——这就是严仲子的逻辑。

聂政完全了解了严仲子的动机和目的，不过聂政有自己的逻辑，他说：“臣所以降志辱身居市井屠者，徒幸以养老母；老母在，政身未敢以许人也。”虽然严仲子声称自己对与聂政交朋友以后的结果不敢奢望，但是聂政非常清楚由于地位相差悬殊，因此自己和严仲子这样的人交朋友后果很严重，这个后果就是以身相许。“以身相许”这个词用在现代文学当中大多用来形容男女两情相悦后的情不自禁，但是用在《史记》记述的那个时代，多半指为了报答某人而拼命。从聂政的回答来看，聂政自己并不甘心一辈子当一个屠宰个体户，他之所以这样降志辱身混迹市井，都是为了照顾老母亲。最后聂政亮出了自己做人的底线：“老母在，政身未敢以许人也。”也就是说只要老母亲还健在，聂政就不能对严仲子或者其他任何人以身相许。聂政明白无误地告诉严仲子，无论如何自己现在都不可能帮助严仲子去杀人，理由就是只要老母亲还健在，聂政的身体就要用来给老母养老送终。

严仲子继续坚持塞钱给聂政，聂政坚决不接受，最后严仲子向聂政一家表达了敬意以后离开了。（**点评：钱没花出去，事情却办成了。**）

视死如归

严仲子离开以后，聂政继续着屠宰个体户生涯，直到有一天聂政的老母亲去世了。聂政为自己的老母亲操办了葬礼，守孝结束以后，获得了自由身的聂政突然想到了严仲子。聂政感慨了一番："嗟乎！政乃市井之人，鼓刀以屠；而严仲子乃诸侯之卿相也，不远千里，枉车骑而交臣。臣之所以待之，至浅鲜矣，未有大功可以称者，而严仲子奉百金为亲寿，我虽不受，然是者徒深知政也。夫贤者以感忿睚眦之意而亲信穷僻之人，而政独安得嘿然而已乎！且前日要政，政徒以老母；老母今以天年终，政将为知己者用。"从聂政的这段表白可以看出来，严仲子当初的行动深刻地感动了聂政，这种感动首先是基于严仲子和聂政两个人之间悬殊的社会地位差距。所谓交朋友大概就是这样一种情形，有钱有势的一方很容易和相对弱势的一方交朋友。只要有钱有势的人能够谦虚一点，深入基层接近群众，那么有钱有势的人永远都可以朋友遍天下。聂政也不能免俗，严仲子虽然在与韩国相国侠累的斗争中败下阵来，但是在聂政眼里严仲子毕竟是"诸侯之卿相也"，这么大的官员竟然如此谦虚地走近了屠户聂政，这对于此前从未接触如此级别高官的聂政来说是一个很大的触动。出乎聂政想象的是严仲子不仅走到了自己家里，而且还拿出了一笔巨款作为见面礼送给聂政的母亲。虽然聂政坚决推辞掉了这笔天上掉下来的横财，但是毫无疑问，严仲子令人震惊的慷慨感动了聂政。要不要这笔钱对于聂政来说是人品问题，给不给这笔钱对于严仲子来说则是态度问题。2400万元的价值无论放在哪个时代，都足以证明一位求贤若渴的老板对待人才的诚恳态度，尽管这位老板苦苦寻觅的是一位高效的杀手。虽然当初严仲子已经感动了聂政，但是当时聂政身负为老母养老送终的责任，因此聂政并没有追随严仲子，现在老母亲已经去世了，聂政决定以实际行动报答严仲子这位知己。

严仲子再次见到聂政的那天应该是公元前397年初春三月的某一天，春天本来是适合谈恋爱的季节，因为严仲子的仇恨，那年春天的花儿一直没有开。残雪尚未消融，料峭的春风拂面吹来仍然寒冷而坚硬，放眼望去，大地依然一片荒凉，杀手聂政上路了。

卫国，濮阳。

聂政走到了严仲子的面前，严仲子的瞳孔里出现了一位神情严肃的杀手，这位杀手一出现就给了严仲子一个惊喜，他居然主动请命去替严仲子杀人："前日所以不许仲子者，徒以亲在；今不幸而母以天年终。仲子所欲报仇者为谁？请得从事焉！"聂政再次解释了过去不能替严仲子报仇的原因是要为老母亲养老送终，现在聂政完成了自己作为儿子的责任，所以他主动找上门来要求替严仲子杀人。

严仲子听到聂政主动请命去替自己杀人，欣慰之情如浩荡春风从水面掠过，清爽凛冽而又波澜荡漾。欣慰的严仲子迅速整理了思路，开始向聂政交代任务："臣之仇韩相侠累，侠累又韩君之季父也，宗族盛多，居处兵卫甚设，臣欲使人刺之，终莫能就。今足下幸而不弃，请益其车骑壮士可为足下辅翼者。"从严仲子的话里我们知道严仲子的仇家侠累不仅是韩国的相国，而且还是韩列侯的叔父，这样一位王室宗亲、国家重臣，身边自然会有大批卫士保护。为了增加胜算，严仲子提议派出一队车骑壮士，也就是一支小规模的部队去协助聂政。严仲子的提议虽然并不完美，但是至少可以增强聂政的实力，提高聂政生还的机会。无论古今，找人寻仇这种事对于大多数人来说都希望纠集大队人马，这样的复仇队伍拉出去走在大街上不仅有面子，而且人多势众也增强了复仇者的安全感。这是大多数人喜欢的复仇方案，但并不是聂政喜欢的方案，聂政不是大多数人。

聂政否定了严仲子的提议，他说："韩之与卫，相去中间不甚远，今杀人之相，相又国君之亲，此其势不可以多人，多人不能无生得失，生得失则语泄，语泄是韩举国而与仲子为仇，岂不殆哉！"

严仲子当时生活的地方在卫国，那是临近韩国的一个小国，聂政认为从卫国到邻国韩国去谋杀国王的亲戚和相国，这样的工作实在不适合过多的人参与。聂政的理由很简单，人多必然嘴杂，而严仲子交代的是一件必死的任务，多人参与刺杀事后难免会有人被侠累的手下活捉，只要留下活口严仲子的复仇计划就很可能暴露。如果严仲子的复仇计划被韩国得知，那么严仲子就会变成韩国的国家敌人，这样不仅报不了仇，反而会连累严仲子遭到韩国的打击报复。

聂政的逻辑很严密，也很合理，不过他忽略了自己生还的机会，这便是传说中的视死如归。聂政告别了严仲子，独自上路了。（**点评：计划周密却豁出去了自己，聂政有一种殉道者的气质，可惜的是这样悲壮的牺牲却被一个小人给利用了。**）

一个人、一把剑，聂政迎着寒冷坚硬的春风远去了。

聂政刺杀韩相侠累的情景非常经典，以至于两千年以后反复被中国香港和美国的编剧和导演借用，以聂政为原型的孤胆英雄的形象频繁地出现在许多经典的影片当中，比如《英雄本色》里的小马哥。

事实上，聂政杀人的时候比小马哥还要帅，因为他只有一个人、一把剑。

那天当聂政向着相府大门走过来的时候，侠累刚下班回到家里。当时他正坐在家里的大堂上喝茶，门口手持长戟、身配长剑的卫士们正在站岗。结束了一天的工作，此刻的侠累有些疲倦，自从那个脾气火暴、性格凶狠的严仲子出走以后，身为韩国相国的侠累在韩国再也没有了敢于挑战自己的竞争对手。在韩国的政治生物链当中，侠累稳稳地盘踞在最顶端的韩列侯身边，指点江山、俯瞰众生。一人之下的日子过得久了很容易丧失激情和斗志，此刻的侠累如同非洲大草原上吃饱了羚羊肉的狮王一样，懒洋洋地躺在树荫下打盹，丝毫没有觉察到致命的危险正在一步步逼近。

当聂政经过门口卫士的身边的时候，卫士们非常疑惑，通常来到侠累相府的人，不是点头哈腰，就是一脸媚笑。他们不是手里提着礼盒，就是身后跟着大批随从。然而今天这个人不仅两手空空，而且对卫士们毫无表示，在他眼里侠累的相府仿佛一座寂静的空山，那些门口站岗的威武卫士们好像都是大自然里的鸟语花香。卫士们不仅疑惑，简直就是震惊。本来身为相府卫士，他们至少应该拦住聂政盘问，然而聂政身上某种奇特的气质让他们反应迟缓了下来，就在犹豫之间，聂政已经像一阵风一样刮进了相府。

“这样的人一定是上面有人，或者他就是上面来的人，我们级别太低不认识，里面的人或许认识吧？”门口的卫士们想。

里面的卫士也这样疑惑、这样震惊、这样想。

每天在权贵之门蝇营狗苟、摇尾乞怜的人数不胜数，以这种方式进入的唯聂政一人而已！

就这样，聂政以自己目空一切的高贵气质突破了相府的重重戒备，如入无人之境，一路来到了侠累休息的大堂前。可见一个人要想进入豪门，最重要的素质就是高贵气质，不论是嫁入豪门还是闯入豪门。

聂政知道那个坐在大堂上一脸疲惫神色的中年男人就是韩相侠累了。普通人当然也会疲惫，普通人疲惫的时候写在脸上的是生活的艰难；而侠累这样的贵人即使在疲惫的时候，脸上也写满了掌控大局的自信和居高临下的不耐烦。简单地说，穷人疲惫的时候脸上写着一个字“苦”，贵人疲惫的时候脸上写着一个字“烦”。

当聂政向侠累快步走来的时候，侠累看了一眼聂政，仍然是一脸的自信和不耐烦，一个布衣百姓怎么可以这样没礼貌地在相府里乱闯？怎么也没人管管？身为韩国一人之下的重臣，侠累是不屑与聂政这样的布衣说话的，但是当他看到聂政突然拔出一把剑的时候，侠累想说话已经来不及了。

天地间一股肃杀的力量扑面而来，刹那间，一座高不可攀的权力大厦轰然倒塌。（**点评：视死如归的刺客遇到目中无人的权贵，结果毫无悬念。**）

长剑贯胸而出，那颗韩国第二高贵的心脏如水管爆裂，鲜血似喷泉一样喷射。侠累瞪着眼睛死了，此刻他的脸上已经没有了那个“烦”字，而变成了三个字“不可能”。

卫士们这时候终于明白了这个人为什么这样目空一切，只有敢于刺杀相国的人才可能有这样压迫众人的气势。大家眼睁睁地看着杀手走进了相府，又眼睁睁地看着杀手把长剑刺进了相国的身体，此刻如果再眼睁睁地看着他离开，那么卫士们都活不下去了。

大家一拥而上，企图生擒杀手。

寒光闪闪、剑气森森，一把剑卷入了与上百把长戟、长剑的拼杀，金属的碰撞、鲜血的喷洒和绝望的哀号，一时间布满了昔日安静、神秘的相府。聂政的剑在相府里游走着，一路留下奔腾的血液和残缺的肢体，真正的高手就是这样的恐怖。

此刻相国遇刺的消息已经传了出去，韩国的大批军队源源不断地赶到相府，把侠累的家围得水泄不通，而此时相府里的卫士们已经被聂政的一把剑干掉了几十个。在冷兵器时代这样的杀人效率实在令人胆寒，这就是传说中的武林高手、绝世剑客。

看着门口不断涌入的身披重甲、手持长戟的武士们，聂政知道自己的表演到了应该谢幕的时候了。聂政自杀了，他不仅以一种极其惨烈和自虐的形式终结了生命，而且还把自己彻底毁容，以一种面目全非的形象把一个悬案留给了韩国。

《史记·刺客列传》：“聂政大呼，所击杀者数十人，因自皮面决眼，自屠出肠，遂以死。”

“烈女”姐姐

韩国相国侠累遇刺身亡，消息不胫而走，作为当时的头条新闻此事不仅震惊了韩国朝野，也惊动了六国的权贵和百姓。韩列侯很生气，自己倚重的相国、自己的亲叔叔，就这样在家里被一个人闯进去干掉了，韩国还有什么安全和尊严可言？

韩列侯下决心要查出幕后的黑手，然而聂政死得面目全非、惨不忍睹，没有人知道这个人是谁，从哪里来，为什么要刺杀相国侠累。聂政当初的分析果然不差，由于单人作案，死后又严重毁容，聂政刺杀侠累的案子一时间无从查起。

韩列侯下令把聂政的尸体扔在韩国首都的大街上，然后对外宣称悬赏千金征集线索，然而很长时间也没有人能领取这笔奖金。《史记·刺客列传》："韩取聂政尸暴于市，购问莫知谁子。于是韩县（悬）购之，有能言杀相侠累者予千金。久之莫知也。"

如果故事就到此结束，那么韩相侠累遇刺事件也许就会永远成为历史上的一个悬案，聂政或许就不会进入《史记》，最多在大事记里留下这样的记述：某年某月，一个凶狠、强悍的杀手杀死了韩国相国侠累。如此而已。事实上在《资治通鉴》里对韩相侠累遇刺事件的描述，第一句就是这样："安王五年（公元前397年），三月，盗杀韩相侠累。"

促使聂政的故事大白于天下，并最终有机会写入《史记》的人就是聂政的亲姐姐聂荣。我们知道聂政当初在老家杀人逃亡的时候，曾经带上了老母亲和姐姐和自己一起逃到了齐国，由此可见，聂政和姐姐聂荣的感情是非常深厚的。在聂政心里，姐姐聂荣和母亲都是自己的至亲之人，因此即使亡命天涯，聂政也绝不抛弃她们。后来严仲子亲自登门拜访聂政的母亲，并奉上重金企图打动聂政，让聂政替自己杀人报仇，这一切聂荣在一边都亲眼见证了。后来聂政的老母亲去世了，姐姐聂荣也嫁人开始了自己的生活。再后来姐姐聂荣再也没有了弟弟的消息。

所以当韩国传来韩相侠累遭人刺杀，凶手暴尸无人能认的时候，聂荣马上产生了非常不祥的感觉："其是吾弟与？嗟乎，严仲子知吾弟！"聂荣猜到了一定是自己的弟弟刺杀了韩相侠累，并且因此死于非命，然而这位姐姐不仅没有像大多数女人那样怨恨严仲子教唆自己的弟弟走上了不归路，反而称赞严仲子了解自己的弟弟。可见当时的文化风气和今天有很大的不同，而且聂政一家也确实建立了一套自己独特的价值观和做人的逻辑。

聂荣决定去找弟弟聂政，因为自己是弟弟唯一的亲人。

当聂荣来到韩国首都平阳的时候，已经是百花争艳的春天，一具尸体躺在闹市中央，发出了阵阵令人窒息的气味。尽管面目全非，但是姐姐聂荣还是一眼认出了自己苦命的弟弟，聂荣一下扑倒在弟弟身上，放声痛哭，她一边哭一边披露了这位无名杀手的姓名和籍贯："是轵深井里所谓聂政者也。"

聂荣的痛哭和告白让韩国首都人民非常震惊，这样一个弱女子竟然自投罗网，在韩国人看来聂荣的行为简直就是自寻死路。乡亲们不忍心看着一个弱女子就这样陪葬，于是大家纷纷提醒聂荣，企图让聂荣了解此事的严重性："人暴虐吾国相，王县购其名姓千金，夫人不闻与？何敢来识之也？"

在那个一人犯罪株连全家的时代，家里出了聂政这样的严重刑事犯罪分子，即使不便立即划清界限，至少也应该尽量躲避。趋利避祸本是人之常情，何况此时聂政已死，韩国的乡亲们都认为此时聂荣与弟弟相认除了无谓的牺牲毫无意义。

不过聂荣有自己的逻辑，她说："闻之。然政所以蒙污辱自弃于市贩之间者，为老母幸无恙，妾未嫁也。亲既以夭年下世，妾已嫁夫，严仲子乃察举吾弟困污之中而交之，泽厚矣，可奈何！士固为知己者死，今乃以妾尚在之故，重自刑以绝从，妾其奈何畏殁身之诛，终灭贤弟之名！"聂荣当然知道此时与已经死去的弟弟相认会有怎样的可怕后果，不过弟弟聂政生前不仅精心照顾母亲和姐姐，而且处处为这个家着想，因此聂荣无论如何也要在弟弟死后为弟弟做点事。根据聂荣的话我们知道当初聂政谢绝严仲子的邀请，除了要给母亲养老以外，姐姐聂荣尚未出嫁也是一个重要原因。在生产力水平非常低下、社会秩序动荡混乱的战国时代，女子不依靠家族或者丈夫的力量是很难在社会上独立生存的。在姐姐聂荣嫁人之前，弟弟聂政就是她在这个世界上坚实的依靠。所以当老母去世、姐姐出嫁以后，聂政才从容地接受了严仲子的请求，踏上了杀手的不归路。聂荣认为弟弟的行为就是所谓的"士为知己者死"，因此是一种光荣和伟大的英雄侠义行为，聂政在刺杀成功以后因为无法脱身最后自杀。即使在生命的最后时刻，聂政仍然在为姐姐着想，他毁容的惨烈举动就是为了避免有人认出他的真实身份而牵连姐姐。然而聂荣却不愿意为了自己苟且偷生而埋没了弟弟的英名，因此她千里迢迢来到韩国，不仅是看弟弟最后一眼，也是为弟弟正名。

韩国乡亲们听到聂荣的话非常震惊和受教育，世上竟然有这样一家人：弟弟为了报答知己而甘心牺牲性命替人杀人；姐姐为了成全弟弟的英名而慷慨赴死。这样的人无论生活在哪个时代都足以令人震惊。

聂荣向着苍天大喊三声"天"，然后倒在了聂政身边，气绝身亡。（*点评：聂政甘愿为严仲子牺牲自己，他追求的不是利益，而是名誉。身为聂政的姐姐，聂荣理解弟弟，最后以牺牲自己的方式成全了弟弟。不过这样一来，严仲子逃不掉了。*）

根据《史记》记载，当时的各国舆论对聂荣、聂政姐弟给予了高度评价。当时的晋国、楚国、齐国、卫国的人们听说了聂家姐弟的事迹，大家奔走相告，议论纷纷："非独政能也，乃其姊亦烈女也。乡使政诚知其姊无濡忍之志，不重暴骸之难，必绝险千里以列其名，姊弟俱僇于韩市者，亦未必敢以身许严仲子也。

严仲子亦可谓知人能得士矣！”

当时的舆论普遍认为不仅聂政能力出众，而且他的姐姐聂荣也是一位烈女。如果当初聂政预料到自己的姐姐不会苟且偷生，为了成全自己的英名而慷慨赴死，那么或许聂政也不敢对严仲子以身相许，去替严仲子杀人。毕竟聂政的决绝行为最终导致了聂家姐弟全军覆没，这对于任何有家庭责任感的人来说都是一件难以接受的事。聂政和聂荣死了，悲惨而刚烈，最终不仅为自己赢得了“士为知己者死”的英名，也为严仲子赢得了“知人得士”的英名。

三个好人和一个坏人

然而，在扶栏客看来，这位“知人得士”的严仲子人品堪称卑劣之极，而聂政、聂荣和侠累死得实在冤枉。

任何时代、任何制度下都必须有秩序，本来侠累是韩国的相国，又是韩列侯的亲叔叔，这样一位宗室重臣在韩国地位当然高于众臣，这在两千多年前的战国时代是全社会普遍认可和接受的政治秩序。严仲子即便因为自己好胜或者侠累的人品或者才能的确有问题而不能让他心服，也应该在体制内进行公平竞争。批评、打击这样一位出身王室的重臣当然需要注意方式方法，然而严仲子却选择了最直接、最让人难以接受的方法，他选择了在朝堂之上当着韩列侯和众臣的面指责侠累。侠累的反应其实是正常人的本能反应，只不过有些过激，他当面斥责了严仲子。虽然侠累不能理智对待批评意见可能有些武断和粗鲁，但是事实证明严仲子不仅非常粗鲁，而且非常阴毒，严仲子当时就拔出剑来企图杀死侠累。如果不是朝堂之上众臣和卫士们及时制止，韩国的两位大臣当时就会爆发火并，如果那样，两个人将以一方的死亡结束这场政治斗争，这样严仲子就不用以后处心积虑地寻访杀手刺杀侠累了。如果真的发生火并，严仲子其实胜算不大，毕竟权力仅次于韩列侯的相国势力一定大于严仲子，火并不是决斗而是群殴，最后严仲子当场毙命的概率远远大于侠累。

不过当事态得到控制以后，当时贵为相国的侠累对此事的处理非常厚道，当时严仲子不仅以下犯上而且首先拔剑威胁，侠累当时是得势又得理，如果侠累足够强势或者凶悍，他甚至可以当场要了严仲子的性命，即便他顾全大局至少也可以要求把严仲子抓起来严惩。然而，不知是侠累性格上的软弱还是他不愿意过分在韩列侯面前展现强势，侠累当时还是非常宽厚地放过了严仲子。在扶栏客看来，侠累放过严仲子出于后一种考虑的可能性更大，毕竟严仲子也是韩列侯宠信的大臣。如果侠累一定要把严仲子置于死地，很可能会引起韩列侯的不快甚至不安。事实上正是侠累的这次妥协，导致了他日后死于非命的悲惨结局。

侠累当时并没有及时清算，不过严仲子却害怕了，他知道自己已经和侠累撕破了脸皮，以侠累的势力要收拾严仲子当然不是问题。于是严仲子逃跑了，侠累不仅没有追杀也没有清算严仲子在韩国的亲属，这再次说明侠累其实是一位很有大局观的好干部，他的宽厚和大度非常难得。但是侠累和严仲子的历史故事告诉我们，有时候得罪了一个小人，绝不是靠宽厚就可以解决问题的。

侠累放过了严仲子，严仲子却再也不能放过侠累了，因为他认为自己在韩国还有光明的政治前途，至少他曾经有过，韩列侯对严仲子的宠信纵容了他一定要除掉侠累的决心。严仲子一路走、一路寻访，他非常想杀了侠累又不敢公开和侠累火并，于是他需要找一位武艺好、胆子大、心眼少的高手给自己当枪使。非常不幸，聂政就是这样一位高手。当然聂政并不是真的缺心眼，他当然知道严仲子送给自己巨款的背后藏着险恶的心机，因此在老母去世、姐姐出嫁之前，聂政坚决地拒绝了严仲子的厚礼和邀请。但是出身草根、四处漂泊的聂政还是被感动了，除了想要杀人报仇的严仲子，这个世界上找不出第二个人如此重视而且有能力重视聂政。更为关键的是，严仲子来自上层，作为一个志向高远的草根青年，聂政只有得到上层的重视才有可能被主流社会认可和接受。事实上在聂政以后的两千多年里，受到草根阶层追捧的大侠和高手数不胜数，然而只有聂政这样替上层卖命的人才有可能青史留名。《史记》中的五大刺客，曹沫、专诸、豫让、聂政、荆轲，无不如此。

为了自己不甘平庸的理想，聂政心甘情愿地上了严仲子的“贼船”，可见有时候过高的理想也会害死人。

在聂政以为母亲养老为由拒绝严仲子的厚礼和邀请的时候，严仲子曾经是多么诚恳地坚决要求聂政收下自己的钱，并且一定要和聂政交朋友，为了打消聂政的顾虑，严仲子甚至声称自己对聂政不敢奢望，也就是说聂政拿了严仲子的钱可以不必替严仲子杀人。如果严仲子的话是认真的，那么即使聂政拿了严仲子的钱也不替严仲子杀人，而只是和严仲子一起吃喝玩乐，那么严仲子也无话可说。毕竟世上百分之九十九的人交朋友的方式都是吃喝玩乐，而不是雇凶杀人。不过严仲子看透了聂政，出身草根的屠夫其实比身居朝堂的大夫更讲信用、更守规矩，这世上拿钱不办事的官员随处可见，但是拿钱不杀猪的屠夫一定非常罕见。

然而聂政有自己的原则，他要给老母亲养老，他要送姐姐出嫁，所以严仲子只能失望地离开了。

后来当聂政再次来到严仲子面前，并且主动要求去帮严仲子杀人的时候，严仲子高兴得忘记了当初一定要送给聂政的巨款，以及近乎哀求要和聂政交朋友的诚恳表白。聂政答应替严仲子杀人了，严仲子不再提钱，也不再提朋友，可见政客远比屠夫现实和冷酷。

严仲子迫不及待地布置了杀人任务，本来他想派出一支暗杀小组由聂政领导去完成这个任务，因为他可能也不敢想象凭聂政一介布衣就能顺利地接近韩相侠累，并且杀死这位韩国的第一重臣。不过接受了任务的聂政却表现出了超乎想象的职业精神，为了在完成使命之后不暴露幕后主使严仲子，聂政决定一个人去干这件玩儿命的事。

那个企图送给聂政百镒黄金的严仲子，那个曾经信誓旦旦地要和聂政交朋友的严仲子，听到聂政的敢死计划丝毫没有表现出对聂政的担心，而是默默地看着聂政离开了。《史记》读到此处，扶栏客严重怀疑严仲子这种人是否真的有朋友，世上一见面就拿钱出来谈恋爱的人不一定就是色狼，不过一见面就拿钱出来交朋友的人一定是流氓，年轻人行走江湖一定要注意吸取聂政的教训。

谁也没想到，聂政凭着目中无人的孤傲气势，竟然像走进饭馆吃饭一样走进了戒备森严的相府，然后像切西瓜一样把手里的剑刺进了韩相侠累的胸膛。长期养尊处优的韩相侠累想不到，长期狐假虎威的相府卫士们更想不到，在他们的眼里进入相府的人都是有求于相国的俗人，奴颜婢膝、趋炎附势是他们熟悉的形象。因此当一个犯上作乱的亡命徒出现在他们面前的时候，他们无所适从，他们已经忘记了这个世界上除了媚俗的笑脸，还有刻骨的怨恨和致命的恶毒。侠累死后，一群昔日威武雄壮的卫士们竟然被聂政的一把长剑干掉了几十个，可见这群卫士日常的工作只不过是撑门面和装样子。男人形象很雄壮而长期无用武之地很可能像女人形象很美丽而缺乏业务素质一样，最终只有沦为“花瓶”。相府卫士们就是这样一群“花瓶男人”，或者说花样男人，在屠夫聂政的利剑之下，“花瓶”们只有支离破碎。

聂政临死之前想到了身后即将发生的可怕报复，为了不连累自己在世上唯一的亲人，聂政不惜毁容后切腹自杀。从聂政决定替严仲子杀人报仇开始，到后来聂政提出一个人去完成刺杀任务，再到任务完成后聂政毁容自杀，聂政为自己认为的知己严仲子、为自己的姐姐聂荣想得非常周到，他只是把自己豁了出去。

聂政想到了一切，唯一没想到自己的姐姐也如自己一样勇猛而决绝，女人具有这样的性格就被称为刚烈。刚烈的姐姐其实才是聂政真正的知己。严仲子巴结聂政只是为了实现自己的政治野心，如果不是聂荣最后挺身而出，以生命为代价披露了聂政的来历，聂政这次孤注一掷的牺牲不仅没有任何物质回报，甚至连留下英名的机会都没有。如果真是这样，聂政就如同饭馆里的一次性筷子一样，在完成了自己的使命后就湮没在历史的尘埃里，最后留下一个“盗”的恶名（见《资治通鉴》的记载）。为了实现弟弟生前不甘心埋没于草根的理想，聂荣豁出去了自己，终于让弟弟的这次壮举进入了史学巨著《史记》。

聂荣死后，严仲子利用聂政刺杀韩相侠累的阴谋大白于天下，但是有些遗憾的是严仲子后来的命运在史书上却找不到踪迹。不过扶栏客猜想，这样一个阴毒的政客恐怕很难得到任何一个诸侯的信任了；如果后来严仲子再次得到韩列侯或者其他诸侯的重用并且有所建树，史书上不可能找不到蛛丝马迹，这就是典型的损人不利己。

在这个故事里，大度而宽厚的侠累、勇猛而仁孝的聂政、刚烈而坚强的聂荣都是难得的好人，可是最终他们被一个冷酷、自私、残忍和卑鄙的坏人严仲子害死了，三个好人和一个坏人也因此而被载入了史册，这就是中国历史和中国文化耐人寻味的地方。

扶栏客曰

无论是从现实利害得失的角度来分析，还是从严仲子人品的角度来分析，聂政牺牲自我的行动似乎都不值得，然而这就是残酷的社会现实，聂政这样的草根阶层，如果不拼上性命怎么可能在《史记》里留下自己的姓名呢？

十二

错位人生

荆轲

个性关键词：好学　上进　理想主义　忠义　守信　清高

“北漂”文艺青年

《史记·刺客列传》记载：“（聂政刺杀韩相侠累）其后二百二十余年秦有荆轲之事。”实际上聂政刺杀侠累发生在公元前397年，而荆轲刺秦王发生在公元前227年，两个事件之间正好相差170年。

荆轲是卫国人，不过他的先祖本来是齐国人，后来移民到了卫国，在卫国荆轲被人称作庆卿。再后来荆轲辗转来到了燕国，燕国人又称呼他为荆卿。

年轻的荆轲热爱读书，钻研剑术，称得上是一位全面发展的好学生。

好学生荆轲不仅积极要求进步，而且胸怀大志，他在卫国的时候曾经主动向当时卫国的老板卫元君推销自己的政治理念和发展战略。遗憾的是卫元君并不像荆轲那样胸怀大志，荆轲的热情遭到了冷遇。后来这位抛弃了荆轲的卫元君遭到了历史的淘汰，在秦国占领魏国大片领土并建立东郡以后，卫元君及其家族亲信被秦王迁徙到了野王。

《史记·刺客列传》：“荆卿好读书击剑，以术说卫元君，卫元君不用。其后秦伐魏，置东郡，徙卫元君之支属于野王。”

荆轲的家境应该比较殷实，早年的荆轲身上丝毫没有亡命杀手的影子，他更像是一个四处游学、追求真理和进步的知识青年。

读万卷书还要行万里路，这是中国式人才成才的普遍公式。公元前两百多年的某一天，满腹学问的知识青年荆轲离开了故乡卫国，开始了自己的游学生涯。他一路向北而来，首先来到了赵国。

青年学子荆轲在榆次遇到了当时江湖上著名的剑客盖聂。

初生牛犊不怕虎的荆轲见到了江湖上成名已久的前辈，不仅没有跪下拜师，反而以一种追求真理的学术精神主动找盖老师探讨剑术理论。盖老师成名已久，显然看不起荆轲这种不知天高地厚的小青年，更不屑与无名之辈探讨理论。因此当盖老师看到幼稚的荆轲在自己面前信口雌黄地高谈阔论，其内心的厌烦毫不掩饰地表达出来，不过盖老师是剑客而不是教授，因此盖老师当时表达厌烦的形式不是用语言而是用眼神。

盖老师愤怒地看着滔滔不绝的荆轲，像剑一样锋利的眼神刺向了潜心研究剑术理论的青年学子荆轲。面对着杀气腾腾的眼神，荆轲泛滥的长篇大论像滚滚长江遇到三峡大坝一样被硬生生地截流了。荆轲突然发现当时整个房间里只有自己在说话，而盖聂老师正在愤怒地注视着自己，眼神如剑，气势如虹，这大概就是传说中的剑气，也就是剑客应该具备的气质。环绕在盖老师周围的弟子们也正以一种充满敌意和鄙视的眼神观察着荆轲，仿佛荆轲不是来向盖老师讨教的青年学子，而是入侵地球的外星生物。

知识青年荆轲顿时觉得非常无趣、非常尴尬、非常压迫，于是他非常礼貌地向盖老师告辞后离开了。

荆轲离开以后，盖老师身边的有些弟子觉得这个年轻人有点意思，他们或许想见识一下这个年轻人的真本事，况且荆轲只是来探讨剑术理论，并没有表现出任何敌意，用这样的冷暴力把他赶走似乎也有些失礼，于是他们建议盖老师把荆轲找回来。盖老师对荆轲这种把闯荡江湖当成留学镀金的小青年非常了解，他认为荆轲已经受了强烈的刺激，不会再回来了，盖老师对自己锋利的眼神非常自信："曩者吾与论剑有不称者，吾目之；试往，是宜去，不敢留。"荆轲并不是第一个被盖老师用锋利的眼神吓跑的人，过去被盖老师用剑一般的眼神攻击过的人都迅速逃离了，盖老师相信荆轲也不会例外。

为了证明自己眼神的杀伤力，盖老师派人去荆轲住的旅馆请他回来。过了不久，盖老师派去的人回来说荆轲果然已经结账离开了榆次。盖老师用锋利的眼神送走了好学的知识青年荆轲，再次自信地总结了自己兵不血刃的眼神威力："固去也，吾曩者目摄之!"（肯定已经走了，我的眼神把他震慑了！）

盖聂怎么也不会想到，因为自己曾经用锋利的眼神攻击过一个不知天高地厚的小青年，最终自己也有幸被司马迁写进了《史记》，因为那个被他用眼神赶跑的小青年就是后来因为刺杀秦始皇而扬名天下的刺客荆轲。喜爱武侠小说的读者一定对各种版本的武侠小说里剑客论剑的场景印象深刻，绝世高手之间的比武论剑无不翻江倒海、山崩地裂，如果搬上荧幕，通常都要动用大量的特技和高科技手段。仿佛不耗费若干吨的炸药和雷管，不运用神乎其神的电脑合成技术，广大观众就难以体会到绝世剑客的精妙武功和深厚内力。然而在司马迁的笔下，战国时代著名剑客的论剑却是另一个版本，一个用眼神就可以任意驱逐任何人的剑客，其深厚精湛的内力和出神入化的境界给读者和观众留下了更加宽广和丰富的想象空间。某著名武侠小说作家曾经说过“手中无刀，心中有刀”，借用这句话形容盖聂就是“手中无剑，眼中有剑”。比较《史记》里的剑客论剑和武侠小说里的剑客论剑，可以发现盖聂的论剑像国画山水，数笔水墨便勾勒出险峻山川，意境深远，需要观众静下心来品味；而武侠小说里的高手论剑如美国大片，轰轰烈烈的高科技堆砌成宏大场景，惊险刺激，长期观赏难免审美疲劳。

荆轲离开了，司马迁并没有描写荆轲离开榆次时的心情，不过有一点或许可以肯定，那就是荆轲错过了一个跟随盖聂学习并成长成为一名高手剑客的机会。盖聂对待荆轲的态度是大多数高手对待低手的态度：一个从未杀过人，甚至从未与人动手比武的小青年偏偏要和历尽江湖的高手盖老师探讨剑术理论，当然是荒唐的。盖老师当然不愿意浪费时间听荆轲发表幼稚的长篇大论。其实，盖老师对荆轲怒目而视，其实是在以自己的方式与荆轲论剑。剑是一种武器，如果一定要形而上地拔高高度，那么在盖聂看来剑绝不是文字语言总结的理论，而是一种压垮对手的气势，一种必胜无敌的信念，一种无我无欲置生死于度外的态度。盖聂用眼神在与荆轲论剑，这种论剑方式既是对荆轲纸上论剑的否定，也是在考验荆轲，一个连锋利的眼神都禁不住的孩子怎么可能面对真正的生死相搏呢？事实上荆轲并不是一个懦弱的年轻人，否则日后他也不会接受刺杀秦始皇的亡命任务，但是或许盖聂的眼神伤害了荆轲的自尊心，或许荆轲不愿意再给盖老师添麻烦，总之荆轲选择了离开。

尽管如此，荆轲仍然错了，对于一个需要与敌人生死相搏的刺客来说，过于强烈的自尊心也是致命的弱点，尤其在荆轲还没有成为高手之前——当然或许当时的荆轲很可能并没有意识到有一天自己会成为一个需要与人生死相搏的刺客。

荆轲继续在江湖上游学，后来他来到了赵国首都邯郸。在这里知识青年荆轲再次受了刺激。在邯郸荆轲遇到了高人鲁句践，虽然在榆次遭到了盖老师锋利眼神的攻击，荆轲仍然保持着知识青年的学术精神。为了与高人切磋，荆轲和鲁句践下了一盘棋。荆轲追求真理的性格让他在是非对错的问题上毫不妥协，后来荆轲居然因为下棋的技术问题与鲁老师产生了争论。鲁老师也是江湖上成名已久的前辈，前辈本能地反感后辈挑起争论，于是鲁老师叱责了荆轲，荆轲再次闭嘴离开了。

《史记·刺客列传》：“荆轲游于邯郸，鲁句践与荆轲博，争道，鲁句践怒而叱之，荆轲嘿而逃去，遂不复会。”（**点评：荆轲游学的路上与两位大师遭遇**

后躲避争端的表现，反映了荆轲身上的一种知识分子的清高，正是这种清高后来被人利用导致了荆轲的人生悲剧。）

自尊而好学的知识青年荆轲就这样一路走一路望，最后终于来到了成就或者毁灭他的燕国。在燕国，接连遭受打击的荆轲交了两个好朋友，一个是以杀狗为生的屠夫，一个是著名的音乐家高渐离。高渐离擅长演奏一种名叫筑的乐器，在《史记》中他被称为“善击筑者高渐离”。筑是一种外形类似于古琴的乐器，弹奏的时候用竹制的小棍敲击发出声音。在中国古代，屠夫的性格多半都很豪放，而音乐家的性格多半都很洒脱，三个人虽然人生不同，但是相似的性格让他们走到了一起。

在燕国的那段时光是荆轲一生中最快乐、最潇洒的日子。

我们知道荆轲是一个性格慷慨洒脱的青年，在中国历史上具有这样的性格的名人似乎都好喝两口，比如李白和陶渊明。荆轲当然也不例外，幸运的是荆轲的两位好朋友，豪放的杀狗屠夫和洒脱的音乐家高渐离也喜欢那种酒后飘逸的感觉。于是在荆轲来到燕国以后的很长一段时间，燕国首都的人们经常看到三个亲密的好朋友一起喝酒，然后一起喝高。喝高了以后音乐家高渐离就演奏筑，然后荆轲就放声高歌。有时候或许是音乐触动了荆轲内心的某处柔软或者刚强的地方，荆轲唱着唱着就哭了起来。喝高了以后唱，唱高了以后哭，此时的荆轲放浪形骸，旁若无人，全然不顾周围围观群众的感受。这样一个年轻人怎么看都不像一个刺客，而更像一个“北漂”艺术家。事实上当年的荆轲的确是一个货真价实的“北漂”，自从离开了位于今天河南境内的故乡卫国，荆轲一路北上最后来到了位于今天河北、辽宁境内的燕国。

“北漂”的日子是快乐的，也是寂寞的。

具有艺术家气质的知识青年荆轲不仅爱喝酒，还博览群书，在他游历的路上结交了很多各国的社会名流。就在荆轲来到燕国当“北漂”的期间，他结识了一位后来改变他命运的燕国处士田光。我们知道处士在中国传统文化里是一种非常清高的世外高人，严格地说，处士的清高，其高度甚至高过隐士。隐士与处士最大的不同在于隐士是可以当官的，至少他们不排斥当官，甚至有的隐士还有强烈的当官愿望，比如三国时期的诸葛亮在出山之前就是隐士。然而处士是不做官的，他们为了追求人格上的独立抵制成为体制的一部分，他们对体制最可能产生影响的方式最多也就是作为当权者的顾问提出合理化建议。因此田光虽然是高人，但是他并没有进入燕国的领导班子，不过既然田光被称为处士，他当时至少也是在燕国享有盛誉的名人了。

田光和荆轲交往以后，发现这个年轻人有思想、有知识、有能力，是一个难得的人才。《史记·刺客列传》："荆轲虽游于酒人乎，然其为人沈深好书；其所游诸侯，尽与其贤豪长者相结。其之燕，燕之处士田光先生亦善待之，知其非庸人也。"

知识青年荆轲从故乡卫国一路走来，遭受了很多挫折和打击，终于在燕国找到了可以一起喝酒唱歌的好朋友和欣赏自己的高人，于是荆轲决定留了下来继续自己的"北漂"生活。不过在当时荆轲的圈子里，除了杀狗卖肉的屠夫就是玩音乐的艺术家还有超然世外的处士，因此那个时期的荆轲虽然快乐，但是仍然默默无闻。

从两小无猜到势不两立，秦始皇和太子丹的关系之谜

直到有一天燕国的太子丹回到了自己的祖国。太子丹的归来终于成全了荆轲名垂《史记》的历史地位。

燕国的王族姓姬，排起家谱来，燕王家族和周王朝的王室是一脉相承的实在亲戚。因此太子丹的全名应该叫作姬丹。姬丹是燕王姬喜的儿子，后来被立为燕国的太子。太子这种职业在和平年代听起来很风光，但是在战国那个战火不断的乱世，太子实在是一种压力很大、风险很高的"职业"。战国时代诸侯国之间为了实现联盟的关系，很多国家只好把太子抵押给盟友国家作为保证，比如楚顷襄王熊横和楚考烈王熊完父子。太子丹的命运与熊横和熊完很相似，在他年轻的时候先是被抵押给赵国，后来又被抵押给秦国。当太子丹在赵国充当抵押人质的时候，他遇到了那位后来统一六国的千古大帝秦始皇。那时候秦国王子子楚当时在赵国当人质，在赵国期间生下了嬴政，也就是后来的秦始皇。

在邯郸的那段岁月里，两个遭遇相似的孩子同病相怜，他们一起游戏、一起聊天，一起慢慢地长大。

造化弄人，随着时光的推移，当时两个童年亲密无间的孩子后来迎来了截然不同的命运。嬴政后来跟随父亲回到了秦国，在吕不韦的精心策划下，嬴政的父亲当上了秦国的国王，他就是秦庄襄王。秦庄襄王是一位短命的国王，他在位了三年以后就死去了。就这样少年嬴政登上了秦国的王位，那一年嬴政十三岁。

大约在嬴政登上王位后十几年，燕王喜为了争取秦国的支持，把自己的儿子太子丹送到了秦国抵押。自从嬴政跟随父亲离开邯郸以后，嬴政和太子丹已经有十多年没有见面了，此时的秦王嬴政和太子丹都已经是二十多岁的青年了。即将见到阔别多年的儿时玩伴，太子丹喜出望外，两小无猜的小哥们现在已经是秦国的国王了，太子丹有理由相信自己在秦国的日子应该是开心和滋润的。然而事实证明友谊这种珍贵的资源往往会因为地位的变化而变化，尤其对于太子丹和嬴政这种出身王室家庭的孩子更是如此。

此时的嬴政已经是秦国的国王，他不仅掌握着当时最强大的军队和国家机器，还肩负着几代秦王为之奋斗的、统一天下的历史重任。然而此时太子丹的身份和在赵国的时候没有任何区别，他不仅没有得到权力，甚至没有人身自由和独立人格，他仍然是一件“抵押物”。

高居在王座上的秦始皇冷漠地注视着站在下面仰望自己的太子丹，不仅没有表现出久别重逢的高兴，反而向自己昔日的伙伴展现了帝王特有的冷酷。

太子丹很受刺激，虽然燕国是一个小国，不过太子丹和荆轲一样，都是自尊心很强的青年。如果太子丹从来不认识那个高高在上的秦始皇，或许他也不会这么痛苦，往日一起朝夕相处、分享快乐的小伙伴现在不仅可以主宰天下的命运，而且还可以主宰自己的命运。尤其让太子丹伤心的是，自己过去的小哥们儿不仅没有善待自己，甚至有意地在增加太子丹身为人质的屈辱和痛苦，仿佛太子丹不是自己以前的朋友，倒像是他的仇人。太子丹疑惑了很久，怎么也想不起来自己什么时候得罪过秦始皇，事实上在邯郸的时候嬴政只是一个人质王子的儿子，这样的身份是不容易被得罪的。

不管太子丹有没有得罪过秦始皇，反正现在秦始皇得罪了太子丹，因为他对太子丹很不好，让太子丹很受伤。太子丹咽不下这口恶气，他后来找了一个机会逃回了燕国。

《史记·刺客列传》：“燕太子丹者，故尝质于赵，而秦王政生于赵，其少时与丹欢。及政立为秦王，而丹质于秦。秦王之遇燕太子丹不善，故丹怨而亡归。”

从《史记》的这段记载来看，形容儿时的秦始皇和太子丹的关系是一个字“欢”，而当太子丹来到秦国以后，秦始皇对待他的态度是两个字“不善”，前后反差如此悬殊很值得琢磨。虽然秦始皇以冷酷无情著称，不过他对待太子丹的态度仍然有些不合情理。抛开两个人过去的感情不说，从事业角度出发秦始皇也不该这样对待燕国的太子。实际上当时的燕国和太子丹还不是秦始皇直接的对手，当时秦始皇最大的敌人是与秦国东边接壤的三晋之国（赵、韩、魏），以及与秦国在南边接壤的楚国。燕国和秦国之间隔着三晋之国，因此根据秦国分化瓦解、各个击破的统一战略，从国家最高利益出发，此时秦始皇应该善待太子丹才合理。如果秦始皇善待这位昔日与自己感情深厚的小兄弟，至少可以降低燕国与三晋之国联合抗秦的风险，日后也不会出现在秦国大殿上荆轲刺秦王的惊心动魄。如果秦始皇的统战工作做得好，燕国在太子丹的领导下举国接受秦国的整编，促使秦始皇完成和平统一也不是完全没有可能。

不过秦始皇偏偏这样既不近人情又违反统一战略地刺激了太子丹，最后终于把太子丹彻底推向了坚决反秦的阵营。说通俗一点，秦始皇对待儿时的朋友太子丹有点“变态”，不过一个人是不可能在一天之内就变态的，正如秦始皇不可能在一天之内统一六国。秦始皇对待太子丹的变态态度或许跟他的身世有关，而太子丹正是他痛苦的回忆当中的一个重要坐标。《史记·吕不韦列传》上明确记载了吕不韦把怀上了自己孩子的美女送给了当时在赵国当人质的秦国王子子楚，后来这位美女生下了嬴政，而子楚后来成为秦庄襄王。这样的说法既然写进了《史记》，在当时的邯郸当然不会没有人知道，而太子丹正是在那个时期与童年的嬴政一起玩耍的小伙伴。后来在秦始皇登上王位以后，那位吕不韦“过户”给秦庄襄王的美女就当上了太后。虽然当上了太后，不过当时这位创造了历史的美女仍然年轻，因此太后和吕不韦仍然藕断丝连。吕不韦知道这样的不轨之恋是在玩火，为了避免自己身败名裂，吕不韦就想给自己找一个替身，于是他推荐了一位著名的“猛男”嫪毐给太后。后来太后把这位“猛男”接到了宫里同居，然后生下了两个孩子，论起来这两个孩子应该管秦始皇叫大哥。不过当时已经贵为大国君主的秦始皇听说自己多了这么两个弟弟心情非常抑郁，然而作为儿子，他只能睁一只眼闭一只眼，谁让自己的老爸死得早呢。

如果嫪毐的活动范围仅仅局限在太后的后宫，秦始皇也许还能和自己母亲的男朋友相安无事，毕竟这种事在开放而混乱的战国时代并不罕见，比如苏秦就是燕易王母亲的男朋友，而燕易王在得知了母亲和苏秦的恋情后反而对苏秦非常厚待。然而嫪毐偏偏不是一个只甘心吃软饭的“小白脸”，而是一个野心勃勃的“猛男”。“猛男”嫪毐很会搞政治，他不仅利用太后的宠爱在朝中结党营私，甚至与太后密谋一旦秦始皇去世就立自己和太后生的儿子当秦王。当时的形势非常明显，“猛男”嫪毐已经不甘心只做太后的情人了，他要成为未来的秦王之父，照这样发展下去嫪毐必然谋反，他的计划就是害死秦始皇，然后让自己的儿子当秦王。

年轻的秦始皇当然不会给嫪毐这个机会，否则后来中国的历史只好改写，在公元前238年的某一天，秦始皇突下杀手逮捕、诛灭了“猛男”嫪毐及其党羽，连两个同母异父的兄弟都没有放过。

秦始皇诛灭嫪毐发生在他登上王位的第九年（公元前238年），三年后，也就是秦始皇十二年（公元前235年），吕不韦饮下了自己亲儿子送来的毒酒。燕国太子丹从秦国逃亡回到燕国发生在吕不韦被毒死以后的第三年，也就是秦始皇十五年（公元前232年），从这一系列的事件发生的时间来看，太子丹来到秦国当人质正好是秦始皇铲除嫪毐和吕不韦之后不久。可以想象生活在这样一个混乱而淫荡的家庭，年轻的秦始皇遭受了怎样的心灵摧残和折磨，而此时的秦始皇刚亲手干掉了自己老妈的男朋友、自己同母异父的弟弟和自己的亲生父亲，即使是强大的千古一帝，此时的秦始皇也很难保证不出现抑郁、狂躁、多疑、脆弱的心理问题。太子丹的出现让那些秦始皇正在努力淡忘的痛苦和耻辱再次出现在了年轻帝王的眼前，眼前儿时的玩伴提醒高高在上的秦始皇，他本来不过是邯郸城一个商人和歌伎的私生子，他的身上流淌的根本不是高贵的王族血液。

这或许就是“秦王之遇燕太子丹不善”的真正原因，当然这只是扶栏客的一家之言，或许这样分析可以帮助我们理解秦始皇和太子丹之间复杂和微妙的关系，以及后来两人之间势不两立的矛盾。（**点评：太子丹对秦始皇的仇恨绝非一般的国家之间的矛盾，扶栏客的解读并不是权威的结论，却为这桩千年公案提供了一种新的视角。历史不是利害计算下的简单推进，历史当中人的情绪和感情掺杂其中，增加了历史的复杂性、偶然性，也增加了研究历史的趣味性。**）

《史记》中并没有详细记载秦始皇是怎样对太子丹“不善”的，不过有一点可以肯定，秦始皇的态度让太子丹遭受了终生难忘的耻辱和痛苦，从此以后太子丹与秦始皇这两个儿时的好朋友变成了一对不共戴天的仇人。

太子丹回到燕国以后时刻没有忘记自己在秦国遭受的耻辱，他一定要让秦始皇感受一下自己曾经遭受的耻辱和痛苦。然而燕国毕竟是一个小国，如果采取常规手段太子丹是无论如何也没有机会报复秦始皇的，而且只要秦国不主动威胁燕国的安全，当时太子丹的父亲燕王喜也绝没有胆量招惹那个虎狼之国的君主。后来随着秦国征服和统一的脚步逐渐逼近燕国，太子丹复仇的机会终于来了。

逆潮流而动的复仇

太子丹逃回燕国的同一年，即秦始皇十五年，秦国兵分两路对赵国发动了大规模侵略战争。其中一路大军打到了邺，一路大军打到了太原，占领了狼孟、番吾。后来秦军遭遇了名将李牧率领的赵军，这才撤军。秦始皇十七年（公元前230年），秦国大将内史胜率领秦军灭掉了韩国，俘虏了韩安王，秦始皇在韩国故地设立了颍川郡。

从战国的地图上可以看到，以今天的陕西为统治中心的秦国要想进攻位于今天河北、辽宁和内蒙古东部的燕国，最直线的一条道路就是穿过位于今天山西的赵国的领土。随着秦国对三晋之国的蚕食和吞并，特别是赵国逐步走向灭亡，燕国的领土像一个被剥开苇叶的粽子，逐渐暴露在了秦国大军的面前。

现在连不愿意惹事的燕王喜也明白了秦国与燕国之间的关系已经是势不两立了，于是召集群臣商量对策。太子丹听说秦国的主力大军正在逼近燕国，立刻意识到这是一个国仇私恨一起报的好机会，但是当时的太子丹仍然很茫然，他不知道面对这样一个强大的对手应该如何出招。太子丹找到了自己的师傅鞠武商量。鞠武显然没有与秦国为敌的心理准备，他认为秦国当时的势力已经不可阻挡，他对太子丹说："秦地遍天下，威胁韩、魏、赵氏，北有甘泉、谷口之固，南有泾、渭之沃，擅巴、汉之饶，右陇、蜀之山，左关、殽之险，民众而士厉，兵革有馀。意有所出，则长城之南，易水以北，未有所定也。奈何以见陵之怨，欲批其逆鳞哉！"鞠武的话实在有点"长他人之气、灭自己威风"，不过他说的确实是事实，当时的秦国无论是领土面积还是军事实力都是七国当中最强大的一个王国，鞠武认为太子丹不应该因为自己在秦国受了委屈就去与这个天下最强大的王国为敌。

"批其逆鳞"四个字很有意思，"逆鳞"这个词是一个在专制时代的政坛上非常常用的典故。发明这个词的人就是法家的创始人韩非子。在《韩非子·说难》当中有这样一句话："夫龙之为虫也，柔可以狎而骑也，然其喉下有逆鳞径尺，若人有婴之者，则必杀人。人主亦有'逆鳞'，说者能武婴人主之'逆鳞'则几矣。"可见"批其逆鳞"是指臣子触犯君主，也就是以下犯上的意思。因此鞠武引用这个典故其实就是坚决否定了太子丹企图报复秦始皇的可行性和合法性，鞠武显然已经认同了秦始皇统一天下是大势所趋。不仅如此，鞠武认为太子丹也应该顺应历史潮流，如果他一定要报仇雪恨，那就是以下犯上的“批逆鳞”，这样的举动不仅是自不量力，甚至是大逆不道的。

燕国太子的师傅对待秦国都是这种态度，可见对抗秦国在当时已经是一件众人都认为不可能完成的任务。

鞠武的分析虽然有些道理，不过这个道理却是太子丹无法接受的道理：按照鞠武的逻辑太子丹除了投降或者逃避没有更好的选择，复仇更是不切实际的异想天开。太子丹不甘心就这样接受失败的命运，他追问鞠武：“然则何由？”（那该怎么办呢？）

鞠武其实已经彻底否定了太子丹的想法，对抗秦国是不可能成功的，太子丹还要继续这样追问，鞠武实在不知道该如何安慰太子丹那颗年轻气盛而又伤痕累累的心了，他只好说：“请入图之。”（请让我好好想想。）

不知道是太子丹不理解“批其逆鳞”四个字的含义，还是揣着明白装糊涂，自己的师傅鞠武分明已经在内心向秦始皇投降称臣了，太子丹却非要逼着这位知识渊博的老头讨要对抗秦国的主意，这真是强人所难。鞠武实在没办法了，他只能敷衍着、拖延着，希望时间能冲淡太子丹的仇恨。

无奈的命运，被选择的杀手

时间并没有冲淡太子丹的仇恨，反而把秦始皇的另一位仇人带到了燕国，这个人就是樊於期。樊於期本来是秦国的将军，后来因为某个原因得罪了秦始皇。得罪了秦始皇的人如果不跑就得死，樊於期选择了跑。为了活命，樊於期逃出了秦国，一路来到了燕国。秦始皇得知樊於期逃跑的消息，一面下令把樊於期留在秦国的家族全部逮捕以后斩杀，一面悬赏千金和万户食邑一定要得到樊於期的脑袋。

与太子丹在秦国遭受的侮辱相比，樊於期遭受的伤害更大，看到苦大仇深的樊於期来到燕国投奔自己，太子丹突然有了一种找到知己的感觉。于是亡命天涯、无家可归的樊於期在太子丹的庇护下在燕国终于开始了相对安定的生活。不过这事却把太子丹的师傅鞠武吓坏了。

鞠武急忙找到太子丹，建议太子丹尽快把樊於期这颗“冒烟的炸弹”扔出去，他说："夫以秦王之暴而积怒于燕，足为寒心，又况闻樊将军之所在乎？是谓'委肉当饿虎之蹊'也，祸必不振矣！虽有管、晏，不能为之谋也。愿太子疾遣樊将军入匈奴以灭口。请西约三晋，南连齐、楚，北购于单于，其后乃可图也。"鞠武认为秦始皇本来就对燕国不怀好意，现在燕国又收留了秦始皇的仇人樊於期，这就像把肉扔到了饥饿的老虎散步的小路上，分明就是招灾惹祸的无知行为。鞠武认为不仅自己没有能力收拾这样的乱局，即便管仲和晏婴这样著名的能人也没办法。鞠武建议太子丹尽快把樊於期送到匈奴，这样秦国就没有了进攻燕国的借口。稳住了秦国，鞠武再去联合赵、魏、韩、齐、楚等其余五个国家，然后收买北方的匈奴作为燕国的外援，这样才可能和秦国对抗。

由于受到了太子丹收留樊於期的刺激，鞠武终于给自己的徒弟太子丹出了一个看似靠谱的主意，这个主意其实并没有什么新意，无非就是苏秦长期推销的"合纵主义"。不过客观地说，在当时的形势下，除了联合各国一起抗秦似乎也不可能有更高明的主意了。然而太子丹显然对师傅的这个主意不感兴趣，"合纵"要是真管用，太子丹就不用被送到秦国当人质受那份刺激了。

太子丹当场否决了师傅的建议："太傅之计，旷日弥久，心惛然，恐不能须臾。且非独于此也，夫樊将军穷困于天下，归身于丹，丹终不以迫于强秦而弃所哀怜之交，置之匈奴，是固丹命卒之时也。愿太傅更虑之。"联合各国共同抗秦决不像召集几个朋友打一场球那么简单，各国虽然都遭受了秦国的侵略和威胁，不过各国之间却是非常复杂的典型博弈关系，即使是像苏秦那样杰出的纵横家促成抗秦联盟也花费了大量的时间和精力。鞠武想学苏秦，连他的学生太子丹都看出来师傅这是在挑战极限，虽然其志可嘉，不过恐怕自己在可以预见的时间内是很难指望了。况且太子丹自认为自己不同于秦始皇，因为自己是一个讲义气的人，樊於期在穷途末路的时候投奔自己那就是看得起自己，这时候把樊於期送到匈奴那就是向强权屈服而对不起朋友。太子丹为了表明自己和秦始皇势不两立的立场，特别强调了自己打算跟秦国拼命了，希望师傅能给自己再出一个更靠谱一些的主意。

鞠武当然也知道自己出的主意不太靠谱，不过他实在想不出更靠谱的主意了，于是他推荐了一个靠谱的人给太子丹。鞠武说："夫行危欲求安，造祸而求福，计浅而怨深，连结一人之后交，不顾国家之大害，此所谓'资怨而助祸'矣。夫以鸿毛燎于炉炭之上，必无事矣。且以雕鸷之秦，行怨暴之怒，岂足道哉！燕有田光先生，其为人智深而勇沈，可与谋。"

鞠武再次否定了徒弟的想法，他认为太子丹为了结交一个朋友而得罪秦国就像把大雁的羽毛放到炉火上，除了被烤焦以外于事无补。最后鞠武推荐了荆轲的好朋友处士田光给太子丹，为了突出田光是一个靠谱的人，鞠武极力称赞田光有勇有谋，是一位足以托付大事的能人。

鞠武真是够朋友，太子丹非要逼着他去干一件没信心、没把握的事情，鞠武自己做不到就把朋友供出来了，这或许就是所谓的“多个朋友多条路”吧。太子丹是个心眼实在的孩子，他并没有觉察到师傅在敷衍自己，听说有高人可以帮自己出这口恶气，他马上来了兴趣，立刻要求师傅帮自己引见这位高人。

鞠武找到田光，帮太子丹传话，说是太子丹有国家大事跟田光商量。处士虽然不爱当官，却都爱管闲事，何况是国家大事，于是田光亲自来到了太子丹的府上。太子丹听说高人来了，连忙跑出去迎接，“太子逢迎，却行为导，跪而蔽席”。也就是说太子丹倒退着给田光带路，跪下来为田光擦坐席。我们知道战国时期的人们都是席地而坐，坐的地方通常都有一块席子。太子丹家里当然有清洁工，为了强调自己重视高人，太子丹不惜亲自干这种粗活，希望能感动高人田光。田光坐下以后，太子丹让其他人都退了出去，然后亲自走到田光面前向这位高人请教：“燕秦不两立，愿先生留意也。”由于国仇私恨，燕国和秦国势不两立，太子丹请田光帮自己出个主意。

高人田光当然了解当时燕国和秦国的形势，然而他和鞠武一样实在也想不出比“合纵主义”更靠谱的主意。于是他也学习鞠武，既然没有靠谱的主意，那就推荐一个靠谱的人，田光推荐了荆轲：“臣闻骐骥盛壮之时，一日而驰千里；至其衰老，驽马先之。今太子闻光盛壮之时，不知臣精已消亡矣。虽然，光不敢以图国事，所善荆卿可使也。”田光的回答告诉我们，当时的田光和鞠武一样，都已经不再年轻了，他们早已经过了创造奇迹的年纪，或者说他们的年纪让他们不再敢于相信奇迹。从鞠武到田光，两位老头一个比一个谦虚，最后创造奇迹的重担终于以泰山压顶之势倒在了荆轲的身上。

或许当时的田光的确已经足够老，老得连太子丹也看出来他不可能创造奇迹，于是太子丹再次转移了目标，他立刻要求田光帮自己引见荆轲。田光答应了，然后立即告辞。太子丹一路把田光送到了门口，太子丹跟田光第一次见面就托付了如此重要的国家任务，因此难免有些不放心，临别之前太子丹嘱咐田光：“丹所报，先生所言者，国之大事也，愿先生勿泄也！”因为太子丹与田光谈话的时候没有第二人在场，因此太子丹叮嘱田光保守秘密，只要田光不说就没人知道。

田光俯下身笑着说：“诺。”

处士田光弯腰驼背，低调地走到了荆轲在燕国的住处。田光向荆轲讲述了自己向太子丹推荐荆轲的过程，他说因为自己太老了，所以不能完成太子丹交代的国家大事，希望荆轲能去太子丹那里接受任务。荆轲是一个知识青年，也是一个热血青年，他听说自己一向敬仰的田光如此器重自己，就毫不犹豫地接受了邀请。

处士田光虽然老了，但是仍然刚强，他知道自己的这位年轻朋友有激情、有能力，然而创造奇迹不能仅靠激情和能力，还需要决心和气势。老年的处士田光决定把自己生命的残值转化成决心和气势送给荆轲，他说："吾闻之，长者为行，不使人疑之。今太子告光曰'所言者，国之大事也，愿先生勿泄'，是太子疑光也。夫为行而使人疑之，非节侠也。"太子丹临别前的嘱咐本来是一句例行的叮嘱，然而为了激励荆轲，田光决定上纲上线，他说这是太子丹在怀疑自己。身为处士遭人怀疑，田光很难接受，于是田光决定杀身明志："愿足下急过太子，言光已死，明不言也。"田光要求荆轲立刻去见太子丹，送去自己的死讯，以便让太子丹放心自己不会泄露机密。然后田光就自杀了。（**点评：鞠武早就预言了太子丹对抗秦始皇必然失败，然而却不敢坚持自己的主见，为了推卸责任最后把田光和荆轲拖上"贼船"，害得两人死于非命。扶栏客认为这个鞠武做人很不地道。**）

带着田光的口信，荆轲立刻去见太子丹。

田光为自己的自杀行为找的理由实在有些牵强，实际上司马迁把田光自杀的真正理由说得很清楚："欲自杀以激荆卿。"田光的确是条好汉，为了激励自己的朋友创造奇迹，他豁出去了自己，这无疑是史上代价最为昂贵的一次激励。

受到田光激励的荆轲顿时有了一种历史使命感，从这一刻起，"北漂"知识青年荆轲的生命不再属于自己，他已经被历史选择了。

荆轲见到太子丹以后立即向他通报了田光自杀的消息，并且转告了田光临死前所说的话，太子丹没想到那个谦虚、慈祥的老头是这样的刚强和自尊，他被田光震撼了。

太子丹拜了两拜，然后跪下去失声痛哭，如果田光自杀的逻辑成立，那么太子丹就有因为不能信任高人而逼着高人自杀的嫌疑。在那个年头虽然君王们普遍视人命为草芥，不过高人不同于一般人，逼死高人这个罪名在那个重视人才的时代非常严重。太子丹不得不解释了："丹所以诫田先生毋言者，欲以成大事之谋也。今田先生以死明不言，岂丹之心哉！"太子丹说的确实也是事实，他的本意并不是信不过田光，大多数人在相同的情况下也多半会叮嘱田光不要泄露机密，否则万一计划败露，那么燕国就更不可能创造奇迹战胜秦国了。不过田光的本意也并不是为了保密，而是为了推荆轲一把，只不过太子丹是个心眼实在的孩子，所以或许他当时并没有想到田光杀身明志的深意。

太子丹擦干了眼泪，向荆轲求教了："田先生不知丹之不肖，使得至前，敢有所道，此天之所以哀燕而不弃其孤也。今秦有贪利之心，而欲不可足也。非尽天下之地，臣海内之王者，其意不厌。今秦已虏韩王，尽纳其地。又举兵南伐楚，北临赵；王翦将数十万之众距漳、邺，而李信出太原、云中。赵不能支秦，必入臣，入臣则祸至燕。燕小弱，数困于兵，今计举国不足以当秦。诸侯服秦，莫敢合从。丹之私计愚，以为诚得天下之勇士使于秦，窥以重利；秦王贪，其势必得所愿矣。诚得劫秦王，使悉反诸侯侵地，若曹沫之与齐桓公，则大善矣；则不可，因而刺杀之。彼秦大将擅兵于外而内有乱，则君臣相疑，以其间诸侯得合从，其破秦必矣。此丹之上愿，而不知所委命，唯荆卿留意焉。"太子丹和盘托出了他的计划，当时秦国并吞天下的野心已经昭然若揭，当时不仅韩国已经被秦国灭亡，而且楚国也在被秦国一步步地蚕食，王翦更是率领数十万大军兵临漳和邺，李信率领另一支秦军从太原和云中出击。太子丹判断赵国已经顶不住秦国的进攻了，投降是早晚的事，一旦赵国被秦国吞并，燕国就是秦国的下一个目标。燕国是一个小国，倾尽全国之力也不足以对抗秦国，而各国诸侯当时大多已经屈服于秦国，因此合纵抗秦也很难做到。既然依靠兵家和纵横家都无法挽救燕国，太子丹决定开发武林高手通过一种非常规手段去实现战场上无法创造的奇迹。太子丹计划以重利引诱秦始皇，然后找一个高手趁机绑架秦始皇，如果绑架成功就可以效仿曹沫，逼迫秦始皇归还被侵占的各国领土。如果绑架失败就干掉秦始皇。当时秦国大军在各位将军的率领下都在外征战，秦始皇一死秦国必然大乱，这样其他遭受秦国欺压的诸侯就有了可乘之机。

荆轲终于了解了太子丹的计划，也终于明白了田光为什么以死明志，太子丹的计划核心就是四个字"绑架、杀人"，这显然是一个玩儿命的计划，怕死就不可能创造奇迹。太子丹此刻正专注地看着自己，双眼充满了期待，荆轲知道自己就是太子丹认为的那个高手。

然而，荆轲知道自己其实并不是太子丹认为的那种高手，实际上他是一个胸怀大志的知识青年，绑架、杀人既不是他的职业追求，也不是他的专业方向。虽然荆轲喜欢击剑，但是对于一个知识青年来说这种爱好更像是一种强身健体、陶冶情操的体育运动，而不是用来绑架、杀人的技术。问题是此时田光已经死了，自己该怎么跟太子丹解释呢？荆轲沉默了很久，太子丹也等了很久，后来荆轲终于开口了："此国之大事也，臣驽下，恐不足任使。"荆轲说自己能力不足，恐怕不能担当如此重要的国家大事。太子丹是个心眼实在的孩子，由于荆轲只是说自己不行，却并没有像前面的鞠武和田光那样给太子丹推荐一个"行"的人，因此太子丹认为荆轲是在谦虚。于是太子丹非常执着地反复说服荆轲，经过一番艰难的推让，荆轲终于答应了。（**点评：如果荆轲是鞠武，他完全可以将盖聂推荐给太子丹，显而易见，大剑客盖聂才是胜任完成绑架刺杀秦王壮举的最佳人选。不过既然知道凶多吉少，荆轲就不愿意再连累其他人。这就是荆轲的清高，在那个肮脏苟且的世道这种清高足以致命。**）

接受如此重要而玩儿命的国家任务，荆轲当然有必要谦虚一下。但是在扶栏客看来，荆轲当时的推辞或许并不是完全出于谦虚。让一个好学上进的知识青年去绑架、杀人，这事比联合各国合纵抗秦更不靠谱，而且是严重的不靠谱。从荆轲的成长过程来看，在此之前他可能并没有杀过人，甚至很可能没有跟别人打过架。身为家境殷实的富家子弟，荆轲没必要跟别人打架，而由于他洒脱平和的性格，荆轲更不愿意跟别人打架。从前面荆轲在盖聂和鲁句践面前遭遇的挫折来看，荆轲是一个不愿给人添麻烦、更不愿意与人斗争的人，即使吵架他都会极力避免。当然荆轲的确是一个有思想、有能力的青年，要是让他出谋划策参与政治，或者唱歌舞剑搞艺术，荆轲或许都是难得的人才，然而太子丹偏偏让他去绑架、杀人，这实在是太不靠谱了。实在想不通，太子丹和田光凭什么就认定这样一个知识青年适合当职业杀手，历史有时候就是这么不靠谱。

然而，荆轲又是一个不愿意让别人失望的青年，好学生通常都不愿意让别人失望，况且荆轲的知己田光为了激励他已经杀身成仁。田光的死更让荆轲难以启齿，他怎么能告诉太子丹自己其实并不是什么高手，至少不是绑架、杀人的高手，难道田光看错了、死错了吗?

为了对得起死去的朋友，为了对得起错爱自己的老板，荆轲咬了咬牙，接受了这个绑架、杀人的任务。田光死后，荆轲别无选择。荆轲的性格选择了任务，而他自己被历史选择了。

由于荆轲接受了太子丹让他绑架、杀人的任务，因此“北漂”知识青年荆轲的人生从此与众不同。荆轲不仅被拜为上卿，而且搬进了燕国最高档的宾馆。

壮士一去兮不复返

为了让荆轲加快享受生命的快乐，以便早日去干那件玩儿命的工作，太子丹向荆轲提供了所有能够提供的一切，这些物质包括各种美食、奇珍异宝、美女车马。

日子过得很快，荆轲却始终没有要动手的意思。

后来发生了一件大事，这事让太子丹再也不能再等了。韩国灭亡后第二年，秦始皇十八年（公元前228年），秦将王翦在利用反间计除掉赵国名将李牧以后（参见《历史的个性：兵家》李牧篇），率领秦军主力大破赵军，占领了赵国首都邯郸并俘虏了赵王。虽然后来赵国的公子赵嘉被立为代王行使赵王的权力，不过此时赵国的大部分领土已经被秦国占领，赵国实际上已经名存实亡。

随着赵国被秦国吞并，秦国大军已经逼近了燕国南边的国境。那边秦国已经大兵压境了，这边太子丹还在继续腐蚀荆轲，太子丹实在受不了了，他对荆轲说："秦兵旦暮渡易水，则虽欲长侍足下，岂可得哉！"太子丹的话说得很客气也很厉害，秦国大军马上就要攻打燕国了，燕国要是灭亡了，荆轲的腐败生活也就到头了。

荆轲是一个胸怀大志的青年，胸怀大志的人有一个特长，那就是可以一边"腐败"一边想办法。荆轲早就想好了，为了有机会绑架或者谋杀秦始皇，他还需要一个资源："微太子言，臣愿谒之。今行而毋信，则秦未可亲也。夫樊将军，秦王购之金千斤，邑万家。诚得樊将军首与燕督亢之地图，奉献秦王，秦王必说见臣，臣乃得有以报。"荆轲要的资源就是樊於期的人头，当时秦始皇重金求购樊於期的人头已经天下皆知，荆轲认为只要拿到了樊於期的人头，加上燕国督亢地区的地图，就有机会完成使命。如果秦始皇听说燕国不仅杀死了自己的仇人，而且还要把督亢割让给秦国，一定会接见荆轲等燕国使者，在接见的时候荆轲就可以实施太子丹设计好的绑架、杀人计划。

太子丹听说荆轲还没能要了秦始皇的命，却先要求要了樊於期的命，他很不情愿。太子丹说："樊将军穷困来归丹，丹不忍以己之私而伤长者之意，愿足下更虑之！"樊於期穷途末路之际来投奔太子丹，太子丹实在下不了手要了樊於期的命。

太子丹下不了手，荆轲只好自己下手了。

不过荆轲是一个知识青年，他不会自己动手杀人，经过一番晓之以理、动之以情的思想工作，樊於期自杀了。荆轲找到樊於期，对樊於期说："秦之遇将军可谓深矣，父母宗族皆为戮没。今闻购将军首金千斤，邑万家，将奈何？"樊於期不是聂政，虽然他自己成功逃脱了秦国的追捕，不过他的父母亲属都被秦始皇抓起来杀掉了。秦始皇现在又以千金和万户食邑的代价求购樊於期的人头，荆轲想知道樊於期做何打算。荆轲触动了樊於期的伤心之处，他流着泪仰天长叹：

“於期每念之，常痛于骨髓，顾计不知所出耳！”荆轲听到樊於期已经“痛于骨髓”，于是出了一个主意让樊於期死个痛快，他说：“得将军之首以献秦王，秦王必喜而见臣，臣左手把其袖，右手揕其匈（胸），然则将军之仇报而燕见陵之愧除矣。将军岂有意乎？”

荆轲要用樊於期的头去换取秦始皇的信任，然后再接近他、绑架他或者谋杀他，如果荆轲的计划成功，不仅可以化解燕国的生存危机，也可以帮樊於期报仇。燕国的生存危机其实跟樊於期没有直接关系，樊於期自己的血海深仇才是他应该慷慨地捐献人头的理由。樊於期被荆轲说服了，他挽起袖子，露出胳膊激动地表态：“此臣之日夜切齿腐心也，乃今得闻教！”自从得知自己的亲人被秦始皇全部杀害的消息以后，报仇雪恨的念头就像浓硫酸一样腐蚀着樊於期的心，对于不能报仇、只能苟且偷生的樊於期将军来说，他的生活可以用“生不如死、度日如年”来形容。因此当樊於期听说了荆轲的建议，突然之间找到了解脱，只有死亡才能终结那钻心的疼痛和刻骨的仇恨。樊於期自杀了，把人头留给了荆轲。

这是太子丹动了绑架、杀人的念头以后死的第二个人。太子丹听说樊於期自杀的消息，再次痛哭流涕，这真是“生非容易，死非难”。（**点评：太子丹真是行为艺术家，眼泪说来就来，只是为这样一个行为艺术家拼上性命，扶栏客认为实在是不值。**）樊於期死后，太子丹和荆轲的责任更加重大，如何利用好樊於期捐献出来的脑袋并不是一个容易解决的问题。

太子丹用漂亮的礼品盒包装了樊於期将军的脑袋，然后开始寻找一件用来绑架杀人的武器。当时赵国有个著名的匕首品牌名叫徐夫人。徐夫人并不是一位女性，而是一个男人，在当时他是一位以铸造武器著称的武器制造专家。在战国后期徐夫人匕首天下闻名，其品牌知名度堪比后来的王麻子和张小泉。不过与王麻子和张小泉不同，徐夫人走的是高端路线，在那个死亡率极高的时代，匕首的价值显然高于剪刀和菜刀。徐夫人匕首锋利无比，锐不可当，在当时是杀人、绑架、防身、斗殴的必备武器。太子丹花重金买到了一把徐夫人制造的锋利匕首，用来装备杀手荆轲。为了提高徐夫人匕首的杀伤力，太子丹又找来能工巧匠将致命的毒药通过淬火的工艺渗透进了那把锋利的匕首。

为了证明这把剧毒匕首的威力，太子丹做了一个残忍的活体实验，他找了一个活人来试刃。事实证明，这把匕首的确见血封喉，只是被这把匕首刺破了一点伤口，那个作为实验品的倒霉人就当场毙命了。算上田光和樊於期，这是太子丹准备绑架、杀人计划当中死亡的第三个人，也是最冤枉和无辜的人。因为这个人不仅与秦始皇无冤无仇，而且他连名字都没有留下来，或许他只是当时一个微不足道的罪犯或者奴隶，在不恰当的时间以一种不恰当的方式遇到了太子丹，于是就莫名其妙而悲惨无辜地死去了。

为了提高绑架、谋杀秦始皇的成功率，太子丹为荆轲找了一个助手。这位助手是当时燕国江湖上声名显赫的少年亡命徒秦舞阳。秦舞阳十三岁的时候就杀过人，是一个非常危险的少年暴力犯罪分子。与知识青年荆轲温文尔雅的气质不同，秦舞阳是一个杀气腾腾、气势逼人的刀锋少年。当秦舞阳像一阵寒风从燕国的大街上掠过，人们都会本能地低下头，没有人敢和秦舞阳那双充满杀气的眼睛对视。从经历和气质来看，似乎秦舞阳才是绑架杀人的最佳人选，而不是知识青年荆轲。然而，由于鞠武和田光的传递推荐，太子丹任命荆轲为出使秦国的正使，而秦舞阳则是副使。

但是荆轲似乎对太子丹给自己找的搭档秦舞阳并不感兴趣，他在等待一位远方的朋友与他一起去出生入死。这位远方的朋友到底是谁，《史记》上并没有明确记载，或许司马迁老先生自己也不知道。但是有理由相信见多识广、人脉资源丰富的荆轲既然对这位朋友充满期待，这个人一定是个高人，由于这次任务的特殊性，这位朋友很可能就是一个真正的武林高手。

然而当人们需要高手的时候，高手总是离得很远，荆轲等了很久都没有等到那位高手朋友出现。荆轲还想再等，太子丹却等不了了，他找到荆轲以一种极其客气而又咄咄逼人的方式提出了建议：“日已尽矣，荆卿岂有意哉？丹请得先遣秦舞阳。”（**点评：荆轲为什么不顺水推舟？清高害死人。**）太子丹怀疑荆轲是否真的要去干这件玩儿命的工作，毕竟这是一件有去无回的任务，况且荆轲一开始并不情愿接受这个任务。面对相同的情况，大多数人都会后悔，何况是本来拥有大好前途的知识青年荆轲。所以太子丹建议如果荆轲不想去，那不如派秦舞阳先去，工作总要有人来干，离了秦始皇地球一样可以转，离了荆轲秦始皇一样可以死。自尊的荆轲受了刺激，他可以容忍别人冒犯和挑战自己，却不能容忍别人怀疑他的诚信和人品。荆轲愤怒了：“何太子之遣？往而不返者，竖子也！且提一匕首入不测之强秦，仆所以留者，待吾客与俱。今太子迟之，请辞决矣！”（**点评：易怒之人，有热血而无机智，荆轲注定是悲剧的主角。**）

太子丹对荆轲的怀疑让他很受伤，他认为绑架、谋杀秦始皇不是意气用事，面对这样一个当时天下最强大的敌人，绝不是想跟人家玩儿命就能玩儿命的。要完成这样一件几乎不可能完成的任务，没有有力的助手是很难成功的，所以自己要等一个高手来助阵。在荆轲的眼里，秦舞阳只是一个杀人不眨眼的罪犯，而不是一个可以托付大事的职业杀手，这两者存在巨大的差距。自尊的荆轲又犯了一个错误，他明知道自己是对的，却没有坚持自己的意见，在太子丹的激将法之下，荆轲赌气地表示立即出发。

公元前227年秋天，易水河边。

寒冷的风从北方吹来，提醒人们到了一年当中蛰伏的季节。一群人白衣白帽出现在易水河边，他们是太子丹和太子丹的食客们。荆轲的老朋友著名的音乐家高渐离也来了，他抱着那把筑，那把陪伴荆轲度过了忧伤而难忘的青春岁月的筑。

易水河畔，高渐离弹奏的音乐响起，荆轲开始高唱那首中国历史上最悲情、最煽情的离歌："风萧萧兮易水寒，壮士一去兮不复返！"（**点评：这一幕后来在各种文艺作品里被反复引用，荆轲为中国的传统文化贡献了一种极致的悲剧审美高度。**）

荆轲的歌曲进入高音，旁听的送行人群被这首高亢而悲壮的歌曲感染得怒目圆睁，怒发冲冠。（复为羽声慷慨，士皆瞋目，发尽上指冠。）荆轲远去了，就像他当年离开故乡开始游学一样，这次他甚至没有回头看一眼身后萧瑟的大地和那萧瑟的人群。

白衣白帽是在戴孝，在送别的人们眼里，荆轲已经死了，他将作为一个烈士载入史册。

徐夫人匕首、王者之剑与药囊的博弈

绑架、杀人的计划先从腐败开始。荆轲到达咸阳以后，立刻带着千金的厚礼拜访了一位名叫蒙嘉的人。蒙嘉的身份在《史记》上的记载是"秦王宠臣中庶子蒙嘉"，也就是一位秦始皇的宠臣。我们知道在秦帝国当中蒙姓是一个显赫的家族。蒙骜在秦昭王时代做过秦国的上卿；在秦庄襄王时代，蒙骜率领秦国大军屡次讨伐韩国和魏国，为秦国拓展了大片领土，并在占领区创立了三川郡和东郡。蒙骜的儿子蒙武和孙子蒙恬都是秦帝国赫赫有名的战将，为秦始皇统一大业立下汗马功劳。

荆轲用千金开路，通过蒙嘉打通了接近秦始皇的关节。蒙嘉拿了荆轲的钱，就替荆轲办事了。他很快就向秦始皇转达了燕国的愿望。蒙嘉的案例告诉我们，权力寻租是一种人类社会中广泛存在的现象。

蒙嘉对秦始皇说："燕王诚振怖大王之威，不敢举兵以逆军吏，愿举国为内臣，比诸侯之列，给贡职如郡县，而得奉守先王之宗庙。恐惧不敢自陈，谨斩樊於期之头，及献燕督亢之地图，函封，燕王拜送于庭，使使以闻大王，唯大王命之。"当时秦国统一天下的征服战争顺风顺水，前方捷报频传，因此当时的秦始皇自然产生了唯我独尊、天下无敌的骄傲情绪。当秦始皇听说燕王因为害怕自己而愿意投降称臣的意愿的时候并没有怀疑，按照蒙嘉的说法，燕王只要能保留诸侯的地位和先王的宗庙，就可以向自己称臣，为了表示诚意，燕王送来了樊於期的人头和督亢地区的地图。

秦始皇非常高兴，虽然当时的秦军战无不胜，但是打仗毕竟需要耗费大量资源，如果燕国能够不战而降，对于统一大业来说实在是最节约的一种方式。秦始皇下令按照最高规格的外交级别接见燕国使者，在咸阳宫秦始皇和秦国群臣穿上了朝服，设置了九宾，等待燕国使者正式送上樊於期的人头和割让土地的地图。九宾是古代外交上最隆重的礼节，有九个迎宾赞礼的官员延引上殿，相当于现在的国家元首接见外国大使的礼节。

咸阳宫，大殿之上群臣侧立两旁，等待燕国的使者送来的礼物。大殿之下两边的武士手持长戟林立，从宫门向里面望去，一条由暴力挟持的大道通向帝国权力核心。在荆轲和秦舞阳眼里这是一条不归路。

荆轲和秦舞阳走了过来，荆轲手里捧着一个精美的礼品盒，里面装着樊於期将军的人头。此刻在黑暗的盒子里，樊於期将军正睁大眼睛等待那个历史性的时刻到来，死或者不死，对于樊於期来说已经不是问题，对于秦始皇仍然是个问题。秦舞阳跟在荆轲的身后，手里捧着一个长匣子，里面是一卷燕国督亢地区的地图。

咸阳宫很壮观，这条路很漫长。从来处来，向去处去，对于荆轲而言，生命就是一个行走的过程。自从若干年前那个不甘平庸的知识青年离开卫国的老家，荆轲就像一头追逐水草的野牛一路走来，此刻眼前壮丽巍峨的咸阳宫或许就是他的归宿。

然而此时跟在荆轲身后的秦舞阳却开始哆嗦了，他突然发现咸阳宫与燕国的大街有很大的不同。市井大街本来就是艰难谋生的良民的天下，在那里敢于以死相拼的亡命徒毕竟是一小撮、极少数，为了养家糊口的大多数见到鲜血和秦舞阳锋利的目光都会本能地躲避。而此刻的咸阳宫却是一个帝国暴力系统的核心，在这里集中了以暴力手段和暴力战略谋生的帝国精英，秦舞阳知道这些人绝非善类。在这里秦舞阳再也看不到那些懦弱的人们和闪躲的目光，此刻大道两旁的武士和大殿上的群臣正以一种居高临下的姿态漠然地注视着从他们面前走过的秦舞阳，仿佛一群老虎注视着一只瘦骨嶙峋的狐狸。

像一个久居内陆的孩子第一次见到大海一样，走进咸阳宫的秦舞阳突然觉得自己非常渺小，面对眼前浩瀚无边的暴力海洋。秦舞阳的勇气和杀气就像海边村庄袅袅升起的炊烟遭遇了强劲的海风，很快就消失得无影无踪。

秦舞阳后悔了，在战国时代或许每天都有在大街上杀人以后成功逃脱的罪犯，然而在王宫里成功绑架、谋杀一国君主以后能活下来的人注定是千年难遇的奇迹。在此之前秦舞阳相信自己有能力创造奇迹，国王的身体也是肉做的，国王也是一条命，一刀捅下去也会流血、也会害怕、也会死亡。然而当秦舞阳走进了巍峨壮观的咸阳宫，他知道此前的想法很傻、很天真，在这样的地方是不可能创造奇迹的，至少秦舞阳知道自己没有这个能力。

明知要死却要慢慢地走过去迎接自己的死亡，这是世上最恐怖的事，此刻秦舞阳已经控制不住自己的身体，他四肢颤抖着艰难前行。

咸阳宫大殿上的群臣注意到了这个惊恐万状的孩子，他们觉得很奇怪，经历这种大场面虽然难免紧张，但是紧张到了秦舞阳这种程度恐怕已经不是一个人竞技状态的问题了。

荆轲也注意到了身后目光散乱、步履蹒跚的秦舞阳和大殿上诧异的目光，他在心里暗暗叹了一口气，人还是需要一点精神的，不管是做杀手还是做写手。（点评：面对强大的气场，昔日著名的亡命徒也“凌乱”了，现在才是真正强者的对决。）

此时荆轲和秦舞阳已经走到了大殿之上，那高高在上的年轻人就是自己此行的目标了。荆轲回过头向已经接近精神崩溃的秦舞阳微微一笑。亡命徒秦舞阳觉得知识青年荆轲的笑容实在好看，这时候还能笑出来，荆轲算得上千古风流人物了。

安抚了秦舞阳，荆轲向大殿上的秦始皇行礼，为秦舞阳的失态向秦始皇道歉：“北蕃蛮夷之鄙人，未尝见天子，故振慴。愿大王少假借之，使得毕使于前。”荆轲提供了一个比较合理的解释，战国时代的文明核心区域位于中原，燕国在当时人们的印象当中是一个接近匈奴的荒蛮之地。按照荆轲的解释，秦舞阳从那个偏僻的地方来到巍峨壮观的咸阳宫，见到了传说中的天下霸主秦始皇，立刻被大城市的大场面震撼了，因此紧张恐惧。

秦始皇并不关心秦舞阳的惊恐，身为一心想要征服天下的帝王他需要人们对他的恐惧，在秦始皇看来真正的征服不是杀人，而是让人们恐惧。秦始皇关心的是秦舞阳手里捧着的地图，那是一块本来需要付出千万将士的鲜血才能征服的土地，而此时它就捧在“情不自禁”的秦舞阳的手里，秦始皇同样“情不自禁”，他非常希望尽快把那张代表领土主权的地图抓在自己的手里。

秦始皇下令：“取舞阳所持地图。”

此刻站在大殿上的荆轲知道属于自己的历史时刻终于到来了。荆轲接过秦舞阳手里的地图，迎着威严的秦始皇走了上去。

荆轲从匣子里取出了地图，燕国督亢地区的大好河山在帝王的面前缓缓展开，当那张地图全部展开的时候，秦始皇看见了一把名牌匕首。

当秦始皇看见匕首时，他的大脑突然一片空白。当时他距离那把名牌匕首的距离不过一米，这一米在当时就是历史的距离。荆轲左手一把抓住秦始皇的袖子，右手抓起了徐夫人匕首向秦始皇刺去。秦始皇从震惊当中恢复了过来，求生的本能让他跳了起来，奋力扯断了袖子，躲过了荆轲致命的匕首。

此时的秦始皇需要一把武器，王者之剑就在他的腰间。秦始皇立刻想拔剑，然而在这生死关头王者之剑却拔不出来了。王者之剑当然不同于士兵的剑或者屠夫的刀，在设计理念上前者与后者存在巨大的差别，简单地说王者之剑是用来衬托帝王威严的，而不是用来砍人的。因此王者之剑更多的是一种形式主义，为了威严、为了体面，秦始皇的王者之剑做得很长、很壮观，与巍峨壮观的咸阳宫相得益彰。然而此时威严的王者之剑由于过长，却拔不出来了，王者的手臂并没有因为形式主义的需要而长得更长，正常人的手臂是不可能用常用的姿势拔出那把不属于正常人用的王者之剑的。

形式主义害死人，这次差点害死了秦始皇，中国的历史也差一点因为形式主义而被改写。可见形式主义并不是可有可无的花架子。

秦始皇只好逃跑，围着咸阳宫大殿上的巨大铜柱躲避着荆轲的追逐，像草原上的兔子遭遇了饿狼，无助而又恐惧。咸阳宫之外天下是秦始皇猎取的猎物，而此时的咸阳宫上秦始皇却变成了荆轲的猎物，这就是历史的辩证法。

秦国的大臣们目瞪口呆，虽然人们生活在历史当中，但是当历史以一种霸道的气势出现在人们面前的时候，人们还是猝不及防、茫然失措。此时的咸阳宫大殿上除了拔不出来的王者之剑就只有一把武器，那就是荆轲手里的徐夫人。按照秦国森严的法度，大臣上殿是不允许携带武器的，而大殿下的武士们只听命于一人，那就是秦始皇。没有秦始皇的命令，武士们绝不能带着武器冲进大殿，这在当时的秦国是制度、是法律，是任何人都不能越过的体制边界。秦始皇的遭遇告诉我们制度和法律当然重要，不过准备好紧急状态下的紧急预案同样重要，否则“形式主义害死人”绝不是一句空话。

咸阳宫大殿上的人们不能这样继续围观了，身为世受国恩的秦国大臣，大家不能看着荆轲追杀自己的君主而无所作为。于是大家围上去开始对荆轲围追堵截，只见咸阳宫大殿上秦始皇在前面拼命地奔跑逃命，身后杀气腾腾的荆轲举刀疯狂追杀，秦国的大臣们乱哄哄地追随在荆轲的身边，伸出无数双手企图阻挡或者抓住荆轲。

这时秦始皇的御医夏无且也跟着大家一起乱，在奔跑的过程中，他发现自己身上背着一个药囊，那本来是他用来吃饭的家伙，此刻夏无且把它当成暗器扔了出去。当夏无且的药囊以每小时一百公里的速度飞向荆轲的时候，荆轲距离秦始皇只有两个身位，这时突然飞过来一个黑影，荆轲本能地闪身躲避，这一躲又拉开了和秦始皇的距离。

在奔跑和追逐当中，终于有人清醒了过来，他们虽然不是王者之剑的主人，但是他们却比秦始皇更了解这种长剑的用法，于是有人喊道："王负剑！"秦始皇也清醒了过来，他立刻把长剑从腰间推到了背后，然后伸手从背后抽出了王者之剑。事情就这么简单，从侧面抽不出来的长剑可以从后背抽出来，可见脑筋急转弯并不重要，重要的是在紧急的时候能够及时转弯。

以短击长，知识青年荆轲失去了优势，秦始皇挥剑砍向了荆轲，锋利、沉重的王者之剑砍断了荆轲左腿，荆轲靠着柱子倒下了。荆轲现学现用夏无且的技术，把剧毒的匕首当成飞刀甩了出去，然而非常遗憾，荆轲不是小李飞刀，飞刀没有遇到鲜血，却遭遇到了坚硬的铜柱，金属相撞，火花四溅。

秦始皇举着王者之剑开始了疯狂的报复，他在荆轲身上又连续砍了七刀，事实证明形式主义的王者之剑也是可以砍人的，只要你有能力拔出来。

荆轲知道自己的生命进入倒计时了，他两腿岔开，靠着铜柱坐在咸阳宫大殿冰凉的地板上，大笑着发表了自己的声明："所以不成者，以欲生劫之，必得约契以报太子也。"或许在荆轲看来，杀死秦始皇并不能解决问题，一个秦始皇死去，还会有另一个秦始皇上台，秦国的政治土壤非常适合生长以统一六国、雄霸天下为己任的君王。荆轲在接受任务的时候就已经做好了效法曹沫的打算，书生意气的荆轲认为只有逼迫秦始皇签订归还各国领土的协议才是彻底解决燕国生存危机的唯一出路。然而咸阳宫不是柯地的神坛，知识青年荆轲也不是以勇力著称的曹沫，秦始皇更不是齐桓公，这样生搬硬套的计划注定无法实现。（**点评：齐桓公当年的目标是成为诸侯的霸主，因此绝对不能失信于诸侯；而此时的秦始皇要消灭天下诸侯，成为天下唯一的主宰，因此效法曹沫迫使秦始皇妥协的想法无异于刻舟求剑，从一开始就是错的。**）

这时武士们终于冲了上来，大家一起举起了武器，知识青年荆轲死去了。

秦始皇坐在王座上失魂落魄，因为自己屁股下面的这个王座，母亲的男朋友想要了自己的命，太子丹想要了自己的命，天下无数人都想要了自己的命。自古高处不胜寒，出头的椽子先得烂，做国王难，做一个企图统一天下的国王尤其难，这是一个多么要命的职业。

事后秦始皇处理了牵扯到此次事件中的各位臣子，虽然《史记》上没有记载，不过那位收受贿赂、引狼入室的蒙嘉肯定是倒霉了，荆轲送给蒙嘉的千金巨款就是购买挟持秦始皇性命的血酬。夏无且因为急中生智以药囊做暗器投向了荆轲，为秦始皇争取了逃命的时间，因此秦始皇重赏了他二百镒黄金。这笔奖金相当于4800万元人民币，比当年严仲子企图送给聂政的那笔钱正好多一倍。考虑到严仲子要聂政刺杀的是韩国的相国，而夏无且救的是秦国的国王，因此秦始皇的这笔奖金数量不仅非常公平，而且非常精确。生命是有价的，国王的生命比相国贵一倍。

秦始皇在给夏无且发奖金的时候动情地说："无且爱我，乃以药囊提荆轲也。"公元前227年的秦始皇即将在六年以后拥有天下，在这个物欲横流的世界上他不缺物质，缺的就是爱。夏无且让自幼孤独的秦始皇体会到了爱，当然这份爱也是有价的，那就是4800万元人民币。这笔巨款既是对国王生命的定价，也是对臣子感情的定价。

建立在法家价值观念之上的秦帝国当时奉行的就是这种逻辑，这也正是秦帝国短命的原因。一个连生命和感情都可以完全用利益得失来衡量的社会是不可能有永远的，而秦始皇偏偏认为自己的帝国可以千秋万代，这就是自相矛盾。

荆轲临死前的声明告诉秦始皇他的这次遇险完全是由自己当年青梅竹马的"发小"太子丹策划实施的，秦始皇对太子丹的感情终于由厌恶转变成了仇恨。虽然当时太子丹来到秦国以后秦始皇对太子丹很不够"哥们儿"，不过他也并没有想要了太子丹的命，然而受了刺激的太子丹却想要了秦始皇的命。太子丹比秦始皇还有个性，这让秦始皇忍无可忍。

公元前227年，秦始皇命令驻扎在赵国的王翦大军立刻向燕国发起进攻，在易水以西秦军与燕军展开了血战。两军实力悬殊，燕军大败。第二年十月，王翦率领秦国大军攻占了蓟，燕王喜和太子丹率领燕国的精锐部队撤退到了辽东，企图在这里长期与秦军对峙。

秦国的猛将李信率领精兵追杀燕王，势不可挡，燕王喜当时的形势已经非常危急了。这时燕王喜收到了代王嘉的信，代王嘉劝说燕王喜把太子丹豁出去以解燃眉之急，他在信里说："秦所以尤追燕急者，以太子丹故也。今王诚杀丹献之秦王，秦王必解，而社稷幸得血食。"代王嘉认为秦军之所以对燕国不依不饶就是因为太子丹激怒了秦始皇，如果燕王喜可以自己动手把自己这个惹是生非的儿子杀了送给秦始皇，那么秦国就会放过燕国，燕国的社稷宗庙就可以得以保全。这位代王嘉是王翦攻占邯郸俘虏赵王迁以后，由赵国大臣们拥立的赵王，虽然当时赵国大部分的领土都已经被秦军占领，不过这位代王嘉仍然是赵国名义上的国王。代王嘉给燕王喜出的这个主意实在是不怎么高明，秦国当时吞并天下的野心已经妇孺皆知，他却要燕王喜牺牲自己的儿子以换取和平，这无异于痴人说梦。代王嘉出的主意高明与否暂且不论，不过当时这位注定要成为亡国之君的代王嘉关心燕国存亡的动机却不应该怀疑。燕国与赵国是唇齿相依的邻国，如果燕国能支撑住残局，至少可以减轻赵国彻底亡国的压力，只是他出的这个主意实在是不懂装懂、自作聪明，充分显示了一个亡国之君应有的智商和情商。如果国王牺牲太子就可以保全国家，那么六国都可以万世长存了，因为国王从来不缺老婆和儿子。

燕王喜看了代王嘉的信，并没有立刻动手大义灭亲，毕竟太子丹是他的亲生儿子。后来李信率领的秦军追杀太子丹的部队，太子丹率领残部逃到了衍水，在那里躲藏了起来。这时的燕王喜或许已经对军事对抗秦国彻底绝望，或许他对自己的儿子也彻底绝望，于是他派人找到了太子丹，然后杀死了太子丹。根据代王嘉的建议，燕王喜希望把自己儿子的人头献给秦始皇，以换取燕国的苟延残喘。不过此时的秦始皇显然已经对太子丹不感兴趣了，燕国军队的不堪一击让他看到了尽快解决燕国问题的希望，因此秦始皇丝毫没有理会燕王喜大义灭亲的行为，他命令秦军继续攻击燕国。荆轲刺杀秦始皇之后的五年，公元前222年，王翦的儿子王贲率领秦军灭掉了燕国，燕王喜被秦军俘虏，这位倒霉的父亲牺牲了儿子并没有换来自己的太平。同一年那个给燕王喜出主意大义灭亲的代王嘉也被王贲大军俘虏，赵国彻底灭亡。就这样燕王喜和代王嘉这两位亡国之君在同一年都成了秦始皇的阶下囚。

艺术家也可以当杀手

第二年，公元前221年，软弱的齐王建自投罗网成了秦国的俘虏，齐国不战而降，至此秦始皇的统一大业终于完成。秦始皇称帝以后开始清算太子丹的历史问题，太子丹和荆轲虽然都已经死了，不过他们的食客们还在。秦始皇下令通缉当年依附于太子丹和荆轲的食客们。这些人生存能力很强，很快都消失了。

故事到此本该结束，不过当年荆轲的那位知己高渐离活了下来。由于杰出的音乐家还活着，因此荆轲的故事得以延续。高渐离为了躲过秦始皇的通缉，隐姓埋名来到了一个叫作宋子的县城，并且在这里找到了一份工作。高渐离的工作是给一个有钱人家当佣人，昔日杰出的音乐人为了活命不得不给人家当苦力，可以想象此时的高渐离是多么的苦闷而无奈。

辛苦劳作的日子日复一日，仿佛没有尽头，直到有一天高渐离听到了熟悉的旋律从主人招待客人的大堂里传来。那天主人在家里开party，请来了很多客人，为了给大家助兴，有一位爱好音乐的客人在大堂上开始演奏筑。高渐离很久没有演奏筑了，为了活下来他曾经决心忘记自己音乐家的身份。然而，此时动听的音乐唤醒了尘封在苦闷生活之下的音乐灵魂，他站在堂下久久不愿离去，一边听一边喃喃自语，点评那位乐手弹奏中的优劣细节。

作为一个出苦力的佣人，高渐离的行为非常反常，引起了同事们的注意，于是有人就向主人汇报了这件事。外行看热闹，内行看门道，同事们都认为在场外指点的高渐离一定是一个内行。主人没想到自己的手下还有音乐人才，非常兴奋，他立刻邀请高渐离来给大家演奏一段。

面对热情的主人和熟悉的乐器，高渐离无法拒绝，他走上堂去为大家即兴演奏了一曲。一曲奏完，大家纷纷叫好，主人赏了一杯酒给高渐离，高渐离喝完了酒，突然想起了当年在燕国与荆轲“痛饮高歌空度日”的岁月，如果为了活下去继续这样苦闷地潜伏下去，那真是生不如死。高渐离离开了大堂回到了自己的宿舍，当主人和宾客们再次见到高渐离的时候，只见一位衣着华贵、气质飘逸的音乐家手捧着一把名贵的筑站在了大家的面前。大家都知道今天遇见高人了，于是纷纷离开座位向高渐离行礼，向这位隐身草根的伟大音乐家致敬。

音乐家高渐离再次入座，边弹边唱，那慷慨而忧伤的旋律触动了在场的每一位观众。百年不遇的大音乐家遇到了百年不遇的大乱世，那颗历尽劫波的灵魂经历了国破家亡、生离死别，此时此刻历史的厚重与命运的沧桑一起注入了如水一样流淌的音乐里。那时而和缓曲折，时而恣睢汪洋的旋律如涓涓细流汇入大河，奔流直下，席卷千里！

客人们后来流着泪离开了，艺术来源于消遣，然而伟大的艺术绝不仅仅是消遣，感动才是伟大艺术的灵魂。

高渐离成名了，从此以后宋子县出了一个天才音乐家的消息传遍了帝国的每一个角落，在那个终于结束了数百年厮杀动荡的时代，音乐家是一种比名将更稀缺的资源。很快帝国的最高统治者秦始皇也听说了高渐离的故事，最优秀的音乐家当然应该为帝国的皇帝服务，于是高渐离应诏前往咸阳向秦始皇报到。

当秦始皇见到高渐离的时候，有人认出了这位战国著名的音乐家，于是向秦始皇报告："高渐离也。"当荆轲试图绑架秦始皇失败以后，"高渐离"这三个字就留在了秦始皇的记忆当中，没想到荆轲的知己是这样一位气质非凡的音乐家。人才难得，秦始皇赦免了高渐离的死罪，但是他仍然对高渐离不放心，于是下令用毒药熏瞎了高渐离的眼睛，失明的音乐家仍然可以演奏，不过却失去了杀伤力，秦始皇终于可以放心地享受高渐离美妙的音乐了。

高渐离的音乐实在是美妙，在那个缺乏娱乐元素的时代，即便对于秦始皇这样帝国最高统治者来说也是难得的精神享受。于是秦始皇时常召来高渐离为自己演奏，天长日久，秦始皇放松了对高渐离的警惕，高渐离弹奏的时候距离秦始皇的距离越来越近。当有一天音乐家高渐离确认这位害死自己朋友、弄瞎自己眼睛的大仇人就在自己眼前的时候，他开始悄悄地准备了，回到住处高渐离把铅灌进了筑里。

那天天气晴朗，高渐离背着一把沉重的筑来到了秦始皇的寝宫，今天是音乐家高渐离最后一次演奏了。当高渐离听见那熟悉的脚步声走到了自己身旁坐下的时候，高渐离开始弹奏，那天的音乐如往日一样如泣如诉，美丽动人。就在秦始皇沉浸于仙乐飘飘的时候，突然他看见高渐离猛地站起来举起了那把筑，拼尽全身力气砸了过来。秦始皇大吃一惊，向旁边猛闪，一声巨响，筑砸在了王者面前的案几上，摔得粉碎。

高渐离死了，在一个晴朗的下午，伟大的音乐家高渐离因为行刺秦始皇未遂而遭到了杀害。高渐离死后，秦始皇一生之中都不敢接近与昔日的诸侯有关系的人。一个瞎子音乐家居然都想用一把乐器谋杀自己，这实在是太可怕了。

荆轲刺杀秦始皇的事件曝光以后，当年那位与荆轲发生争论并叱责荆轲的前辈鲁句践后悔不已，他说："嗟乎，惜哉其不讲于刺剑之术也！甚矣吾不知人也！曩者吾叱之，彼乃以我为非人也！"

鲁句践后悔当年叱责荆轲的行为，为了一个无关轻重的分歧，两个人从此分道扬镳，这对于活下来的鲁句践来说是终身遗憾的事情，他认为荆轲一定会误会自己。荆轲当年遭到鲁句践叱责以后是否怨恨鲁句践我们不得而知，不过鲁句践认为荆轲剑术不精却是事实。在咸阳宫大殿上图穷匕现的时候，荆轲与秦始皇一对一，秦始皇很久都拔不出剑来，而荆轲手里有一把致命的匕首。在这种情况下，荆轲却不能控制住局面，这样的武功实在难以让人信服他是一个适合当杀手的高手。后来秦始皇拔出长剑以后，荆轲竟然被秦始皇一击而中，当场废了一条腿，这更加说明荆轲的武艺其实并不高明，甚至并不比秦始皇高明。

凭借这样的武功荆轲却异想天开企图活捉秦始皇，逼迫他签订归还各国领土的协议，这再次说明荆轲其实是一个书生气很重的知识分子，而不是职业杀手。从《史记·刺客列传》的描写来看，荆轲并不是没有成功的机会，如果换了聂政、专诸、曹沫，甚至是豫让，或许都会有不同的结果。然而历史却偏偏选择了荆轲，事实上这位青年知识分子并不是自愿来当杀手的，当杀手根本就不是荆轲的理想，然而他的性格让他逃不掉这场劫数。

人生不怕坎坷，就怕错位。荆轲的人生就是一个知识青年的错位人生。荆轲的故事告诉我们，当一个人年轻的时候或许不知道自己想做什么或者适合做什么，但是一定要弄清楚自己不想做什么或者不适合做什么，这样才有可能主动地抵制那种注定要失败的错位人生。

扶栏客曰

鞠武推不掉注定失败的任务就推给了田光，田光自己知道没有能力完成这个不可能的任务就推给了荆轲，荆轲太清高不好意思推托所以最后成了悲剧的主角。荆轲有勇气充当自己其实根本不擅长的杀手，去完成那个有去无回的暗杀任务，却没有勇气拒绝世俗强加给自己的悲剧任务，所以最后的结果是“脸皮薄的人死得快”，这才是最大的悲剧。